Führer

durch das

Höhere Unterrichtswesen in Deutschland

mit besonderer Berücksichtigung der Alumnate

Bearbeitet und herausgegeben

von

Prof. Dr. Ewald Horn

Leiter der staatlichen Auskunftsstelle des höheren Schulwesens in Berlin

Berlin und **München**

Druck und Verlag von R. Oldenbourg

1911

Vorwort.

Der Titel verspricht etwas mehr, als das vorliegende Buch erfüllt: das Versprechen soll in einer späteren Ausgabe eingelöst werden. Ich hatte die Absicht gehabt, eine allgemeine orientierende Übersicht über die Verfassung des höheren Schulwesens der verschiedenen Bundesstaaten voranzustellen; infolge längerer Krankheit ist dies einstweilen unterblieben. Ich hoffe, daß das Buch auch ohne dies als Führer durch das Alumnatswesen nützliche Dienste leisten wird.

Horn.

Inhaltsübersicht.

Erster Teil.

Geschichtliches und Wesentliches von Alumnaten.

Zweiter Teil.

Verzeichnis der Alumnate im höheren Schulwesen Deutschlands.

Erster Teil.

Geschichtliches und Wesentliches von Alumnaten.

Dem Verzeichnisse deutscher Alumnate oder Erziehungsanstalten, das ich in diesem Buche vorlege zu Nutz und Frommen derer, die es angeht, versuche ich eine Art Kommentar beizugeben, in dem sich Geschichtliches und Wesentliches vermischen. Die einschlägige Literatur ist mir natürlich bekannt; es gibt aber keine Schrift, die den Gegenstand völlig erschöpft, alle Seiten des Alumnatswesens berücksichtigt. Auch ich bin mit meinem Versuche noch weit davon entfernt; worauf es hier zunächst ankam, war: das Feld zu erkunden, Wegemarken aufzustellen und eine topographische Aufnahme zu machen, damit man sich zurechtfinde. Es liegt mir im Sinn, in etwa benötigter wiederholter Ausgabe ein Mehreres zu bringen. Meine Aufgabe erstreckt sich nur auf Bildungsanstalten höheren Grades für die männliche Jugend, d. h. Anstalten, in denen Knaben und Jünglinge für Berufe vorgebildet werden sollen, die alle zusammen den Stand der Regierenden im weitesten Wortsinne ausmachen[1]). Die niederen Schulen also, die dem Stande der Regierten, des »gemeinen Mannes« entsprechen, lasse ich beiseite. Ich berücksichtige ferner nicht Anstalten, die für eine ganz bestimmte Klasse der Regierenden bestimmt sind, wie Lehrerseminarien und Kadettenhäuser, sehe auch ab von Fürsorge- und Rettungsanstalten für körperlich und geistig Gebrechliche.

Mit dieser Begrenzung unterliegen also der Betrachtung alle diejenigen öffentlichen und privaten Anstalten, welche zum höheren Unterrichte unserer Gymnasien und Realschulen in Beziehung stehen. Das »alle« ist freilich cum grano salis zu verstehen. Wenn ich einerseits Grund habe, das Verzeichnis der öffentlichen Alumnate für ziemlich vollständig zu halten, so

---

[1]) Vgl. de Lagarde, Deutsche Schriften. 4. Aufl. S. 266.

weiß ich anderseits noch bestimmter, daß dasjenige der Privatanstalten lückenhaft ist. Hierfür zwei Ursachen: einmal war es schwierig, von ihrem Vorhandensein Kenntnis zu gewinnen, und sodann haben viele, an die ich um Prospekte schrieb, nicht geantwortet; es wird also wohl ihrer Bedeutung entsprechen, wenn sie im Verborgenen taliter qualiter blühen wollen und blühen mögen. Geschäftsunternehmungen der Art kommen und gehen; und das Gehen wird auch das Los mancher hier aufgeführten Privatanstalt sein, sobald das Geschäft nicht mehr geht. — Das Wort »Alumnat« — um dies noch vorwegzunehmen — mag als allgemeine Bezeichnung auch für diejenigen Anstalten dienen, die unter den Namen »Studienseminare«, »Konvikte«, »Kollegien«, »Pädagogien«, »Pensionate«, »Institute«, »Internate« usw. vorkommen. Von allen diesen Fremdwörtern bezeichnet bloß das Wort Pädagogium das, was alle diese Anstalten sein sollten: Erziehungsanstalten nämlich. Faßte man dies Ziel überall wirklich ins Auge, so würde man, wenn es denn schon ein Fremdwort sein muß, das passendere wählen. Indessen da Fremdbezeichnungen häufig angewendet werden, um einen Sachverhalt im Dunkeln zu belassen, so wollen wir das in Mode gekommene Wort Alumnat, das eigentlich bloß Kosthaus bedeutet, auch als eine geistige Verpflegungs-, d. h. Erziehungsanstalt nehmen in all den Fällen, wo dies dem Tatbestand entspricht.

I. Das Mittelalter.

Schulen und Alumnate verdanken der großen Lehrmeisterin der Völker, der christlichen Kirche, ihre Entstehung. Beide gehören zusammen, wie Unterricht und Erziehung zusammengehören. Freilich ist solche Alumnatserziehung nicht für alle möglich, sondern nur für Auserwählte, für solche, die einen höheren Beruf erstreben. Ob und in welchem Umfange sie für diese nötig sei, mag dahingestellt bleiben.

Der einzige höhere Beruf war im Mittelalter der geistliche oder kirchliche. Zur Erziehung und Ausbildung von Ordensmitgliedern richteten wohl zuerst die Benediktiner Klosterschulen ein, nächst ihnen die Bischöfe Domschulen zur Bildung des Weltklerus. Es waren Internatschulen, in denen die Schüler außer dem Unterricht auch Wohnung und Kost hatten. Den

Zwecken der Kirche dienend, d. h. dem Gottesdienst und der Seelsorge angepaßt, gewannen sie in langer Übung und Erfahrung gewisse Regeln und Ordnungen des Zusammenlebens, die bis heutigen Tages als bewährte Erziehungsgrundsätze der katholischen Kirche in ihren Konvikten festgehalten wurden. Aus dem kirchlichen Zweck ergaben sich ferner die beiden Hauptgegenstände des Unterrichts: Latein und Gesang. Auf dem Latein hat sich dann durch die Jahrhunderte hindurch aller höhere Unterricht aufgebaut. Die Kirchenmusik aber, vokale und instrumentale, erfreut sich noch heute in vielen katholischen Knabenkonvikten, sei es mit kirchlichen Verpflichtungen, sei es ohne solche, vorzüglicher Pflege. Diese Eigentümlichkeit ist auch, wie wir sehen werden, einigen protestantischen Alumnaten verblieben, die in der Reformationszeit aus katholischen hervorgegangen sind.

Natürlich waren jene mittelalterlichen Alumnate nicht Pensionate im heutigen Sinne, wo Kost- und Schulgeld entrichtet wird, sie dienten der Kirche und bestanden wie diese selbst durch die milden Gaben der Gläubigen. So kommt es, daß die heutigen, zum großen Teil auf Stiftungen beruhenden katholischen Alumnate, auch einige protestantische, die von katholischem Erbe leben, viele Freistellen gewähren oder ein unverhältnismäßig niedriges Kostgeld verlangen.

Eine andere Art von Alumnaten stellt sich uns in den Kollegien und Bursen der mittelalterlichen Universitäten dar. In ihren Artistenfakultäten hatten die Universitäten die unseren heutigen Gymnasien entsprechenden Vorbereitungsanstalten zu den Fachstudien, und ihnen gehörte das Gros der Studierenden an im Knaben- und Jünglingsalter. Indem es sich nun darum handelte, die »auswärtigen« Scholaren in der fremden Stadt unterzubringen und gleichzeitig zu den Studien anzuleiten, wurden mit den Universitäten sog. Artistenkollegien zum Teil als förmliche Internatschulen verbunden. Auch die Magister — Kleriker wie sie waren — lebten nach klösterlicher Weise in Kollegien, hatten da entweder stiftungsmäßige Freiplätze oder zahlten ein Konviktsgeld, die sog. Burse. Außer den gestifteten Kollegien und Bursen, die der Universität inkorporiert waren, gab es Bursen, d. h. Kosthäuser als Privatunternehmungen einzelner Magister, die aber der Aufsicht des Rektors unterworfen waren, daneben die Ordenshäuser der verschiedenen Religiosen für ihre zum Studium entsandten Mitglieder. Zu den Kloster- und Domschulen, die über die Lande zerstreut lagen, kamen im 14. und 15. Jahrhundert die Anstalten der Hieronymianer, die den niederländischen Kolonisten durch die norddeutsche Tiefebene bis zur Weichsel hin folgten. Es ist kein Zweifel, daß sie überall, wo sie eigene Schulen, niedere und höhere, einrichteten, auch Schüler ins Konvikt nahmen: sie hießen ja selbst Brüder vom gemeinsamen Leben. Hatten sie auch keine eigentlichen geschlossenen Erziehungsanstalten, so waren ihre Schulen doch Erziehungsschulen: das Christliche war bei ihnen, wie Karl v. Raumer sagt, Substanz aller Erziehung und alles Unterrichts.

Wir gedachten der Klosterschulen, der Domschulen, der Schulen der Hieronymianer, der Universitäten als Stätten gelehrter Bildung. Die letztgenannten waren Gründungen der Landesherren. Als Landesherren fühlten sich auch die reichsfreien Städte, und so ist daran zu erinnern, daß diese, wo nicht Universitäten, so doch Stadtschulen errichteten, natürlich Lateinschulen und in erster Linie auf Bürgerkinder berechnete. Sie als Internatschulen zu begründen oder Alumnate mit ihnen zu verbinden, daran dachten sie nicht; höchstens daß eine milde Stiftung armen Schülern Unterhalt gewährte, den sie als Chorsänger und Kurrendaner abverdienen mußten. Schüler aber, die von auswärts kamen, mochten zusehen, wo sie Quartiere fanden, und Thomas Platters Selbstbiographie belehrt uns, wie es mit der Unterkunft solcher »fahrenden Scholaren« in Städten wie Halle, Dresden, Breslau, Ulm, Schlettstadt, wie mit den Schulen überhaupt am Ausgange des Mittelalters bestellt war. Das Wichtigste war das Lernen der alten Sprachen, insonderheit der lateinischen; eine planmäßige Erziehung nach einem Ideal sittlicher Vollkommenheit, wie es kirchlichen Anstalten in bestimmter Form vorschweben konnte, fand nicht statt.

Alle diese mittelalterlichen Schulen und Universitäten mit ihren Alumnaten und Konvikten stürzten dahin oder veränderten ihren Charakter im Zeitalter des Humanismus und der Reformation. Nur hier und da noch reicht von unseren heutigen Gymnasien eine undeutliche Spur in die vorreformatorische Periode; der Faden wäre gänzlich abgerissen, wenn nicht die Universitäten ihre mittelalterliche Form in etwas konserviert hätten. Das Schulwesen und, was uns hier näher angeht, das Erziehungswesen wurde im 16. Jahrhundert von Grund aus neugestaltet. Und erst von da an datieren einige noch heute bestehende Internatschulen.

Aber bevor wir uns der Neuzeit zuwenden, haben wir noch eines Pädagogen aus eigener Kraft zu gedenken, der dem Mittelalter angehörte, und auf den man neuerdings als einen Vorläufer der Philanthropine und der Landerziehungsheime hingewiesen hat[1]). Vittorino da Feltre, 1424 vom Herzog Johann Franz II. Gonzaga nach Mantua berufen zur Erziehung seiner zwei Söhne, übernahm daselbst die Leitung der Adelsschule[2]) und gestaltete sie um in eine Erziehungsanstalt auch für Bürgerliche, die man in der Tat als den Urtypus der heutigen New Schools und Landerziehungsheime ansprechen kann. Als Kind der Renaissance verfolgte Vittorino das pädagogische Ideal der Vereinigung des Christentums mit der altgriechischen Kalokagathie, der harmonischen Entwicklung des Körpers und des Geistes, der Verbindung der ritterlichen mit der christkirchlichen Erziehung. Ihm schwebte ein Bild vor, nicht wie das des vollendeten Hofmannes, dem wir zum Beginn des 18. Jahrhunderts begegnen, sondern wie das des Gentleman in der englischen Erziehung. Der physischen Erziehung (Nahrung, Kleidung, Körperpflege, Gymnastik, Sport) widmete er die größte Sorgfalt, sie war ihm Vorbedingung zur intellektuellen und moralischen Erziehung. Aus allen Ländern Europas erhielt er Zöglinge. Gleichwohl scheint seine Erziehungsanstalt, die Casa Giacosa, »das fröhliche Haus«, keine Nachahmung erweckt zu haben. Aber mit Recht bemerkt Grunder (a. a. O., S. 17), daß es sich verlohne, in einer Spezialuntersuchung den Einfluß aufzuspüren, den Vittorino trotzdem auf die Pädagogik der Folgezeit bis in unsere Tage hinein, über Rabelais, Rousseau, Salzmann bis zu Reddie und Lietz hin ausgeübt hat.

Wir erkennen also, daß im Mittelalter schon alle Formen von Alumnaten vertreten gewesen sind, nur die Familienalumnate dürften als eine Erfindung der Neuzeit, des Protestantismus, wenn man will, angesehen werden können. In der Hauptsache

---

[1]) Friedr. Grunder, Le mouvement des écoles nouvelles en Angleterre et en France. Paris 1910.

[2]) Also einer Standesschule, keiner Berufsschule.

waren es Konvikte zu Studienzwecken für Lehrende und Lernende zugleich, der Erziehungszweck, der nebenher verfolgt wurde, war religiös, ging auf das Leben in der Kirche, in ihr lebten und webten ja auch die Erwachsenen. Den Unterschied zwischen Familienerziehung und öffentlicher Erziehung kannte man nicht, es gab nur eine, die von der Kirche bestimmte und ausgeübte christliche; sie war rein geistig-sittlich, die physische blieb dem Rittertum überlassen.

2. Das 16. Jahrhundert.

Im 16. Jahrundert scheiden sich die protestantische und die katholische Erziehung, wir werden sie also weiterhin getrennt zu verfolgen haben. Beide standen teils vor einem völligen Neubau, teils vor einer Wiederaufrichtung des Zerstörten, das sich aber der veränderten Zeitlage anzupassen hatte. Bei beiden handelte es sich um Sicherung des Bekenntnisses durch Unterweisung der Jugend, also in erster Linie um kirchliches Interesse. Die Reformatoren wandten sich an die Landesfürsten und an die Ratsherren der Städte, d. h. an die politischen Gewalten. Wie konnten sie anders, da ja mit deren Hilfe die Kirchenreformation und Kirchenspaltung überhaupt erst geschehen war? Und hier verquickte sich nun das kirchliche Interesse mit dem politischen. Denn zur Sicherung des Bekenntnisses gehörte nicht nur, daß in den niederen Schulen der Katechismus gelehrt wurde, sondern auch daß in höheren Schulen ein Stand der Regierenden erzogen wurde, der dem Landesherrn in der Verwirklichung des Grundsatzes: cujus regio, ejus religio die nötige Gefolgschaft leistete. Die katholische Kirche stand günstiger da, sie hatte ihre länderumspannende Organisation mit monarchischer Spitze und war des Kaisers sicher. Sie brauchte bei dem Wiederaufbau ihrer Schulen kein besonderes Staatsinteresse zu berücksichtigen, sondern durfte das »Trachtet am ersten nach dem Reiche Gottes i. e. der Kirche, so wird euch das Übrige zufallen« rein ins Auge zu fassen. Demnach hielt das Tridentiner Konzil die Sorge um die Heranbildung des Klerus für die dringendste Aufgabe. Der Jesuitenorden nahm dann alsbald die ganze katholische Erziehung in die Hand. Erziehung sage ich. Gerade darin unterschieden sich nun in der Folgezeit die katholischen von den protestantischen Bildungsanstalten. Jene stellten das Lernen in den Dienst der Erziehung, diese erzogen, soweit sie es taten, um des Lernens willen. Damit soll gesagt sein, daß das katholische Schulwesen sich wesentlich auf Internatserziehung gründete, während der allem Klosterwesen abholde Protestantismus die offenen Schulen bevorzugte und Alumnate zunächst nur da beibehielt, wo er sich in den Besitz entsprechender Schulstiftungen und Klosterschulen gesetzt hatte.

Nur eine Internatschule erzeugte das Luthertum gleich anfangs, die wie seine Wittenberger Universität europäischen Ruf erlangte. Das war die Schule Valentin Trotzendorfs in Goldberg in Schlesien, deren Einrichtungen vorbildlich wirkten. Sie selbst war freilich ganz auf die Persönlichkeit Trotzendorfs gestellt und verfiel nach seinem Tode, sie war ein Unikum, wie die des Vittorino da Feltre in Mantua, wenn sie auch im übrigen von dem Charakter der »Giacosa« wenig an sich hatte. »Trotzendorf machte ganz eigentümliche Einrichtungen. Die Schule ward von ihm in 6 Klassen, jede Klasse in Tribus eingeteilt. Die Schüler selbst zog er ins Regiment, indem er die einen zu Ökonomen, andere zu Ephoren, noch andere zu Quästoren ernannte. Die Ökonomen mußten für die Ordnung im Hause sorgen, z. B. daß alle zu rechter Zeit aufstanden und zu Bett gingen, daß Stuben, Kleider etc. in reinlicher Ordnung waren usw. Den Ephoren lag es ob, für gute Ordnung beim Tische einzustehen. Endlich hatte jede Tribus ihren Quästor, über alle Quästoren war ein Oberquästor gesetzt. Die Quästoren hatten über den fleißigen Besuch der Lektionen zu wachen, die Faulen anzuzeigen, Themata anzugeben, welche während der halben Stunde nach dem Essen lateinisch besprochen wurden usw.« (Raumer, Gesch. d. Päd. I^5, 173). Man sieht, daß die sog. Selbstregierung der Schüler, die wir neuerdings als amerikanische Importe goutieren, ziemlich alten Datums ist. Die Beteiligung der älteren Schüler am Erziehungswerk in Alumnaten ist seitdem üblich geblieben. Auch Trotzendorfs Zeitgenosse, der Straßburger Rektor Joh. Sturm, und alle die Schulen, die nach dem Sturmschen Muster gegründet oder umgestaltet wurden, hatten ihre Schüler-Magistrate, ihre Prätoren, Zensoren, Dekurionen; nicht minder machten die Jesuiten von dieser Einrichtung Gebrauch.

3. Protestantische Alumnate aus dem 16. Jahrhundert.

Von den protestantischen Internatschulen und Alumnaten des 16. Jahrhunderts haben sich einige bis auf unsere Zeit erhalten. »Die ersten evangelischen Alumnate waren gewissermaßen evang.-protestantische Klöster, nur daß sie kein Ordensgelübde verlangten und die Jünglinge ohne Beschränkung in der Wahl des Berufes wieder in die Welt entließen. (So die sächsischen Fürstenschulen, die württembergischen Seminare). Man fand auch bei Kirchen und Klöstern Schulen vor, welche die Dienstleistung beim Gottesdienste zum Zwecke hatten. Sie verband man mit lateinischen Stadtschulen und gab ihnen die Einrichtung von Alumnaten, wobei man den Zöglingen die Leistungen des Kirchengesanges als Verpflichtung auferlegte. So sind z. B. die Alumnate bei der Thomasschule in Leipzig, bei der Kreuzschule in Dresden entstanden.« (R. Dietsch in Schmids Enzyklopädie d. Päd. 2. A. Bd. 1, 1876.)

Die sächsischen Fürsten- und Landesschulen Grimma, Meißen und Schulpforte wurden 1543 vom Kurfürsten Moritz in ehemaligen Klöstern zur Heranbildung von Staats- und Kirchendienern errichtet. Zu gleicher Zeit übernahmen die Städte Dresden und Leipzig die bei der Kreuzkirche und der Thomaskirche bestehenden Schulen für Kirchensänger und Ministranten und verbanden sie als Alumnate nach dem Muster der Fürstenschulen mit den bezüglichen Lateinschulen. Dasselbe geschah mit dem Jageteufelschen Kollegium in Stettin. Gleichen Ursprunges und Zweckes war das mit dem Stadtgymnasium in Torgau auf Luthers Anraten verbunden gewesene Alumnat, das leider seit 1893 aufgehoben worden ist[1]). In Württemberg errichtete Herzog Christoph 1559 eine Anzahl sog. Klosterschulen zur Erziehung künftiger protestantischer Geistlicher, von denen noch vier als evangelisch-theologische Seminare existieren: Blaubeuren, Urach, Maulbronn, Schönthal (auf Grund der Neuordnung von 1817).

[1]) Ein Domchor besteht auch noch in Naumburg, wo das säkularisierte Domstift wahrscheinlich auf Grund einer genau berechneten alten Last dem Gymnasium jährlich 2612 Mk. zur Verteilung an 50—60 Schülerchoristen überweist. Sollte es dem Domstift nicht möglich sein, ein vollständiges Alumnat wie in Dresden und Leipzig zu unterhalten?

Die Einrichtung dieser Internatschulen knüpfte natürlich an die mittelalterliche katholische Tradition an, benutzte aber dabei den Trotzendorfschen und Sturmschen Schultyp.

Nächst den Sächsichen Fürstenschulen entstanden im 16. Jahrhundert unter der Einwirkung der Reformation noch die Klosterschulen zu Ilfeld (Nr. 74), Roßleben (Nr. 64) und Donndorf (Nr. 56). Alumnate aber mit Beziehung auf kirchlichen Sängerdienst wurden (außer in den schon genannten Städten) mit neu gegründeten protestantischen Lateinschulen verbunden und haben sich bis auf die Jetztzeit erhalten in Regensburg (Nr. 177), Augsburg (Nr. 144), Schleusingen (Nr. 66). Es waren das Stiftungen für arme und begabte Knaben, die freie Erziehung genossen, um der Kirche zu dienen. Auch das heutige protestantische Alumneum in Ansbach (Nr. 142), ist in diesem Zusammenhange zu erwähnen: es leitet seinen Ursprung her von einem Contubernium pauperum, das der Landesherr im ehemaligen Zisterzienserkloster Heilsbronn 1552 errichtete. Nicht erhalten hat sich dagegen das 1555 aus Klostergütern gebildete protestantische Alumnat in Amberg, nachdem 1629 die Jesuiten Besitz davon ergriffen hatten. — Der Gedanke überhaupt, armen Knaben von auswärts den Besuch einer Stadtschule zu ermöglichen, führte hier und da zur Stiftung von Konvikten. So berichtet z. B. die älteste Schulordnung des Berlinischen Gymnasiums zum Grauen Kloster von 1576, daß, nachdem Söhne vermögender Leute »um leidliches Geld bei den Praeceptoribus allhier im Kloster Kost und Wohnung haben«, die Provisoren im Fürhaben seien, mit Hilfe mildtätiger Bürger es dahin zu bringen, daß auch »etliche Tische armer einländischer Knaben im grauen Kloster gespeiset und unterhalten würden.« Unter dem Namen der Streitschen Kommunität (Nr. 43) besteht diese Stiftung noch heute. Die meisten dieser Alumnate oder Konvikte für arme und auswärtige Schüler, die bei offenen Stadtschulen seit dem 16. Jahrhundert entstanden, erweiterten sich in der Folgezeit zu Pensionsanstalten, besonders in katholischen Ländern, wie wir noch sehen werden. Indem die Vorteile der Alumnatserziehung für ärmerer Leute Kinder erkannt wurden, boten auch andere Eltern ihre Söhne zur Aufnahme an gegen Bezahlung. Die genannte Streitsche Kommunität hat sich aber in dieser Richtung nicht entwickelt, ebensowenig das schon genannte Jageteufelsche Kollegium in Stettin (Nr. 13) übrigens die einzige noch aus dem Mittelalter stammende Stiftung (von 1399) der Art.

4. Das 17. Jahrhundert.

Das 17. Jahrhundert, verhängnisvoll für Deutschlands Kultur und Wohlstand, hat dem Protestantismus nur zwei größere Erziehungsanstalten hinterlassen: die eine aus dem Anfange, die andere vom Ende des Jahrhunderts. Kurfürst Joachim Friedrich von Brandenburg gründete 1607 nach dem Muster der Sächsischen Fürstenschulen die »Fürstliche Schule« in Joachimsthal, »damit Unsrer Unterthanen Kinder in rechter und unverfälschter Lehre erzogen, ihre Fundamenta desto bas legen, hernach mit Nutzen ihre Studia auf Unserer Universität Frankfurt a. d. O. continuiren und fortstellen, und Wir und Unsere Nachkommen sie in Predigt-Ambt und sonsten nützlichen zu gebrauchen haben möchten.« Außer den 120 Freizöglingen, für welche diese Internatschule in erster Linie bestimmt war, sollten noch bis zu 50 andrer Untertanen Kinder gegen 25 Taler jährlichen Kostgeldes aufgenommen werden können. Die Schule bestand nicht lange, der 30jährige Krieg zerstörte sie. Vom großen Kurfürsten in Berlin wiederhergestellt, heute noch als Joachimsthalsches Gymnasium in Wilmersdorf bei Berlin (Nr. 44) bestehend, soll sie demnächst an ihre Ursprungsstätte zurückverlegt werden. Unter den Freistellen dieser Fürstenschulen befanden sich auch etliche für adeliche Knaben. Es ist charakteristisch für das Schulwesen des 16. Jahrhunderts, daß der Adel seine Bildung im Wetteifer mit dem Bürgerstande auf derselben Schule und in gleicher Art suchte und empfing. Für Trotzendorf und Sturm gab es im Reiche der Wissenschaft keine Standesunterschiede. Alle verfolgten das gleiche Bildungsideal des Protestantismus, welches Sturm in drei Worten formulierte: Frömmigkeit, Kenntnisse, Redekunst. Und alle diese Schulen galten als Vorbereitungsanstalten für die Universität. Indessen trat doch schon vereinzelt wieder, wie an den Hochschulen des Mittelalters, das Bestreben hervor, die höhere gelehrte Bildung des Adels seinem besonderen Stande anzupassen, teils auf eigentümlichen, universitätsähnlichen Akademien wie in Soroe (Dänemark) — gegründet 1583 — und in Cassel — Collegium Mauritianum, errichtet 1599 —, teils unter Anlehnung an eine Universität in einem besonderen Adelsinstitut, wie es das Tübinger Collegium illustre von 1588 und demnächst das Würzburger Julianum von 1607 darstellten. Es galt, neben der allgemeinen geistigen auch der körperlichen, der im besonderen ritterlichen Ausbildung ihr Recht zu wahren[1]). Nach dem alles verwüstenden 30jährigen Kriege verschmähte es jedoch der Adel mehr und mehr, zu der öden und unfruchtbaren Lateinlernerei und zur griechischen Grammatik zurückzukehren. Die galante Bildung des französischen Hofes Ludwigs XIV. und damit französische Sprache und Unsitte ward Mode, und dem Adel kam es darauf an, cavalièrement zu studieren, d. h. weniger zu studieren als kavaliermäßig zu leben. Die alten Gymnasialrektoren, servil wie sie in trüber Zeit geworden waren, gaben sich zwar die größte Mühe, den jungen Adelichen das Schulpensum leicht zu machen und sie möglichst nach dem Muster der französischen Aristokratie zu erziehen; indes es gelang nicht, sie bei der Stange zu halten. Es blieb nichts weiter übrig, als sie von der »canaille« zu trennen und ihnen besondere Schul- und Erziehungsanstalten herzustellen. Das geschah am Anfang des 18. Jahrhunderts mit den sog. Ritterakademien, und selbst ein A. H. Francke mußte mit seinem Halleschen Pädagogium den Forderungen der Zeitrichtung nachkommen. Damit sind wir auf die zweite größere Schulstiftung des Protestantismus des 17. Jahrhunderts gestoßen. Am Anfange desselben stand das Joachimsthalsche Gymnasium; fast 90 Jahre später erhoben sich die Franckeschen Stiftungen in Halle (Nr. 59). Der Anfang des Waisenhauses fällt ins Jahr 1694. Schon von 1695 an wurden A. H. Francke auch junge Adeliche zur Erziehung übergeben, die er um 1715 in einem eigenen Pädagogium unterrichten und erziehen ließ. Die Waisenknaben besuchten teils die deutsche, teils die lateinische Schule. Diese ward bald auch von auswärtigen Schülern bürgerlicher Herkunft frequentiert, so daß sich Francke genötigt

---

[1]) Alte Kupferstiche vom Tübinger Collegium illustre zeigen uns z. B. das heute so beliebte englische Lawn tennis als ein altes deutsches Ballspiel.

sah, gleichzeitig mit dem Pädagogium noch ein drittes Internat, die sog. Pensionsanstalt, einzurichten.

Den besonderen Bedürfnissen adelicher Erziehung genügte Francke, indem er einerseits neben den alten Sprachen die französische lehren, auch einen guten deutschen Aufsatz machen ließ, Mathematik, Geschichte und Geographie und sonstige Realien in den Lehrplan aufnahm und die jungen Herren mit anatomischen und sonstigen naturgeschichtlichen Kuriositäten ergötzte (von welchen das inzwischen auf den Boden des Vordergebäudes gewanderte altertümliche Naturalienkabinet noch heute Zeugnis gibt), andrerseits die edle Fecht- und Tranchierkunst u. dgl. üben ließ und zur Erlangung weiterer praktischer Geschicklichkeit wie Zeichnen, Malen, Drechseln und Glasschleifen Gelegenheit gab.

Auf den sog. Ritterakademien nun, die zur selben Zeit an manchen Orten entstanden und von denen sich bloß noch zwei, die in Liegnitz (1703) (Nr. 34) und Brandenburg (1704) (Nr. 48) bis auf unsere Zeit, freilich in sehr veränderter Gestalt, erhalten haben, mögen noch manche andere galante Künste und Wissenschaften betrieben worden sein als Tanzen und Reiten, Mechanik und Fortifikation, Genealogie und Heraldik[1]). Diese Ritterakademien hatten ihre Zeit, bis Basedow, in Verfolgung des Rousseauschen Erziehungsideals, der Rückkehr zur Natur von der à la mode-Frisur des Rokoko, ihre affektierte Sondererziehung lächerlich zu machen begann. Bis dahin hatte auch der Pietismus A. H. Franckes seine Zeit: mit seinen »Stiftungen« hat er Epoche gemacht und eine neue Periode der protestantischen Pädagogik eingeleitet, ich möchte Francke überhaupt den ersten wirklichen protestantischen Erzieher nennen; Sturm und Melanchthon waren »Präzeptoren«. Die bisherigen Alumnate und Internatschulen hatten in der Hauptsache den Unterrichtszweck im Auge, nicht die Erziehung an sich. Das war bei Francke, der mit Waisenkindern anfing, anders: er mußte und wollte vor allen Dingen erziehen,

---

[1]) Die im 19. Jahrhundert gegründete Rheinische Ritterakademie in Bedburg stand natürlich unter einem anderen Zeichen als dem galant-französischer à la mode-Bildung und kann hier nur anmerkungsweise erwähnt werden.

und der Unterrichtszweck ordnete sich dem Erziehungszweck unter. Das Ideal, dem er selbst für seine Person nachlebte, das er in die Seelen anderer zu pflanzen suchte und dem dann der Zögling nachstreben sollte, war das allgemein christliche, also ein Erziehungsideal, das Ideal religiös-sittlicher Vollkommenheit. Und da ein solches Ideal nicht durch Religions- oder Moral u n t e r r i c h t erlangt wird, sondern erlebt werden muß, um durch Erleben gewonnen zu werden, so traf er dahin seine Anstalten. Francke wirkte nicht unmittelbar durch die Macht der starken Persönlichkeit, er riß nicht hin wie Trotzendorf und Sturm, diese geborenen Herrscher, die als Schulmonarchen ihre Schülerscharen unwiderstehlich dem vorgesetzten B i l d u n g s z i e l e zuführten. Nein, indirekt wirkte er auf die Jugend durch Organisierung, Schematisierung und demnach in gewissem Sinne auch Mechanisierung des ganzen Erziehungs- und Unterrichtswerkes, d. h. des Lebens in seinen Anstalten. Unmittelbar beeinflußte er bloß die Studenten, die er als Professor der Theologie an der Hallischen Universität zu Lehrern und Mitarbeitern heranzog und die alle nach der gleichen Methode und auf dasselbe Ziel hin wirken mußten: wie wäre es sonst auch möglich gewesen, einen Schulstaat von mehr als 3000 Köpfen zu leiten! Indes das war das Äußerliche der Erziehung; das Wesentliche, das Innerliche, das als Ferment der Selbsterziehung wirken mußte, war der Geist des Pietismus, des praktischen Christentums. Dadurch verlieh er seinen Stiftungen ein Ethos, das den Charakter aller derer, die darin erzogen worden sind, weil sie sich erziehen l i e ß e n , bestimmt hat in der Richtung einer ernsten, ja heroischen Lebensauffassung, zum sittlichen Streben nach Vollkommenheit in jedwedem irdischen Geschäft und zu derjenigen Humanität, die das Gebot des neminem laedere, omnes juvare aus dem Grunde der Gottes- und Jesus-Liebe schöpft. Wiese (Deutsche Briefe I, 92) erblickt im Pietismus »in seinem Grunde nichts anderes als eine falsche Idealität.« Für manche Nebenerscheinungen lasse ich die Bezeichnung gelten, im Grunde aber trifft sie nicht zu. Der Geist des Pietismus war es, der unsichtbar wirkend alle Einrichtungen durchdrang und die geistige Atmosphäre in Franckes Stiftungen bestimmte; er hat trotz mancher Übertreibungen und Ausartungen — alles Gute entartet durch menschliche Schwachheit — bis heutigen

Tages überall da segensreich gewirkt, wo es auf ernsthafte Erziehung ankam, er allein kann auch dem Protestantismus die Kraft verleihen, sich neben dem Ethos der katholischen Kirche zu behaupten, und de Lagardes Ausspruch, daß nur die Kirche erziehen könne, auch für ihn geltend machen.

5. Das 18. Jahrhundert.

Franckes Stiftungen gaben nun im 18. Jahrhundert der Alumnatserziehung einen neuen Impuls. Seine Waisenanstalt fand Nachahmung u. a. in Königsberg (1701) (Nr. 3), Züllichau (1719) (Nr. 57), Bunzlau (1754) (Nr. 28), auch in Berlin: Kornmessersches Waisenhaus (1720) (Nr. 47), Schindlersches Waisenhaus (1730) (Nr. 42); desgleichen seine Pensionsanstalt, sowie die deutschen und lateinischen Schulen, die mit den Erziehungsanstalten ein Ganzes bildeten und von gleichem Geiste belebt waren. Franckes Anstalten waren also Internatschulen für Orphani und Alumni, zugleich aber auch offen für sogen. Stadtschüler oder Externe. Dadurch unterschieden sie sich von den protestantischen Kloster- und Fürstenschulen, die, in ländlicher Abgeschiedenheit gelegen, geschlossene Anstalten waren.

Vom Hallischen Pädagogium ging Graf Zinzendorf aus, der Stifter der Herrnhutischen Brüdergemeinde. Diese sah von Anfang an die Jugenderziehung als eine ihrer vornehmsten Aufgaben an und unterhält unter ihren 18 mit Internaten verbundenen Schulanstalten für Knaben und Mädchen vier für Gymnasiasten und Realschüler, von denen zwei, die zu Niesky (1739) (Nr. 37) und Neuwied (1756) (Nr. 116) schon dem 18. Jahrhundert angehörten, während die Realschulen in Königsfeld i. Baden (Nr. 212) und Gnadenfrei (Nr. 32) aus der Zeit der Freiheitskriege datieren. Hier mag auch als ein später Ausläufer des Pietismus in seiner besonderen Württembergischen Gestalt die Gemeinde-Lateinschule zu Korntal (seit 1819) (Nr. 207) genannt werden, die ebenfalls wesentlich auf Alumnats-Einrichtungen begründet ist.

Das »Kloster Unser Lieben Frauen« in Magdeburg (Nr. 62), obwohl schon Ende des 16. Jahrhunderts lutherisch geworden, bekannte sich jedoch erst 100 Jahre später, durch

Franckes Beispiel angeregt, zur Erziehungsaufgabe. Seit 1725 nimmt das »Pädagogium« außer einer Anzahl von Freizöglingen auch Pensionäre in sein Alumnat auf. Die Einrichtungen ähneln denen der Pensionsanstalt in den Franckischen Stiftungen.

Was uns also aus der ersten Hälfte des 18. Jahrhunderts an protestantischen Alumnaten überkommen ist, das sind die Anstalten der pietistischen Geistesrichtung und die Ritterakademien. In der zweiten Hälfte erlangt eine neue Strömung im Geistesleben des deutschen Volkes die Oberhand: die sog. Aufklärung. Nachdem sie, vom Hofe Ludwigs XIV. ausgegangen, das aristokratische Bildungsideal des vollendeten Hofmannes geschaffen und im übrigen die Fürsten und den Adel geistig-sittlich korrumpiert hatte, vollendete sie sich im Freimaurertum und Philanthropinismus, aber als eine Wendung zum Besseren und als eine Reaktion des unterdrückten Bürgertums gegen die Unnatur und Unmoral ihrer ersten Periode. Das Rousseausche Signal »Zurück zur Natur« wurde gehört, und Puderperrücke und Zwangsfrack wichen der altteutschen Tracht. Man verlangte Bürgerschulen an Stelle der Gelehrtenschulen. man verlangte eine humane, Körper und Geist ebenmäßig berücksichtigende freie Erziehung für das praktische Leben an Stelle der strengen, teils im Altertum wurzelnden, teils auf Jenseits-Frömmigkeit abzielenden Schulzucht. Im Jahre 1773 entstand das Freimaurer-Institut in Dresden (Nr. 131), vielleicht die bestausgestattete Erziehungsanstalt in unserer Zeit; und ein Jahr später begründete Basedow in Dessau sein Philanthropinum, das Muster für eine ganze Reihe von Privaterziehungsanstalten, in denen die Aufklärung ihr Rousseau-Basedowsches Bildungsideal zu verwirklichen strebte. Von allen diesen Philanthropinen hat sich nur eines erhalten, das von Salzmann 1784 gegründete Schnepfenthal (Nr. *86*). Und es hat sich deshalb erhalten, weil es sich gewissermaßen als Familien-Erbgut fortsetzte, eine Tradition gewann und mit ihr ein Ethos ausbildete, das an jeder Familie haftet, die auf sich, d. h. auf sittliche Tüchtigkeit hält. Daneben steht im Schnepfenthaler Erziehungsplan vieles von dem Guten, welches die heutigen Landerziehungsheime betreffs harmonischer Ausbildung von Körper und Geist auf ihre Fahne geschrieben haben.

6. Übergangszeit vom 18. zum 19. Jahrhundert. — Die Schule Pestalozzis.

Gegen Ende des 18. Jahrhunderts ließ die Begeisterung für die Philanthropine nach, das neuhumanistische Bildungsideal unserer klassischen Litteraturperiode begann im Bunde mit der idealistischen Philosophie die Geistesrichtung der regierenden Stände zu beeinflussen. Einheitschulversuche — wir können sie so nennen —, die man hie und da (z. B. in der Berliner Realschule und in dem St. Annen - Gymnasium in Augsburg, im neuen Zerbster Francisceum) durch gleiche Berücksichtigung der litterarischen und der realistischen Disziplinen unternahm, um sowohl die Bedürfnisse des professionellen Gelehrten- und Beamtentums als des gewerbtätigen Bürgers zu befriedigen, mißlangen annoch. Und der Staat, der von nun an das öffentliche Schulwesen als seine Domäne reklamierte, entschied sich für das humanistische Gymnasium Herders und F. A. Wolfs: es wurde die neu-aristokratische höhere Lehranstalt, die wissenschaftliche allgemeine Bildungsanstalt der höheren Stände. Dazu sorgte er nun für Elementar- oder Volksschulen, in denen die Kinder des »gemeinen Mannes«, des Bauern und Handwerkers in dem für ihre Lebensführung Notwendigsten unterrichtet wurden. Und dieses niedere Schulwesen empfing seine Befruchtung durch die Pestalozzischen Ideen und praktischen Versuche. Pestalozzi war ein Reformer wie Basedow. Auch er suchte seine pädagogischen Ideale, die allerdings mehr im Unterrichtlichen als im Erziehlichen lagen, durch ein eigenes Institut zu verwirklichen. Niemand war ungeeigneter zum Erzieher als er. Sein Iferten war wohl eine psychologisch-pädagogische Experimentieranstalt, aber den Namen einer Erziehungsanstalt verdiente es nicht, also konnte es auch nicht Muster werden für solche. Das Gute, welches in diesem Laboratorium nach der negativen wie nach der positiven Seite hin gewonnen wurde und von dem man gewöhnlich nur den sog. Anschauungsunterricht in z. T. recht mißverstandener Weise versteht, kam in erster Linie den öffentlichen Volksschulen zugute. Für die Geschichte des Alumnatswesens ist also Pestalozzi ohne Bedeutung. Zwar war es kein Geringerer als der Philosoph Fichte, der von Pestalozzi und seinem Wirken den Anfang einer Erneuung der Menschheit erhoffte und mit Hinweisung auf ihn dem Staate die Aufgabe einer einheitlichen deutschen National e r z i e h u n g für die gesamte Jugend zuschrieb. Diese wollte er untergebracht wissen in geschlossenen, sich auch wirtschaftlich durch Feldarbeit, Viehzucht und Handwerke selbst erhaltenden kleinen Schulstaaten usw. Von seinem großen Erziehungsplan ist nichts verwirklicht worden, er ging aufs Ganze aus, und da konnte ein einzelnes nach seinen Ideen errichtetes Internat oder, wie wir heute sagen müssen, »Land-Erziehungsheim« nicht viel helfen.[1]) Und doch fand sich ein Privatinstitut, das sich dazu eignete, die Fichteschen Ideen in die Tat umzusetzen: es war die 1794 in J e n k a u bei Danzig gestiftete v. C o n r a d i s c h e »Provinzialschule«. In ländlicher Abgeschiedenheit gelegen, mit Landgütern, Forsten und Kapitalien reich ausgestattet, konnte sie sich eine Zeitlang (1801—1814) unter den Direktoren Jachmann und Passow als eine E r z i e h - u n g s anstalt in Fichteschem Sinne entfalten.[2]) Im Gegensatz zu den Internaten alten Stiles suchte sie die Familienerziehung mit der Alumnatserziehung zu verbinden, indem Gruppen von je fünf Zöglingen je einem Lehrer zugeordnet waren und alle, die Schüler mit den Lehrern und ihren Familien wie in einer einzigen großen Familie zusammenlebten. Die v. Conradische Stiftung besteht noch heute in L a n g f u h r - D a n z i g (Nr. 7) als Realschule mit Alumnat, versucht aber nicht mehr etwas Besonderes vorauszuhaben vor anderen öffentlichen L e h r anstalten.

Fichte kannte Pestalozzi nur aus seinen Schriften. Andere für das Erziehungsfach begeisterte Männer reisten aber nach Burgdorf und Iferten, um zu sehen und zu hören und selbst mit tätig zu sein und die Pestalozzische Methode sich zu eigen zu

[1]) Fichtes Plan ist neuerdings, nachdem de Lagardes Worte verhallt sind, wieder befürwortet worden von B a r o l i n, Der Schulstaat, Wien, Braumüller 1909, und L a n g e r m a n n, Steins politisch-pädagogisches Testament, Berlin-Zehlendorf 1910. Und Herm. L i e t z macht mit seinen Land-Erziehungsheimen die Probe auf das Exempel einer deutschen Nationalerziehung.

[2]) In einem »Archiv deutscher Nationalbildung«, von dem freilich nur der erste Jahrgang 1812 vorliegt, gedachten sie unter der Mitarbeit Fichtes selbst, aber auch der Philologen und Schulmänner Bernhardi in Berlin, Frdr. Jacobs in Gotha, Joh. Schulze in Weimar, J. H. Voß, F. A. Wolf u. a. dem Werke der geistig-sittlichen Wiedergeburt Deutschlands zu dienen.

machen. Die meisten derselben gingen in den öffentlichen Schuldienst über, einzelne von ihnen gründeten Privaterziehungsanstalten. Hier ist zuerst Friedrich Fröbel, der Vater der »Kindergärten«, zu nennen, der 1817 in Keilhau (Nr. *83*) in Thüringen eine noch heute bestehende und wie das Salzmannsche Schnepfenthal in Familienbesitz gebliebene Anstalt errichtete. Bekannt ist ferner das längst eingegangene Plamannsche Institut in Berlin (1805—1827), das sich guten Rufes erfreute und auch den jungen Bismarck zu seinen Schülern zählte.[1]) In Dresden hatte ein anderer Schüler Pestalozzis, Karl Justus Blochmann 1824 mit Unterstützung des Königs eine eigene Lehr- und Erziehungsanstalt gegründet, die 1828, mit dem Gräflich Vitzthumschen Gymnasium verbunden, bis gegen das Ende des Jahrhunderts geblüht hat, nachdem aber das Gymnasium in den Besitz der Stadt übergegangen, leider aufgehoben worden ist. Blochmann war ein pädagogisches Talent ersten Ranges. Wie die Jenkauer, so wich auch seine Anstalt von dem herkömmlichen Internatstil ab, und viele seiner Einrichtungen werden heute, acht Jahrzehnte später, als Errungenschaften der modernen Pädagogik hingestellt. »Das Leben des Ganzen«, schreibt Blochmann in seinem Berichte von 1826, »trägt den Charakter eines erweiterten Familienlebens an sich und sucht den Segen der Häuslichkeit als ein köstliches Kleinod zu bewahren.« Auch er ließ die Zöglinge in Gruppen von vier bis sechs unter je einem Erzieherlehrer je ein Zimmer bewohnen. Die Schlafsäle der jüngeren waren getrennt von denen der älteren. »Zu den Eigentümlichkeiten der Anstalt gehörte die sorgsame Pflege, welche der physischen Entwickelung der Jugend zuteil wurde, nicht in verzärtelnder, sondern in stärkender abhärtender Weise« (Paldamus über Blochmann in Schmids Encyclop.). Offenbar kannte Blochmann nicht bloß Rousseau, Basedow und Pestalozzi, sondern auch das Englische Erziehungswesen; richtete er doch sogar außer den täglichen Leibesübungen auf Spiel- und Turnplätzen ein Badezimmer mit »englischem Tropfbad« ein. Auch für Werkstattarbeiten in Holz und Metall zur Erlangung manueller Geschicklichkeit sorgte er, hierin wohl Pestalozzi folgend, aber über dessen beengten Zweck, Kindern des Volkes die notwendigste Hilfe zum Broterwerb zu verschaffen, hinaus-

[1]) Es bereitete die Schüler auf Tertia vor.

gehend. Nehmen wir hinzu, daß für Blochmann im Gegensatz zu dem Rationalismus Basedows und auch Pestalozzis die religiöse Erziehung den Kern und Mittelpunkt des Ganzen, der physischen und der intellektuellen, bildete, so mochte sein Institut in erziehlicher Hinsicht kaum etwas zu wünschen übrig lassen. Vom Unterricht aber muß gesagt werden, daß Blochmann wohl zum ersten Male der Lösung des Problems der Einheitschule nahegekommen ist. Er hatte erstens die Elementarschule, zweitens ein zweiklassiges Progymnasium als gemeinsamen Unterbau für die auf der dritten Stufe nun eintretende Gabelung in eine gymnasiale (IV—I) und eine realistische (III—I) Richtung. Was also Jahrzehnte später Reinhardt in Frankfurt und Schlee in Altona durchgeführt und eingeführt haben, war schon bei Blochmann bewährt befunden.

Blochmann bekennt sich selbst als Schüler Pestalozzis: seinen beiden Elementarklassen vindiziert er »eine echte, besonnene, durch gereifte Erfahrungen neuerer Zeit geläuterte Elementarbildung, aus Pestalozzis Schule hervorgegangen, aber von Einseitigkeiten und Auswüchsen befreit.«

Mit den »Erfahrungen neuerer Zeit«, auf welche Blochmann hier anspielt, hatte er wohl seine fünfjährige Tätigkeit als Mitdirektor der vom Rat zu Dresden 1819 errichteten Friedrich-August-Schule im Auge. Es sollte dies eine »Bürgerschule« werden, zu deren erstem Rektor ebenfalls ein Schüler Pestalozzis, der Rektor Krug aus Zittau berufen war. Dieser war pedantisch und methodensüchtig, Blochmann trennte sich deshalb von ihm und gründete seine Anstalt, die nun durch die gelungene Verbindung des realistischen Unterrichts mit dem humanistischen der Bürgerschule dermaßen Konkurrenz machte, daß der Magistrat diese bald wieder aufgab und in private Hände übergehen ließ. Ich erwähne dies deshalb hier, weil die heute noch in Dresden blühende Müller-Gelineksche Privatrealschule, verbunden mit einem Alumnat, die Fortsetzung ist jener hoffnungsfrohen städtischen Bürgerschul-Gründung.

7. Das 19. Jahrhundert.

Die erste Hälfte des 19. Jahrhunderts war überhaupt die Zeit, in der einerseits die vom preußischen Staate mit den sog.

Berechtigungen, besonders auch der Einjährig-Freiwilligen-Berechtigung (seit 1816), ausgestatteten humanistischen Gymnasien sich über das Land verbreiteten, andrerseits die Stadtverwaltungen versuchten, durch Gründung von Bürger-, Real-, Gewerbe- und Handelsschulen die Lücke auszufüllen, die zwischen Gymnasium und Volksschule klaffte. Hier schoben sich nun auch Privatschulen ein, die zum Teil den idealen Zweck der Jugenderziehung im Auge behielten, zum Teil aber blosse geschäftliche Unternehmungen waren; in dem einen wie in dem anderen Falle ergab sich die Verbindung der Schule mit einem Internat, Alumnat oder Pensionat. Einige davon haben sich bis auf die Gegenwart erhalten. Ich erwähne zuerst die gleichzeitig mit der Blochmannschen Anstalt in Dresden von einem Schüler des Philologen Gottfr. Hermann und mit seiner Unterstützung in Leipzig errichtete Handersche Privatschule, die als eine Art Progymnasium unter Berücksichtigung der praktischen Fächer dem Bedürfnisse des Mittelstandes, insonderheit des Handelsstandes, gerecht werden wollte; sie besteht noch heute unter dem Namen Teichmann-Dr. Rothsche Privatschule und hat bei einer Frequenz von etwa 400 Schülern nicht mehr nötig, sich zur finanziellen Sicherung auf ein Pensionat zu stützen. Sodann sind zu nennen: das Hasselsche Institut in Frankfurt a. M. (begr. 1834) und das Institut Garnier in Friedrichsdorf a. Taunus (begr. 1836). Garnier wie Hassel setzten sich die Ausbildung junger Kaufleute zum Ziele. Da indes Friedrichsdorf eine Hugenottenkolonie ist, in der das Französische noch als Umgangssprache herrschte, so gewann das Institut bald auch eine Bedeutung für den neusprachlichen Unterricht. Heute sind beide Institute berechtigte Realschulen, die aber den Erziehungszweck nicht verabsäumen wollen und sich darum wesentlich auf das Internat stützen. Das gleiche gilt von der im Jahre 1845 errichteten paritätischen Real- und Handelsschule in Marktbreit a. M. und der ebenfalls paritätischen Amthorschen höheren Handelslehranstalt in Gera, gegründet 1849.

Von sonstigen Alumnaten bei den öffentlichen höheren Lehranstalten, den protestantischen wenigstens, verlautet aus jener Zeit wenig. Nur zwei Gymnasien sind zu nennen, die als Internatschulen, allerdings wiederum nicht von seiten des Staates — er erbt nur gern, was andere gestiftet haben — errichtet wurden: nämlich das vom Fürsten Malte zu Putbus (1836) (Nr. 12) gestiftete evangelische Pädagogium und die früher schon erwähnte katholische Rheinische Ritterakademie in Bedburg (1841) (Nr. 100).

Zwei Internat-Stiftungen anderer Art noch hat uns die erste Hälfte des 19. Jahrhunderts gebracht, die mit dem höheren Unterricht in Verbindung stehen: erstens das Zivil-Waisenhaus in Potsdam (Nr. 53) begründet 1821 von dem Preußischen Regierungsrat von Türk, der als ehemaliger Besucher der Pestalozzischen Anstalt in Iferten für pädagogische Dinge besonders interessiert war, zweitens das allgemeine protestantische Pfarr-Waisenhaus für Bayern d. d. Rhs. in Windsbach (Nr. 193), das 1834 von einer Anzahl protestantischer Pfarrer ins Leben gerufen wurde und sich durch Beiträge von Gemeinden und Kreisen, insbesondere auch durch Kirchenkollekten erhält. Während die Zöglinge der Potsdamer Stiftung die dort vorhandenen höheren Schulen nach Wahl besuchen, ist die Windsbacher Anstalt mit einem Progymnasium verbunden und keineswegs auf die Aufnahme von Waisenkindern beschränkt. Zu diesen beiden Waisenstiftungen ist dann in der zweiten Hälfte des 19. Jahrhunderts als dritte die Schwabe-Priesemuthsche im alten Trotzendorfschen Goldberg (1867) (Nr. 33) gekommen, die seit 1903 zusammen mit dem Progymnasium in städtische Verwaltung übergegangen ist und die Waisen zusammen mit Pensionären erzieht.

Das Gymnasialwesen Norddeutschlands hatte sein Gepräge von der Hegelschen Staatsphilosophie empfangen, der gleichzeitig lebende Philosoph Herbart, der Begründer der wissenschaftlichen Pädagogik, gewann keinen Einfluß darauf. Von Pestalozzi war auch er ausgegangen. Die Mängel des höheren Unterrichtes mit seiner zersplitterten Viellernerei und seiner einseitigen rein intellektualistischen Richtung erkennend, schuf Herbart die Lehre vom erziehenden Unterricht mit seinen formalen Stufen, seinen kulturhistorischen Kreisen, mit dem Begriff des vielseitigen Interesses, was alles den Willen in der Richtung zum Guten beeinflussen sollte. Es erinnert an englische Erziehungsmaximen, wenn er sagt: Alles Wissen hat nur Wert, wenn es aufs Handeln bezogen wird. Hier wurzelt der Voluntarismus der neueren Pädagogik. Zu einer praktischen Verwirklichung seiner pädagogischen Theorie schritt aber Herbart selbst nicht, es blieb seinen bedeutendsten Schülern und Fortsetzern seines Werkes, Ziller und Stoy, vorbehalten, sie in die Tat umzusetzen: es ist aber bezeichnend, daß das nicht in Preußen geschah. Stoy errichtete 1843 in Jena eine nach seinem Namen genannte Erziehungsanstalt (Nr. 135 und Nr. *80*) und Ziller verband sich mit einem pädagogischen Praktiker, Ernst Barth in Leipzig, 1863 zur Gründung einer Erziehungsschule (Nr. *73*). Langsam, aber sicher haben sich die Herbart-Ziller-Stoyschen Reformideen vom erziehenden Unterricht von Leipzig und Jena aus verbreitet. Unsere modernen Schulreformer knüpfen daran an, und auf diesem Boden sind sich Reddie und Lietz begegnet.

Die Barthsche Erziehungsschule hat uns schon in die zweite Hälfte des 19. Jahrhunderts versetzt, wir wollen also jetzt die Entwickelung des protestantischen Alumnatswesens seit den 50 er Jahren betrachten und zunächst bis zur Begründung des norddeutschen Bundes verfolgen, um dann, bevor wir zum letzten Abschnitt schreiten, die Geschichte des katholischen Erziehungswesens zu überblicken.

8. Das protestantische Alumnatswesen seit den 50er Jahren.

Zwei öffentliche Alumnate bei Gymnasien sind in den 50 er Jahren von städtischen Verwaltungen errichtet worden: das eine zu Heilbronn (Württemberg) 1851 (Nr. 206), das andere zu Treptow in Pommern 1857 (Nr. 14). Für beide Gründungen lag singuläre Veranlassung vor: das Heilbronner Alumnat entstand auf Anregung des württembergischen Kultusministeriums, das Treptower verdankt seinen Ursprung mit dem zugleich errichteten Bugenhagen-Gymnasium religiös-konfessionellen Bestrebungen.

Dieses Motiv kirchlich-religiöser Erziehung war überhaupt eins von den beiden, die in den 50 er Jahren wieder zur Gründung von Erziehungsanstalten führten, nachdem die öffentlichen Schulen, insonderheit die Allgemeinen-Bildungs-Gymnasien vergessen zu haben schienen, daß die menschliche Seele vom Wissen allein nicht lebt. Vergessen hatte dies wohl auch die preußische evangelische Landeskirche, oder sie war infolge ihrer Verstaatlichung unfähig, für das Werk der Jugenderziehung Kräfte mobil zu machen. Jedenfalls gereichte es dem Staatskirchentum zum Vorwurf, daß der Kandidat Wichern im September 1848 den in Wittenberg zum Kirchentage versammelten Protestanten das Werk der Inneren Mission aufs Gewissen legen mußte.

So hoben denn seit Wicherns Gründung der Innern Mission Bestrebungen an, entweder »christliche« Gymnasien zu gründen oder wenigstens christliche Erziehungsanstalten, d. h. Alumnate für Gymnasialschüler. Es ward bald klar, daß der Staat das Entstehen jener recht scheel ansehen mußte, und so blieb es bei dem einzigen Versuch in Gütersloh. Der andere Gedanke erwies sich in der Folgezeit als fruchtbarer, wenn auch Wichern selbst erst das praktische Beispiel geben mußte.

Wichern hatte ja schon 1832 im »Rauhen Hause« bei Hamburg eine Erziehungsanstalt für verwahrloste Kinder ins Leben gerufen. Damit verband er 1852 ein Knabenpensionat, das sich im Laufe der Zeit zu einer realen Internatschule ausgestaltete. Die »Familien«-Einrichtungen des »Rauhen Hauses« und das »Pavillon«-System sind Wichernscher Stil und sind für neuere Alumnate mustergültig geworden. Eine freie Erziehungsanstalt, also nicht wie die Hamburger eine für verwahrloste Kinder oder Fürsorgezöglinge, begründete Wichern 1858 in Berlin und übergab sie der »Innern Mission«. Dieses »Evang. Johannesstift« hat bis 1910 in Plötzensee bestanden und ist jetzt nach Spandau (Nr. *20*) verlegt. Einen Teil desselben bildet seit 1886 das Pädagogium als gymnasiale Internatschule. Wichern vermittelte der »Innern Mission« wohl auch das Vermächtnis des konvertierten ehemaligen Fürstbischofs von Breslau v. Sedlnitzky, der reiche Mittel zur Gründung evangelischer Erziehungsanstalten für zukünftige Geistliche und Oberlehrer zur Verfügung stellte. Daraus entstand 1862 das Berliner Paulinum, jetzt in Dahlem (Nr. 46), und nach dessen Muster eines in Posen (Nr. 21) und eines in Danzig (Nr. 8), beide allerdings erst ca. 40 Jahre später. Und das ist schon alles, was der Protestantismus bisher an Erziehungsanstalten hervorgebracht hat, und dies kommt bloß auf Rechnung Wicherns. Die Landeskirche hat weiterhin versagt. Was evangelische Männer und Pfarrvereine nach 1870 an Alumnaten ins Leben gerufen haben, geht die Kirche als solche nichts an.

Ich nannte das religiös-kirchliche Interesse das eine Motiv, welches nach 1848 zur Begründung von Erziehungsanstalten führte. Aus einem andern Antriebe heraus, den sie im Auslande, besonders in England empfangen hatten, unternahmen zwei Männer, einer im Osten, einer im Westen, die Errichtung privater Internatschulen. Vielleicht hatte das Jahr 1848 in Deutschland das Interesse für englische Institutionen überhaupt rege gemacht. Bekannt ist, daß der preußische Schulmann Ludwig Wiese 1850 England bereiste und in seinen 1851 veröffentlichten Briefen über englische Erziehung vieles Löbliche und Nachahmenswerte zu berichten wußte. Auf dieser Reise war ihm auch das Hauptgebrechen der deutschen Schule zum Bewußtsein gekommen. Denn gleich im ersten Briefe schreibt er: »Und so glaube ich überhaupt wahrgenommen zu haben, daß die englischen public schools ohne Ausnahme, bei übrigens unverkennbaren Mängeln, in dem heranwachsenden Geschlecht die keimende Männlichkeit zu behüten und zu stärken wissen, während wir die Vorwürfe, die in den letzten Jahren auf unsere deutschen Schulen gehäuft sind, sie hätten das Erziehen vergessen und dem Vaterlande keine Männer gebildet, abzuwehren nicht imstande sind... Das Resultat meiner Beobachtungen, kurz zusammengefaßt, ist: Im Wissen sind unsere höheren Schulen den englischen weit voran, aber die dortige Erziehung ist wirksamer, weil sie eine bessere Ausrüstung in das Leben mitgibt.« Und im fünften Brief heißt es nach einem Hinweis auf die in Deutschland herrschende Stimmung, die in Alumnaten höchstens notwendige Übel erblickte: »Dennoch sind öffentliche Erziehungsanstalten nicht minder jetzt als im Mittelalter und in der Reformationszeit, wo die ältesten derselben entstanden sind, unentbehrlich, wenn auch aus verschiedenen Gründen: damals mehr um des Unterrichts, jetzt um der Erziehung willen, für welche die deutsche Familie mehr und mehr die Kraft und die Liebe verloren hat.«

Ich will nun nicht sagen, daß Wieses Briefe den Anstoß gegeben hätten zur Gründung von Erziehungsanstalten nach englischem Muster, er verwahrt sich ja schon im ersten Briefe gegen die Imputierung solcher Tendenz, er hat auch während seiner langen Amtstätigkeit als Leiter des preußischen höheren Unterrichtswesens nichts für die Errichtung von Alumnaten getan. Aber sie scheinen mir ein Symptom dafür zu sein, daß schon in den 50er Jahren, wie erst wieder in diesem letzten Jahrzehnt, Deutschland einige Hinneigung zu dem englischen Erziehungssystem bekundet hat. Und so konnte denn der Versuch gelingen, den Dr. Alexander Beheim-Schwarzbach im Jahre 1850 mit seinem ländlichen Erziehungsheime auf dem Gute Ostrau bei Filehne (Nr. *4*) machte. Der Gründer erfuhr bei seinem Unternehmen die Huld des späteren Kaisers Friedrich III., der u. a. die vornehme Gesellschaft Londons auf dies erste deutsche »college« aufmerksam machen ließ.

Auf Ausländer rechnete wohl auch der Gründer des Instituts Hofmann in St. Goarshausen (Nr. *42*). Wie Beheim-Schwarzbach setzte Dr. Wilhelm Hofmann seiner Lehr- und Erziehungsanstalt im Jahre 1853 das Ziel der harmonischen Ausbildung von Körper und Geist. Besonderes Gewicht legte er auf den Unterricht in den neueren Sprachen, mit deren Kenntnis (besonders der englischen) es damals in Deutschland noch schlecht bestellt war. Zur Förderung solchen Unterrichtes mochte da wohl die Aufnahme junger Ausländer als Institutszöglinge zweckmäßig erscheinen. Hofmann hatte in Paris und London studiert und einige Jahre als Lehrer am Garnierschen Institut in Friedrichsdorf gewirkt.

Das gleiche Interesse für die neueren Sprachen führte auch zur Gründung des Viktoria-Instituts in Falkenberg i. Mark (1859) (Nr. *13*). Die Anregung dazu gab der bekannte Sprachgelehrte Professor Herrig in Berlin, der bei seinen vielen Beziehungen zu England von dort her Zöglinge zu gewinnen trachtete. Und wiederum war es das Kronprinzenpaar, das dem neuen Institut seine Teilnahme widmete.

Ich erwähne in dieser Verbindung noch einmal die Erziehungsanstalt der Gemeinde Korntal in Württemberg (Nr. 207). Sie war von 1848 bis 1880 Privatinstitut eines Prof. Pfleiderer, das ebenfalls auf Ausländer und neuere Sprachen gestellt war. Pfleiderer war in England gewesen und führte wohl zuerst in Deutschland den englischen »playground« ein.

Alle diese in den 50er Jahren entstandenen Institute haben mehr oder weniger den Charakter von Landerziehungsheimen, selbst das Wichernsche Johannisstift, das in seiner neuen Einrichtung bei Spandau als ein Gegenstück der Godesberger Anstalt erscheint. Aus den 60er Jahren ist ihnen noch zuzuzählen die Schaffnersche Lehr- und Erziehungsanstalt zu Gumperda (Nr. 78) im pädagogischen Thüringen, gegr. 1867; sie reiht sich würdig an Schnepfenthal und Keilhau an. —

9. Das Alumnatswesen der katholischen Kirche.

Wir kehren nun noch einmal zurück in die Jahrhunderte, um einen Überblick über das katholische Alumnatswesen zu gewinnen. Die Dinge liegen hier insofern einfacher, als erstens von der Zeit der Gegenreformation an bis 1773 der Jesuitenorden fast das ganze katholische höhere Unterrichts- und Erziehungswerk besorgte, als zweitens um die Wende des 18. Jahrhunderts die Säkularisation, die man auch eine staatliche Einsäckelung nennen könnte, die meisten Schulstiftungen auslöschte.

Erhalten haben sich zunächst einige kirchliche Singknaben-Institute: in Breslau an der Domkirche (vgl. Nr. 26), in Regensburg das Studien- und Musikseminar zu St. Emmeram und St. Paul, das U. L. F. zur alten Kapelle und das der Dompräbende (Nr. 178—180), dazu ein kleineres Alumnat in Kitzingen (Nr. 159), die zum Teil ins Mittelalter zurückreichen, teils im 16. Jahrhundert errichtet wurden.

Die Studienanstalten der Jesuiten vereinigten bekanntlich Gymnasium und Universität (Akademie). Sie hatten ihre eigenen Konvikte und leiteten auch diejenigen, die von anderer Seite zur Erziehung auswärtiger, armer und reicher Schüler gegründet wurden. Man kann sich über diese Dinge unterrichten aus der ausgezeichneten Geschichte der Universität Dillingen von Thomas Specht. In Dillingen wurde z. B. um 1550 ein Seminarium St. Josephi für arme Studierende errichtet: sie waren nicht zur Wahl des geistlichen Berufes verpflichtet, wohl aber nach herkömmlicher Sitte zum Kirchengesang. Später wurden neben diesen Alumnen auch zahlende Konviktoren aufgenommen.

Von 1574 datiert das Kgl. Erziehungsinstitut Albertinum in München (Nr. 166), entstanden durch landesherrliche und private Stiftungen zur Unterbringung bedürftiger Schüler des von den Jesuiten betriebenen Gymnasiums. Bei Auflösung des Jesuitenordens blieb dem Institute sein Vermögensfonds gewahrt, und das Institut wurde zu Anfang des 19. Jahrhunderts im Anschluß an ein staatliches Gymnasium, jetzt dem Kgl. Ludwigs-Gymnasium, neu organisiert und auch für Zahlzöglinge eingerichtet[1]).

Aus dem 17. Jahrhundert verzeichnen wir zunächst das 1607 vom Fürstbischof Julius Echter von Mespelbrunn als Seminarium Nobilium gestiftete Julianum in Würzburg (Nr. 194), ein katholisches Seitenstück zu dem protestantischen Collegium illustre in Tübingen. In die Zeit des 30jährigen Krieges fällt der Ursprung des Kgl. Erziehungsinstituts zu Landshut (Nr. 161), indem da 1631 aus privaten Stiftungen ein Seminarium puerorum im Anschluß an den Jesuitenkonvikt erstand. Dagegen ist das Studienseminar zu Neuburg (Nr. 168) eine Stiftung der Herzöge von Pfalz-Neuburg vom Jahre 1638, die dabei freilich auch weniger in die eigene Tasche griffen, als vielmehr Klostergut verwendeten. Ähnlichen Ursprungs wie das Münchener Albertinum und Landshuter Institut ist das Kgl. Studienseminar St. Joseph in Augsburg (Nr. 145), eine Stiftung von 1661. Außer diesen vier bayerischen Konvikten weiß ich nur noch eines von geringem Umfange in Preußen zu nennen, das aus dem 17. Jahrhundert stammt: das v. Szoldrskische Konvikt in Posen (Nr. 20), gestiftet 1648.

Noch weniger als das 16. und 17. Jahrhundert hat uns das 18. an katholischen Alumnaten hinterlassen. In Breslau besteht ein sog. Kurfürstl. Orphanotropheum (Nr. 27) für Kinder adelicher Herkunft, gegründet vom Fürstbischof Franz Ludwig 1715; in Bamberg das 1738 gestiftete Frhr. v. Aufseßsche Studienseminar (Nr. 147), ursprünglich zur Unterbringung armer studierender Knaben, später erweitert und auch zur Aufnahme von Zahlzöglingen eingerichtet. Das ist alles. Mit der Aufhebung des Jesuitenordens 1773 verschwanden auch ihre Erziehungsanstalten, weniges hat sich erhalten, einiges ist

---

[1]) Ich verdanke diese wie andere Nachrichten über die bayerischen Studienseminare der Güte der Herren: Kultusminister v. Wehner und Oberstudienrat v. Orterer.

im 19. Jahrhundert auf Grund der Konkordate wiederhergestellt worden. Beim Gymnasium in Glatz (Schlesien) haben wir ein Königl. kath. Konvikt (Nr. 29). Das klingt, als hätte der Staat sich einmal des Erziehungswerkes angenommen, aber er hat sich's auch hier nichts kosten lassen. Das Konvikt ist im 17. Jahrhundert von den Jesuiten gegründet, 1787 »säkularisiert« worden und nescio quo casu als Gymnasialalumnat bestehen geblieben.

Indem wir uns nun zum 19. Jahrhundert wenden, wollen wir zunächst die staatlichen katholischen Alumnate in den verschiedenen deutschen Ländern überschauen. Es sind deren nicht allzuviel.

In Preußen erstand zuerst das Gymnasialkonvikt zu Konitz, Prov. Westpreußen, 1826 mit 10 Freistellen (Nr. 9). Es wurde 1851 durch ein Alumnat für Zahlzöglinge erweitert. Die Mittel dazu entnahm man kirchlichen Fonds. Beim bischöfl. Gymnasium Carolinum in Osnabrück gab es seit 1683 eine Stiftung (v. Snethlage) zur Erziehung von etwa 8 Söhnen adelicher und sonst achtbarer Familien. Schon die hannoversche Regierung hatte nach der Säkularisation das Gymnasium verstaatlicht. Nachdem es unter preußische Verwaltung gekommen, wurde die Stiftung zu einem der Aufsicht des Provinz.-Schulkollegiums unterstellten kath. Knabenkonvikt (Nr. 77) eingerichtet. In ähnlicher Weise machte man 1869 beim Kgl. Gymnasium in Emmerich (zur Zeit, als der spätere Geheimrat im Kultusministerium Dr. Stauder Direktor war) eine alte aus der Jesuitenzeit stammende Schulstiftung nutzbar (Nr. 104). Nicht mehr besteht dagegen das Konvikt am St. Matthias-Gymnasium in Breslau. Als das Gymnasium bei der Vereinigung der Frankfurter mit der Breslauer Universität im Jahre 1811 von der alten Leopoldina abgetrennt wurde, ermöglichte ein reiches Vermächtnis des Kanonikus Gebauer die Einrichtung eines Konviktes für arme Schüler. Das Vermögen gewährte 35 Fundatisten freien Unterhalt; in den 50er Jahren wurden dazu noch ebensoviele Zahlzöglinge aufgenommen. Der Minister Falk verfügte 1874 die Aufhebung des Konviktes. Es kommt vielleicht die Zeit, wo man es wieder herstellt.

In Württemberg wurden die niederen evangelisch-theologischen Seminare 1817 reorganisiert. Die Gerechtigkeit erheischte es, für die katholische Kirche in ähnlicher Weise zu sorgen. So entstand im selben Jahre ein katholisches Knabenseminar in Rottweil (Nr. 210), und sieben Jahre später, nachdem durch die Bulle Provida solersque vom 16. August 1821 die staatlich-kirchlichen Beziehungen der oberrheinischen Kirchenprovinz geordnet, ein zweites in Ehingen (Nr. 203). Beide sind seit 1824 als Kgl. Konvikte mit den Ortsgymnasien verbunden.

In Bayern befand sich das Mittelschulwesen bis 1773 in den Händen der Jesuiten; hernach überließ es der Staat den Klöstern der Benediktiner, der Zisterzienser u. a. Nach Aufhebung der Klöster im Jahre 1803 mußte er zu einer Neuorganisation des gesamten Studienwesens schreiten, die, nach einigem Experimentieren, von 1829 an wie in Preußen mit dem Siege des humanistischen Gymnasiums endete. In dieser Zeit entschloß sich dann auch die Regierung zur Wiederbelebung älterer und zur Gründung neuer Alumnate, der sog. Studienseminare und Erziehungsinstitute. Es scheint dies eine Besonderheit der bayerischen Gymnasien zu sein, hangt aber nicht mit dem staatlichen Unterrichtsplan zusammen, sondern erklärt sich aus äußeren Umständen, nämlich aus dem Vorhandensein der Schulfonds, die die Jesuiten hinterlassen hatten, aus der Hinneigung katholischer Eltern zur Internatserziehung, das will sagen: Erziehung überhaupt, und endlich auch daraus, daß manche Schulen einer Unterstützung und Förderung durch Alumnate bedurften.

Des Studienseminars zu Amberg (Nr. 141), das anfänglich protestantisch war, aber von den Jesuiten erobert wurde, haben wir schon S. 11 gedacht; es wurde 1773 verstaatlicht und blieb erhalten. Wiederhergestellt wurde 1810 das ebenfalls schon erwähnte Studien- und Musikseminar St. Emmeram und St. Paul in Regensburg, sowie 1826 das Studienseminar St. Joseph in Augsburg (Nr. 145). Eine Neugründung von 1840 war das Studienseminar in Aschaffenburg (Nr. 143), wozu die Mittel den bei Auflösung des dortigen Jesuitenkonvikts entstandenen, nicht inkamerierten Schulfonds entnommen wurden. Es war anfänglich als Klerikalseminar für die Diözese Würzburg gedacht, eine Zweckbestimmung, die später wieder aufgehoben wurde. Das Erziehungsinstitut in Landshut (vgl. S. 29) datiert in seiner jetzigen Gestalt aus dem Jahre 1852, nachdem es von 1813 an geschlossen gewesen oder — richtiger gesagt — mit dem zu Neuburg verbunden worden war.

Die neueste Gründung ist das Erziehungsinstitut in Burghausen (Nr. 150). Es wurde 1877 fast gleichzeitig mit dem dortigen Gymnasium ins Leben gerufen, um den Besuch dieser etwas entlegenen Schule (an der bayerisch-österreichischen Landesgrenze) zu erleichtern. Auch hier gewährte ein aus dem früheren Jesuitenkonvikt aufbewahrter Vermögensfonds die finanzielle Unterlage.

Hiermit wäre die Aufzählung der vom Staate verwalteten katholischen Alumnate in Deutschland beendigt. Wir zählen im ganzen 3 preußische, 2 württembergische und 9 bayerische (oder 10 mit Einschluß des Julianums in Würzburg). Aus Baden, Hessen usw. ist keines zu nennen.

Wir wenden uns nunmehr zu den kirchlich-bischöflichen Anstalten. Der Verfall der Universitäten in der Reformationszeit bewog bekanntlich das Tridentiner Konzil, den Bischöfen die Errichtung von Priesterseminaren in ihren Diözesen aufzugeben und zwar nach dem Muster des Collegii Germanici in Rom, wie der Jesuitenkollegien überhaupt. Sie kamen aber nicht zur allgemeinen Einführung, wurden auch, so lange die Jesuiten wirkten, wohl nicht allzusehr entbehrt. Ihrer Idee nach sollten sie die ganze Erziehung des Priesters vom Knabenalter an umfassen und in den Knabenseminaren den elementaren wissenschaftlichen (gymnasialen), in den Klerikerseminaren den höheren wissenschaftlichen (akademischen) Unterricht darbieten. Beide zusammen machten das vollständige Tridentinische Seminar aus. Es sind nur wenige solcher bischöflichen Gymnasien noch vorhanden, der Staat konnte sie nicht gern sehen, seitdem er selber im 19. Jahrhundert dem gymnasialen Unterricht seine besondere Pflege angedeihen ließ. Die Knabenseminare wurden daher zumeist bloße Knabenkonvikte, indem ihre Zöglinge den Unterricht in den öffentlichen Schulen empfingen. Und wenn diese Konvikte, deren Errichtung in den Konkordaten den Bischöfen zugestanden wurde, sich auf die Aufnahme von solchen Zöglingen beschränkten, die sich dem Priesterstande widmen sollten und wollten, so machten die Staaten hie und da auch noch Schwierigkeiten und verlangten die Aufnahme ohne Rücksicht auf die Wahl des künftigen Berufes, so daß von eigentlichen niederen Tridentinischen Seminaren nur noch ein Schattenbild in solchen katholischen Gymnasialalumnaten zu erblicken war. Studiert man die Geschichte dieser Priesterseminare seit der Säkularisation, so liest man die Leidensgeschichte der katholischen Kirche im 19. Jahrhundert. Josefinismus, Illuminatismus, die Revolutionszeit und die Säkularisation hatten sie ziemlich zerstört. Im 19. Jahrhundert begann der allmähliche Wiederaufbau, besonders gab das Reformationsfest der Lutheraner 1817 den Anstoß zur Sammlung der katholischen Kräfte. Die Konkordatsverhandlungen kamen in Gang, bei denen überall ausgemacht wurde, daß jede Diözese ein vom Staate entsprechend zu dotierendes Seminar nach Vorschrift des Tridentinums erhalten solle. Mit der Ausführung freilich haperte es noch lange, so daß die Bischöfe vielfach zur Selbsthilfe schreiten mußten. In seiner ersten Enzyklika vom 9. November 1846 empfahl Pius IX. allen Bischöfen eindringlich die Errichtung von Knabenseminaren. Später gestand er zu, sich in Anbetracht der besonderen Verhältnisse in Deutschland mit sog. Konvikten begnügen zu wollen, vorausgesetzt, daß diese mit katholischen Gymnasien verbunden und den Bischöfen darüber dieselben Rechte gewährt würden wie über die Klerikalseminare. Das war nun eben der Standpunkt der Regierungen, keine besonderen katholischen Knabenschulen für Priesterkandidaten zu gestatten, ja einzelne Staaten, wie Nassau und Hannover, ließen überhaupt nur allgemeine Konvikte zu.

Betrachten wir zunächst die Verhältnisse in Norddeutschland. Hier entstanden zwei bischöfliche gymnasiale Internatschulen: eine im Osten vom Bischof von Kulm in Pelplin (Nr. *1*) begründet seit 1835, eine im Westen zu Gaesdonck (Nr. *52*), 1849 vom Bischof von Münster begründet; beide vorzugsweise, wenn auch nicht ausschließlich, für zukünftige Geistliche bestimmt. In Hildesheim (Nr. 73) bestand und besteht das bischöfliche, früher von Jesuiten geleitete Gymnasium Josephinum, das schon seit 1780 mit einem Priesterseminar verbunden war.

Knabenkonvikte, die die Stelle der niederen Seminare für den Priesterstand zu vertreten hatten, gab es bis zum Ausbruch des »Kulturkampfes« in Posen (1836) (Nr. 19), Trier (1840) (Nr. 123), Braunsberg (1843) (Nr. 1), Paderborn (1847) (Nr. 96), Münster (1849) (Nr. 94), Breslau (1850) (Nr. 26),

*Hadamar (1851) (Nr. 81), Neuß (1852) (Nr. 115), Fulda (1852) (Nr. 80), *Meppen (1853) (Nr. 75), Münstereifel (1856) (Nr. 113), Sigmaringen[1]) (1856) (Nr. 120), Heiligenstadt (1858) (Nr. 60), *Hildesheim (1859) (Nr. 73), *Montabaur (1866) (Nr. 83). Von diesen waren die vier in Hannover und Nassau belegenen nicht auf die Aufnahme von Kandidaten des geistlichen Standes beschränkt; sie entgingen infolgedessen dem Schicksale der Aufhebung, welchem alle übrigen, desgleichen die Schulen in Pelplin und Gaesdonck, zufolge des § 14 der preußischen Maigesetze von 1873 verfielen. Dabei erklärte der Kultusminister Falk im Landtage: »Die genannten Anstalten würden vom Gesetze nicht berührt werden, wenn man sie in Gymnasialalumnate umwandelte.« Hierzu verstanden sich aber nur die Bischöfe: Kopp von Fulda und Martin von Paderborn, so daß sie 1882 ihre Konvikte wieder eröffnen durften. Die übrigen warteten bis zum Friedensschluß, der 1886 erfolgte. Seitdem sind zu den alten wiederhergestellten noch elf neue hinzugekommen, so daß jetzt bei den preußischen höheren Lehranstalten über 30 katholische Knabenkonvikte bestehen. Diese elf sind: in der Diözese Braunsberg zu Rössel (1894), in der Diözese Kulm zu Kulm (1897) und Neustadt (1903); in der Posen-Gnesener Diözese Gnesen (1895); in der Breslauer Diözese Beuthen (1887), Glogau (1892), Neiße (1895), Gleiwitz (1903); in der Münsterschen Diözese Kempen (1899); in der Kölnischen Diözese Rheinbach (1890) und in der Trierer Diözese Prüm (1887).

Nachzutragen ist noch die erzbischöfliche Lehranstalt Aloysianum in Opladen (Nr. 117). Ich habe sie oben nicht mit erwähnt, weil sie 1850 als Privatanstalt gegründet worden war und erst 1866 das Patronat des Kölner Erzbischofs erhielt[2]).

---

[1]) In der Freiburger Diözese gelegen, aber hier mit aufgezählt, weil zu Preußen gehörig.

[2]) Es sei hier auch der vortrefflichen Unterrichts- und Erziehungsanstalt Kemperhof in Koblenz-Moselweis gedacht, die allerdings nicht kirchlich-bischöflich ist, sondern Eigentum des katholischen Männervereins in Koblenz, der sie 1860 errichtete und mit dem 1851 gegründeten Waisenhause verband. Sie erfreute sich der besonderen Huld der Kaiserin Augusta, die auch zur Zeit der Maigesetze ihre schützende Hand darüber hielt.

Die Mainzer Diözese hatte seit 1863 ein Knabenkonvikt in Mainz (Nr. 140) und von 1869 an eine Internatschule in Dieburg (Nr. 137). Beide wurden zur Befestigung des Deutschen Reiches in den 70er Jahren geschlossen, später wieder eröffnet. Die Dieburger Schule ging in städtische Verwaltung über, behielt aber das Konvikt. Anfang der 90er Jahre erstand dann in Bensheim (Nr. 136) noch ein bischöfliches Knabenkonvikt für künftige Priester. Anschließend sei hier noch erwähnt die bischöfliche St. Marienschule in Mainz (Nr. 139), die 1852 gegründet und 1865 mit einem Pensionat verbunden wurde, das auch Schüler anderer höherer Lehranstalten aufnimmt.

Das Großherzogtum Baden hatte sich den katholischen Knaben- und Priesterseminaren gegenüber besonders spröde verhalten. Aus Privatmitteln konnte der Erzbischof in Freiburg (1846) (Nr. 211) ein kleines Konvikt zustande bringen, es fiel natürlich dem »Kulturkampf« zum Opfer. Im Jahre 1888 durfte es seine Türen wieder auftun, nachdem in Tauberbischofsheim (Nr. 215) 1884 bereits ein privates Gymnasialkonvikt zugelassen worden, das hernach mit dem Freiburger zusammen unter erzbischöflicher Flagge fuhr. Hinzugekommen sind noch die Konvikte in Rastatt (1898) und Konstanz (1901).

In Württemberg waren die schon erwähnten Kgl. Konvikte in Rottweil und Ehingen nach Art der niederen evangelisch-theologischen Seminare für Zöglinge der oberen vier Gymnasialklassen bestimmt. Es fehlte also an Alumnaten für die unteren und mittleren Klassen. Um diesem Mangel abzuhelfen, wurde 1867 in Rottenburg (Nr. 209) ein bischöfliches Knabenseminar für katholische Schüler des Progymnasiums errichtet, jedoch nicht ausschließlich für künftige Geistliche. Dazu kamen 1882 das Borromäum in Ellwangen (Nr. 205), 1896 das Knabenseminar Mariahilf in Mergentheim (Nr. 208) und 1897 das Collegium St. Josephi in Ehingen (Nr. 204), alle gemischte katholische Schulpensionate unter dem Protektorate des Bischofs von Rottenburg.

In den Reichslanden sind aus französischer Zeit überkommen die bischöflichen Gymnasien zu Bitsch, Metz-Montigny, Straßburg und Zillisheim. In Colmar besteht ein bischöfliches Gymnasialkonvikt ohne Berufszwang;

in gleicher Weise ist das bischöfliche Gymnasium in Straßburg mit einem Konvikt verbunden, die drei anderen sind überhaupt wesentlich Internate und zumeist für künftige Geistliche bestimmt.

Bayern endlich besitzt in allen Diözesen jetzt Knabenseminare, die nach und nach im Laufe des 19. Jahrhunderts, teils an Staatsgymnasien, teils in Anlehnung an die Erziehungsanstalten von Ordenskongregationen errichtet wurden[1]). Das erste entstand wohl 1828 in Freising; es folgten in den 30er Jahren die zu Speyer und Eichstätt, in den 60er Jahren die zu Scheyern[2]), Dillingen, Bamberg. Die zu Regensburg, Straubing, Metten(?)[2]) sind aus den 80er Jahren, Burghausen und vielleicht auch Passau von 1890. Über das Gründungsjahr des Würzburger Knabenseminars habe ich keine Vermutung. Sie werden alle aus Diözesanmitteln unterhalten und sind für künftige Priester bestimmt. Daneben werden von einigen Bischöfen, z. B. in Würzburg und Passau, noch Studienseminare betrieben für Zöglinge mit späterer freier Berufswahl; diese unterstehen der gleichen staatlichen Aufsicht wie die Privatinstitute. Ebenso haben einige der in Bayern zugelassenen Männerorden, abgesehen von ihren eigenen Ordensseminaren, noch Studienseminare mit späterer freier Berufswahl errichtet. Die Benediktiner leiten seit 1835 das Ludwigsinstitut in Augsburg (Nr. 146), eine Lehr- und Erziehungsanstalt in Ettal (Nr. 154) seit 1905, desgleichen je eine in Metten (Nr. 165) seit 1835 und Schäftlarn (Nr. 154) seit 1867. In Münnerstadt (Nr. 167) endlich unterhalten die Augustiner schon seit 1829 ein Studienseminar für Gymnasiasten.

10. Städtische Alumnate in katholischen Ländern.

Nachdem wir so die staatlichen und kirchlichen Alumnate und Internatschulen sowie einige Privatanstalten des 19. Jahrhunderts bis zur Reichsgründung hin erledigt haben, wenden wir uns jetzt zu den städtischen Instituten, dabei das ganze Jahrhundert und die Jetztzeit umfassend.

---

[1]) Die Gründungsjahre habe ich nicht überall feststellen können, weil meine Anfragen z. T. nicht beantwortet wurden.

[2]) Scheyern und Metten werden von den Benediktinern geleitet.

Es wurde schon S. 22 gesagt, daß der Staat die Einrichtung der für bürgerliche Berufe vorbereitenden höheren Lehranstalten, insonderheit der Gewerbe- oder Real- und Handelsschulen den Stadtgemeinden und privatem Unternehmertum überlassen hatte. Hier zeichnet sich nun wieder das katholische Bayern durch Alumnatsgründungen aus. Wie so viele seiner Gymnasien mit Studienseminaren verbunden sind, so haben auch zahlreiche Gemeinden, denen die Unterhaltung der Realschulen zur Last fiel, zur Hebung der Frequenz und zur Schaffung weiterer Einnahmequellen für die meist kleinen Städte Pensionate gebaut und als sog. städtische Erziehungsinstitute für Realschüler und in einzelnen Orten auch für Gymnasialschüler bestimmt. Sie unterstehen wirtschaftlich den Gemeindeverwaltungen; geleitet werden sie von haupt- oder nebenamtlich[1]) angestellten und entweder nach der Zöglingszahl oder fest honorierten akademisch gebildeten Personen des Mittelschul-Lehrpersonals, denen zur Unterstützung je nach der Frequenz Präfekten aus dem Assistentenpersonal der Mittelschulen beigegeben sind.

Es ist klar, daß Alumnate, die zugleich wirtschaftlichen Zwecken und Wünschen des Kleinbürgertums dienen sollen, keine hohen pädagogischen Ziele verfolgen können. Es sind in erster Linie Verpflegungsanstalten für auswärtige Schüler, und der Ruf guter, ausreichender Verköstigung und gesunden, kräftigenden Aufenthaltes ist für sie rentabeler als der Ruf wissenschaftlicher und erziehlicher Strenge, wie ihn die ganz anders fundamentierten staatlichen und kirchlichen Studienseminare behaupten können. Werden doch z. B. auch alle wirtschaftlichen Erfordernisse des Pensionates turnusmäßig bei den ansässigen Geschäftsleuten gedeckt, so daß die gemeindlichen Aufwendungen für diese Institute teilweise wenigstens wieder in die Taschen der Steuerzahler zurückfließen.

Man kann indes hier wohl die allgemeine Behauptung aufstellen, daß eine Gemeinde, die eine höhere Schule einrichtet, zu deren zweckmäßigem Betriebe auf den Besuch auswärtiger

[1]) Nach einer Entschließung des Kultusministeriums vom 4. Aug. 1909 wird es allerdings mit dem Amt eines Staatsdieners nicht mehr für vereinbar erachtet, gleichzeitig an der Spitze eines einer städtischen oder privaten Verwaltung angehörenden Institutes zu stehen.

Schüler gerechnet werden muß, auch verpflichtet ist, für die Unterbringung dieser Schüler in geeignete Pflegschaft Sorge zu tragen.

Die bayerischen Realschulen datieren aus den 30 er Jahren des vorigen Jahrhunderts; damals hießen sie Landwirtschafts- und Gewerbeschulen. Sie erfreuten sich in ihrer ersten Form keiner besonderen Gunst bei der Bevölkerung, und es dauerte lange, bis man den passenden Lehrplan fand. Erst von 1877 an beginnt die Entwicklung der sechsklassigen Realschulen und auch erst in den letzten Jahrzehnten des 19. Jahrhunderts die der städtischen Alumnate. Zwar hatte Freising schon 1843 ein städtisches Erziehungsinstitut errichtet, aber erst 1882 folgte Landshut; von 1890 an entstehen dann bis 1906 in rascherer Folge die Pensionate in Traunstein, Wasserburg, Weilheim, Neuburg, Ingolstadt, Rothenburg o. d. T., Rosenheim, Dinkelsbühl, Günzburg, Landsberg. Die beiden landwirtschaftlichen Mittelschulen zu Lichtenhof bei Nürnberg und Pfarrkirchen, von denen jene aus 1834, diese von 1900 datiert, sind ebenfalls mit kommunalen Pensionaten ausgestattet, Lichtenhof sogar vollständige Internatsanstalt; sie werden hier mit aufgeführt, weil sie militärberechtigt sind.

Soviel von den städtischen Alumnaten in Bayern. Bemerkt muß noch werden, daß sie keinen konfessionellen Charakter haben. Ich schließe hier gleich an die Kaiserliche Landwirtschaftsschule in Rufach (Ober-Elsaß), die, hervorgegangen aus einem früheren städtischen Collège, ebenfalls Internat ist und, wenn sie auch von der Regierung übernommen ist, doch wesentlich mit städtischer Unterstützung besteht.

Ein rein städtisches Pensionat besitzt aber seit 1897 Oberehnheim i. Elsaß (Nr. 220) für katholische Schüler des dortigen Progymnasiums.[1]) Und wenn wir nun rheinabwärts gehen, so treffen wir aus neuerer Zeit auch in Preußen städtische Alumnate mit konfessionell katholischem Charakter: nämlich in Brühl (1898) (Nr. 103), Andernach (1903) (Nr. 99) und Malmedy

[1]) »Dasselbe hat den Zweck, den Schülern des Progymnasiums den Besuch dieser Anstalt zu erleichtern, ihnen gesunde Wohnräume und ausreichende Verpflegung zu bieten und für gute Erziehung und wissenschaftliches Fortkommen nach Möglichkeit zu sorgen.«

(1906) (Nr. 111). Dazu kommen die auf privater Stiftung beruhenden in Attendorn (1887), Warburg (1893), Brilon (1899), Dorsten (1904), Werl (1907); in Boppard (1897), Sterkrade (1909); in Oberlahnstein (Jahr?), ferner in Oldenburg Vechta (1895). Diese katholischen Alumnate besitzen alle denselben Stil: sie stehen unter geistlicher Leitung, lassen den Haushalt von Ordensfrauen besorgen und sind auf größere Schülermengen eingerichtet, wie das bei den Internaten alten Stils, den katholischen Konvikten, herkömmlich ist.

11. Familien-Alumnate.

Ganz anders hat sich die Entwickelung des Alumnatswesens in Norddeutschland, die nach 1870 anhebt, gestaltet. Zunächst kann es nicht wundernehmen, daß im letzten Viertel des 19. Jahrhunderts, ganz im Gegensatz zu früher, überhaupt eine erhebliche Vermehrung der Alumnate stattgefunden hat; ist doch bei dem steigenden Wohlstande des deutschen Volkes auch die Zahl der höheren Schulen enorm gestiegen und noch kein Nachlassen dieses fast beängstigenden Bildungsstrebens zu spüren. Die alten Internatschulen, wie die Franckeschen Stiftungen in Halle, das Joachimsthalsche Gymnasium, Schulpforte u. a., auf denen die Söhne von protestantischen Geistlichen und Lehrern mit Vorliebe ihre Ausbildung suchten, reichten nicht mehr aus, neue gründeten aber weder der Staat noch die Kommunen. So entstand denn in den Kreisen der protestantischen Geistlichkeit der Gedanke, zur Selbsthilfe zu schreiten und bei einzelnen den christlichen Charakter besonders festhaltenden Gymnasien kleinere Alumnate zu errichten. Das Bedürfnis machte sich vorzugsweise in den neuen und den westlichen Provinzen geltend, wo überhaupt keine protestantischen Internatstiftungen vorhanden waren. Die Kirche als solche konnte nicht helfen, und die innere Mission arbeitete auch nur mit Schenkungen; der Wichernsche Erziehungsgedanke aber, von dem wir Seite 25 sprachen, entfaltete seine treibende Kraft.

Damals, 1851, war in Gütersloh (Nr. 91) ein ausgesprochen evangelisches Gymnasium gegründet worden, hier wurde denn auch im Jahre 1875 das erste evangelische Gymnasialalumnat errichtet durch die Opferwilligkeit evangelischer Christen, an denen gerade das Minden-Ravensberger Land nicht arm ist. Den unmittelbaren Anlaß zur Errichtung eines eigenen Gymnasialalumnats entnahmen die Gütersloher wohl aus dem damals herrschenden Mangel an Theologen (auch Philologen), der Ostern 1875 eine Anzahl von Geistlichen und Schulmännern in Bonn zusammenführte, um über Mittel und Wege zur Abhilfe zu beraten.

Dies Motiv hat zweifelsohne auch den ideal gesinnten, etwas schwärmerisch veranlagten, aber rasch handelnden Prinzen Karl von Salm-Horstmar (in Westfalen) veranlaßt, in demselben Jahre 1875 an weit entfernter Stelle, nämlich in der Residenz der ehemaligen Fürsten von Oettingen im bayerischen Schwaben (Nr. 172) ein »Johannes«-Pensionat beim dortigen protestantischen Progymnasium zu stiften mit dem Zweck, zukünftigen Theologen und Philologen ein Schülerheim zu bieten.

Alsbald folgte das Gymnasium in Höxter (Nr. 92), das überhaupt eine Kopie des Gütersloher war und unter dem Einfluß des dortigen Pastors Beckhaus stand, des bedeutendsten protestantischen Geistlichen s. Zt. in Westfalen. Hier hatte man schon seit 1871 den Alumnatsgedanken verfolgt und ein Kapital gesammelt. Indem nun Beckhaus die Kirchengemeinde zur Hergabe des Grundstückes bestimmte, erstand hier 1879 ein drittes evangelisches Alumnat.

Weserabwärts gelangt man von Höxter bald nach Hameln. Das liegt im Hannoverschen, wo der Abt Uhlhorn vom Kloster Loccum die Landeskirche regierte. Das Kloster Loccum besitzt reiche Mittel. Uhlhorn, ein Freund und Anhänger Wicherns und der inneren Mission, hatte schon mancherlei Stiftungen ins Leben gerufen. Kein Wunder, daß ihn jetzt auch die Alumnatsidee begeisterte. So erhielt denn Hameln vom Kloster Loccum 1881 ein »Erziehungshaus« und behielt es bis 1901, wo es weseraufwärts nach Münden (Nr. 76) verlegt wurde. Ein zweites »Erziehungshaus« errichtete das Kloster Loccum in Goslar (Nr. 71) 1890.

Es verdient hier gleich angemerkt zu werden, daß der erste Inspektor des Hamelner Erziehungshauses der jetzige Rektor und eigentliche Vollender des evangelischen Pädagogiums in Godesberg a. Rh. (Nr. *54*) O. Kühne gewesen ist. Man kann sich hiernach über die Loccumer Brücke hinweg einen ideellen Zusammenhang konstruieren zwischen den pädagogischen

Leistungen Kühnes und Wicherns: ich werde noch darauf zurückkommen.

Das Godesberger Pädagogium war im Luther-Gedenkjahre 1883 vom Pfarrer Axenfeld gegründet worden. In eben diesem Jahre hatte sich ein Rheinischer Alumnatsverein aus kirchlich gesinnten Männern, vorzugsweise Pfarrern und Schulmännern, gebildet zum Zwecke der Gründung und Erhaltung evangelischer Alumnate, an denen es in den Rheinlanden gänzlich gebrach. Es gelang trotz der Befehdung von seiten des antikonfessionellen »Liberalen Schulvereins für Rheinland und Westfalen«, an dessen Spitze der Bonner Professor Jürgen Bona Meyer stand, das Martinsstift in Fild bei Mörs im Jahre 1885 zu eröffnen (Nr. 112). Zwei weitere Alumnatsgründungen dieses Vereins folgten mit dem Lutherhaus in Trarbach 1892 (Nr. 122) und dem Bergischen Alumnat in Lennep 1899 (Nr. 110).

Inzwischen hatte der Gedanke provinzieller Alumnatsvereinigungen in Schleswig-Holstein gezündet: er führte zur Errichtung zweier »evangelischen Alumnate« in Plön 1889 und Ratzeburg 1895 (Nr. 67 und 68).

Bevor wir die Entwicklung weiter verfolgen, wird es gut sein, das Prinzip kennen zu lernen, nach welchem sich diese neuen Alumnate ordneten. Die Idee, etwa eine große konfessionelle Internatschule zu gründen, mußte von vornherein ausscheiden, weil dazu eine finanzielle Fundamentierung gehörte, die ein bloßer Verein nicht gewährleisten konnte, und weil seit der Entkonfessionalisierung des höheren Schulwesens durch den paritätischen Minister Falk jeder darauf zielende Versuch aussichtslos gewesen wäre. Bloße Verpflegungs- und Beaufsichtigungspensionate aber, etwa nach Art der süddeutschen städtischen, zu betreiben konnte gerade den Kreisen, aus denen die neue Bewegung entsprang, nicht genügen: das Pfarrhaus hat dem protestantischen Volke das Ideal einer christlichen Familienerziehung gegeben, diese auch in den Alumnaten nach Möglichkeit beizubehalten mußte darum der leitende Gesichtspunkt werden.

So erblicken wir denn in diesen »evangelischen Alumnaten« den Versuch, die Internatserziehung auf das Prinzip der christlichen Familienerziehung zu basieren. Es springt in die Augen, was diese Alumnate von den katholischen Konvikten unterscheidet, aber auch was sie mit ihnen gemein haben. Das Gemeinsame soll sein das religiöse Ethos, ohne welches eine Erziehung nicht denkbar ist — denn nur das Ewige erzieht, sagt de Lagarde; das Unterscheidende ist das Familienprinzip, um dessenwillen man diese Alumnate nun kurz Familienalumnate genannt hat. Die Weglassung des Epithetons hat aber bewirkt, daß der Begriff sich in der Folge etwas verflacht hat.

Was wird nun als das Charakteristische des Familienalumnats angesehen? Erstens dasjenige, was den Mittelpunkt jedes Familienlebens bildet, die Hausmutter; zweitens die beschränkte Anzahl der Zöglinge. Man meint also: wenn man 15 bis 20 Jungen der leiblichen und gemütlichen Pflege einer Frau übergibt, dann ist die Form des Familienalumnats im Gegensatz zu den Internaten alten Stils und den katholischen Konvikten gefunden. Ob auch das Wesen, das hangt freilich noch von anderen Bedingungen ab. Selbstverständlich gehört zum Familienalumnat auch ein Hausvater, und dem sollte wohl das Regiment gebühren. Es haben sich nun zwei Formen dieser Familienalumnate entwickelt: die einen gehen nach dem Gütersloher Typ, die andern nach dem Filder Typ. Den Unterschied will ich mit den Worten der Alumnatsordnungen angeben. Im Gütersloher Statut heißt es:

»Die Erziehung und wissenschaftliche Ausbildung der Zöglinge wird von dem Inspektor geleitet, welcher in der Regel ein Lehrer des Gymnasiums sein soll ... Die Sorge für die leibliche Verpflegung der Zöglinge ist der Hausdame übertragen, welche sich auch an der Erziehung in mütterlicher Weise beteiligt und die Pflege eines familienhaften Zusammenlebens sich angelegen sein läßt.«

Das Filder Statut dagegen sagt:

»Zur Erreichung dieses Zwecks (scil. einer evangelischen Erziehungs- und Pflegestätte) führt der Inspektor und seine Gattin, die sich gleichfalls dem Dienste des Stifts widmet, mit den Zöglingen einen gemeinsamen Haushalt und ein familienartiges Zusammenleben. Väterliche Milde, die im Notfalle angemessene und nachdrückliche Strenge nicht ausschließt, soll der Grundzug der Gesamtleitung sein.«

Es leuchtet ohne weiteres ein, daß der zweite Typ das Familienprinzip der Erziehung glücklicher ausprägt als der erste. Man vergegenwärtige sich, daß es sich »in der Anstaltserziehung um Familien-Ersatzerziehung handelt bei seelischen Fremdbeziehungen zwischen Erzieher und Zögling«.[1]) Das natürliche Band der Familiengemeinschaft fehlt. Im Filder Typ wird nun dieser Mangel dadurch abgeschwächt, daß eine Familiengemeinschaft vorhanden ist, in die die Zöglinge, wenn auch als Fremdlinge, eintreten, an deren Segen, wenn anders ein solcher auf ihr ruht, sie einfach teilnehmen. Im Gütersloher Typ aber sollen sie selber erst zusammen mit Inspektor und Hausdame, die auch in Fremdbeziehung zu einander stehen, eine Familiengemeinschaft schaffen. Dies mag da gelingen, wo sich alle Glieder zusammenfinden in einem Höheren, in dem religiösen Ethos, das den Charakter der Schule bestimmt und das demnach auch für das Alumnat maßgebend sein muß. Wo aber ein solches einigende Band nicht vorhanden ist, welches alle Insassen des Alumnats zu freiwilliger Anerkennung und gemeinschaftlicher Befolgung religiös-sittlicher Gesetze und kirchlicher Riten bestimmt, da wird von Erziehung im echten Sinne wenig mehr die Rede sein können. Von Familienerziehung nun schon gar nicht aus dem Grunde, weil die rasch wechselnden jungen Inspektoren keineswegs die regierende Stellung eines Hausvaters neben und gegenüber der bleibenden und die Hausordnung tragenden Hausdame behaupten können. Im besten Falle sind also solche »Hausdamen«-Alumnate gute Verpflegungs- und Aufsichtsanstalten und können vorbildlich wirken für andere private Schülerpensionate.

Es gewinnt mehr und mehr den Anschein, als ob man an dieser Form sein Genüge fände: man glaubt den Begriff des Familienalumnats gegeben, wenn ein weibliches Wesen darin die Wirtschaft besorgt. Ich deutete schon an, daß das eine Verflachung der Idee sei, eine schwächliche formale Kopie der Familie, die aber ihren Daseinsgrund nicht mehr aus dem christlichen Familienprinzip der Erziehung herleiten kann.

---

[1]) Josef Weber in seinem Vortrage über Bedeutung, Bedingungen und Aufgaben der Anstaltspädagogik. Vgl. den höchst lesenswerten Bericht: »Kurs für Anstaltspädagogik, Veranstaltet vom Cassianeum in Donauwörth, 18.—20. Aug. 1910.« Donauwörth bei L. Auer. 1910.

Gelingt der Typ, wie im Gütersloher und Loccumer Falle, so haben wir ein künstliches Familiengebilde vor uns. Der Filder Typ ist einfach eine erweiterte natürliche Familie.

Von diesem neuen, spezifisch protestantisch-pastörlichen Typ verschieden ist der ältere Wichernsche, bei welchem der Begriff der Familie metaphorisch gebraucht wird, der schon vor Wichern auftrat und auch heute noch in den sog. Landerziehungsheimen und größeren modernen Internaten beliebt wird. Wichern schuf in seinem »Rauhen Hause« zur Vermeidung des kasernenmäßigen Zusammenlebens Lebensgemeinschaften von je 10 bis 12 der zu erziehenden Kinder und nannte sie »Familien«. Jeder dieser Kinderfamilien attachierte er eine ebensolche aber zu unterscheidender Bezeichnung »Konvikt« genannte Lebensgemeinschaft dienender »Brüder«, von denen einer der Vorsteher der Kinderfamilie war, während die anderen ihm als Gehilfen am Erziehungswerk verbunden waren. Jede dieser Lebensgemeinschaften hatte ihr eigenes Wohnhaus und erzeugte, da Wichern während einer — Noviziat genannten — Beobachtungszeit für jeden der neu aufgenommenen Zöglinge die für ihn passende »Familie« auswählte, einen eigentümlichen Charakter, eine bestimmte Überlieferung, eine Art Familienehre. So zerlegte er die große geschlossene Erziehungsanstalt in lauter kleine Erziehungshäuser, die aber zusammengehalten wurden zur Einheit durch den Geist der brüderlichen Liebe, der kein anderer ist als der Geist des Evangeliums Christi. Wichern ist also der Vater des sog. »Familiensystems«, auch Pavillon- oder Cottage-System genannt, welches die Auflösung großer Internatschulen in einzelne Familienhäuser oder Schülerheime bedeutet.

In diesen Wichernschen »Familien« fehlte also das weibliche Element der Erziehung, ich nannte deshalb den Begriff metaphorisch. Da es sich im »Rauhen Hause« um verwahrloste und sittlich gefährdete Kinder handelte, so war die ausschließlich männliche Erziehung das gegebene System. Wichern kannte aber auch den anderen Stil der erweiterten natürlichen Familie. Dieser ist im Plötzenseer Johannisstift (jetzt bei Spandau) verwirklicht worden, in welchem es sich um die Erziehung normaler Kinder handelt.

Die beiden Typen nun, den der künstlichen und den der erweiterten natürlichen Familie, die ich vorhin als Gütersloher und Filder bezeichnete, finden wir mit dem Wichernschen Stil der Einzelhäuser vereinigt in der großartigen Lehr- und Erziehungsanstalt, dem evangelischen Pädagogium Kühnes in Godesberg a. Rh.

Daß aber das Familienprinzip der Erziehung sowohl in der eigentlichen wie der übertragenen Bedeutung des Wortes auch bei größeren Internaten ohne Schülerheimkolonien möglich und ersprießlich ist, haben schon die älteren Institute wie Schnepfenthal, das Danziger Conradinum, das Blochmannsche in Dresden bewiesen, beweisen auch die Lietzschen Landerziehungsheime: die Hauptsache ist eben, daß überall wirklich erzogen wird.

Nach diesem Exkurs über den Sinn der Familienalumnate kehre ich zur Schilderung ihres geschichtlichen Fortganges zurück. Im Jahre 1890 machte der Kultusminister von Goßler mittels Runderlaß vom 6. Februar die K. Provinzial-Schulkollegien und Regierungspräsidenten auf die bis dahin entstandenen Familienalumnate aufmerksam, insbesondere auf das Loccumer Erziehungshaus in Hameln, das überaus günstige Erfolge aufzuweisen habe; er empfahl den genannten Behörden, allen Bestrebungen auf Errichtung ähnlicher Anstalten nach Möglichkeit förderlich zu sein, weil das Bedürfnis vorliege und Abhilfe erheische und weil sich in der Errichtung derartiger Anstalten ein Mittel biete, den ungesunden, auf Errichtung von Privatgymnasien gerichteten Strömungen mit Erfolg entgegenzuwirken. Es verging nun aber fast ein Jahrzehnt, bevor die also befürwortete gute Sache Fortgang nahm. Ich sagte schon Seite 39, daß die Pfarrer zur Selbsthilfe schritten. Sie hatten sich bereits in Provinzialvereinen zur Vertretung ihrer Standesinteressen zusammengefunden und besorgten aus diesen heraus nun auch die Gründung von »Schülerheimen« bei Gymnasien, in erster Linie für Pfarrersöhne. Dabei bevorzugten sie den Hausdamentyp.

Zuerst errichtete der Pfarrerverein des Kasseler Bezirks ein Schülerheim in Hersfeld 1899 (Nr. 82), dem er 1908 ein zweites in Eschwege (Nr. 79) nachfolgen ließ; danach der Nassauische Pfarrerverein 1900 eins in Weilburg (Nr. 87). Der Hannoversche Pfarrerverein setzte 1900 in Goslar (Nr. 70) dem da schon vorhandenen Loccumer Erziehungshaus ein zweites Schülerheim zur Seite. In der Rheinprovinz erschuf der Rheinische Pfarrerverein zu den drei Alumnaten des Rheinischen Alumnatsvereins ein viertes in Kreuznach 1906 (Nr. 109). Dasselbe Jahr bescherte der Provinz Brandenburg zwei evangelische Schülerheime für Pfarrersöhne: in Luckau (Nr. 51) und Küstrin, von denen dieses drei Jahre später nach Frankfurt (Nr. 49) verlegt wurde[1]). Und die Pfarrer der Altmark (Provinz Sachsen) endlich erhielten ihr Schülerheim 1907 in Salzwedel (Nr. 65). Die Gründungen in Ostpreußen, Schlesien, Westfalen erwähne ich nicht mehr, weil sie nach kurzer Zeit wieder eingegangen sind.

Das wären die bisher entstandenen Schülerheime der Pfarrervereine in den Provinzen Preußens. Sie ruhen natürlich alle auf evangelischer Grundlage, haben aber keine besondere pädagogische Bedeutung, sondern suchen nur das Erziehungswerk der Schule, das im Unterricht beruht, durch ein geregeltes häusliches Leben zu unterstützen, damit die Zöglinge den Lernzweck erreichen, der sie überhaupt aus dem Elternhaus in die fremde Stadt geführt hat. Aufgabe der Hausdame ist es: dafür zu sorgen, daß die Knaben sich in dem Schülerheim heimisch fühlen und die Fürsorge der Mutter nicht allzusehr entbehren.

Aber auch außerhalb Preußens regten sich die protestantischen Pfarrer zur Gründung von Alumnaten; sie entschieden sich aber für den Filder Typ und übertrugen die Leitung an einen verheirateten Direktor. Die Rheinpfalz hat zwei solcher »Studienheime« in Zweibrücken (1905) (Nr. 198) und Neustadt a. Hardt (1906) (Nr. 170), die von Pfarrervereinen errichtet wurden, wogegen in der Oberpfalz die Kirchengemeinde von Weiden

[1]) In Frankfurt war schon früher ein Alumnat gewesen, das die reformierte Gemeinde bei ihrem Gymnasium 1777 errichtet hatte. Es hat bis 1882 bestanden, wo es nach der Verstaatlichung der Anstalt aufgelöst wurde. — Auch das im Jahre 1803 errichtete Gymnasium Francisceum in Zerbst war von Anfang an mit einem Alumnat für auswärtige Schüler verbunden worden. In kleinerem Umfange hatte es dieselbe Einrichtung wie die Pensionsanstalt in den Franckeschen Stiftungen, ging aber seit den 70er Jahren in seiner Frequenz mehr und mehr zurück und wurde 1891 »suspendiert«. So besteht die Hoffnung, daß es als »Familien«alumnat wieder auflebt; denn das frugale, spartanisch einfache, für Körper und Gemüt gleich kalte Lernkonvikt von vordem lassen sich heute nur noch Freizöglinge gefallen.

seit Herbst 1910 ein protestantisches Alumneum ins Werk gesetzt hat (Nr. 191). In Mecklenburg ließ eine Vereinigung Mecklenburger Geistlicher 1902 in Güstrow (Nr. 128) ein größeres, auf 35 Zöglinge eingerichtetes »Familienalumnat« entstehen, das, wie es scheint, die Zentralstelle studierender Pastorensöhne werden soll.

Ein anderer Plan, den der damalige Direktor des Doberaner Gymnasiums Kühne (Bruder des Godesberger Kühne) verfolgte, nämlich nach Art des Rheinischen und des Schleswig-Holsteinschen Provinzialvereins einen allgemeinen Mecklenburgischen Landesverein zur Stiftung von Alumnaten zustande zu bringen, war gescheitert. Kühne mußte sich darauf beschränken, mit Hilfe eines Kuratoriums ad hoc vereinigter vermögenden Personen in Doberan 1902 (Nr. 197) ein kleineres auf 14 Zöglinge beschränktes Alumnat für Gymnasiasten einzurichten. Natürlich hat in Mecklenburg das Doberaner so gut wie das Güstrower evangelisch-lutherischen Charakter.

Das Doberaner Verfahren versetzt uns zurück in die Ausgangsstätten der Familienalumnats-Entwickelung: Gütersloh und Höxter. Doberan hatte aber noch ein näheres Muster vor Augen, nämlich das seit 1897 beim städtischen Gymnasium in Gartz i. Pommern errichtete evangelische Alumnat (Nr. 11). Wie dort, so verband sich hier Ortsgeistlichkeit, Schuldirektion und Schulkuratorium zur Gründung und unterstellte das Alumnat einem besonderen Alumnatskuratorium. Aus kleinem Anfang hat sich das Gartzer Familienalumnat zu einem ziemlich großen aus mehreren Häusern bestehenden Internat gestaltet, in welchem der »Familiencharakter«, den sonst ein paar Hausdamen allein kaum behaupten könnten, durch besondere Einrichtungen, nämlich Zerlegung der Inspektionen in kleinere metaphorische »Familien«, verstärkt worden ist.

Wir kommen nunmehr zu einer Gruppe von Alumnaten, die allgemein durch örtliche Alumnatsvereine ins Leben gerufen wurden. Das erste erstand 1900 zu Pleß in Schlesien (Nr. 39). Hier war der Gymnasialdirektor Rost, ein alter Orphanus der Franckeschen Stiftungen, einer, der etwas von der Sache verstand. Einer Anregung des Provinzial-Schul-Kollegiums folgend, brachte er den Plesser Alumnatsverein zustande, der nach § 1 seiner Satzungen vom 18. März 1900 »bezweckt, Schülern des K. Gymnasiums zu Pleß, und zwar hauptsächlich solchen evangelischer Konfession, Pension, Erziehung und Beaufsichtigung unter Leitung von evangelischen Lehrern des Gymnasiums im Anschluß an die Familie des Alumnatsvorstehers gegen angemessene Entschädigung zu gewähren.« Und bereits im Oktober d. J. konnte das Alumnat in einem dazu errichteten Neubau eröffnet werden.

Die Gründe, aus denen die Breslauer Staatsbehörde sich für die Alumnatssache erwärmte, lagen in den besonderen Verhältnissen des Ostens. Einmal war es notorisch, daß die Privatpensionen der Schüler in vielen Orten des Ostens, so auch in Pleß, äußerst mangelhaft waren. Sodann sollte (nach dem Berichte des Direktors Rost) das Alumnat dem Gymnasium neue Schüler zuführen und wie dieses selbst als eine Stätte echt deutschen Familienlebens eine Stütze des Deutschtums werden in dem von polnischer Bevölkerung umgebenen Pleß. Aus denselben Gründen sind dann mit Unterstützung der Provinzial-Schul-Kollegien in Schlesien, Posen und Ostpreußen, auch Brandenburg, weitere sog. Familienalumnate errichtet worden. Als Typ wählte man in Pleß den Filder, aber unter erheblicher Beschränkung der Zahl der Zöglinge, wie das Ratzeburg bereits getan hatte. In der Tat wird bei einer Anzahl, die über 15 bis 20 hinausgeht, von einem Familienleben im Anschluß an eine natürliche Familie, die des Alumnatsleiters nämlich, nicht mehr die Rede sein können; die erweiterte Familie hat ihre Grenzen, über die hinaus sich der herkömmliche Internatstyp wieder einstellen muß.

Auf Pleß folgten in Schlesien noch Reichenbach 1903, Striegau 1909; in der Provinz Posen Rawitsch 1907, Krotoschin 1908, Kempen 1909[1]). Die Provinzen Brandenburg und Ostpreußen haben je eins aus dem Jahre 1906 in Wittstock und Rastenburg.

Es hat sich nicht überall der Filder Typus mit Einsetzung einer geeigneten Oberlehrerfamilie verwirklichen lassen. Hausdamen sind leichter zu finden und Kandidaten-Inspektoren auch. Doch bietet dieser an »paritätischen«, d.h. religiös indifferenten

[1]) Außerdem unterhält in Rogasen seit 1904 mit staatlicher Unterstützung Prof. Masuch ein kleines Familienpensionat.

Gymnasien isolierte Gütersloher Typ weder die Gewähr wirklicher Erziehung (zumal wenn sich das »Familien«-Alumnat selbst als paritätisch deklariert), noch auch, und zwar eben deshalb, die Aussicht auf Dauer.

Noch ein paar im Westen entstandene Alumnatsvereinsgründungen sind hier anzureihen. Das einzige evangelische Familienalumnat, was meines Wissens mit einer Oberrealschule verbunden ist, befindet sich seit 1907 in Gummersbach in der Rheinprovinz (Nr. 106). Es muß wohl in stiller Verbindung mit dem Godesberger Pädagogium stehen, da dieses seine Oberklassen-Realisten dorthin abgibt (Preis hier wie dort 1700 bis 2000 Mark.) In Laubach (Oberhessen) ist 1910 von einem Alumnatsverein, dessen Vorsitzender Graf Wilh. zu Solms-Laubach ist, wiederum ein evangelisches Gymnasial-Alumnat errichtet worden, die erste derartige Anstalt im protestantischen Teile des Großherzogtums überhaupt (Nr. 138).

Als letztes dieser Gruppe nennen wir endlich noch das 1904 vom »Pensionatverein Nördlingen E. V.« eröffnete Schülerpensionat zu Nördlingen im bayerischen Schwaben (Nr. 171), das unter der Leitung des Rektors des K. Progymnasiums steht, mit Inspektor und Hausdame wirtschaftet und mit seinen 18 Zöglingen ganz so eingerichtet ist wie die norddeutschen »Familien«-Alumnate. Die Anregung zu dieser in Bayern sonst nicht üblichen Form ist wahrscheinlich von dem benachbarten Öttingen gekommen, wo, wie schon gemeldet, der † Prinz Karl zu Salm-Horstmar in Westfalen ein Pensionat errichtet hatte, das ebenfalls von einem Pensionatverein fortgesetzt wird. —

Wir wenden uns jetzt einer Gruppe von kommunalen Alumnaten in Norddeutschland zu, die — mit einer Ausnahme — den Charakter der rheinisch-westfälischen Familienalumnate zeigen. Sie sind entweder als schon vorhandene private von kommunalen Körperschaften übernommen oder von ihnen direkt oder mit ihrer Unterstützung ins Leben gerufen worden. Entsprechend der konfessionellen Parteilosigkeit politischer Gemeinwesen tragen sie mit wenigen Ausnahmen keine religiös-kirchliche Bezeichnung.

Als erstes dieser kommunalen Alumnate ist das im Jahre 1903 vom Kreise Ohlau in Baumgarten b. O. erbaute zu nennen (Nr. 38). Es folgte 1905 ein zweites Kreis-Alumnat in Rinteln (Nr. 86). Mit städtischer Unterstützung trat 1907 in Bad Ems

(Nr. 78) ein krypto-evangelisches Familienalumnat ins Leben. Im selben Jahre übernahm die Stadt Ballenstedt in Anhalt das schon seit 1892 daselbst als Privatanstalt bestehende Pädagogium Wolterstorff (Nr. 125) und führt das mit demselben verbunden gewesene Alumnat für Rechnung der Stadt fort; es ist das aber mit seinen 82 Zöglingen kein Familienalumnat, sondern ein Internat alten Stils, wie ihn noch viele Privatinstitute bekunden. Die Stadt Eupen im Rheinlande zog 1906 das Dr. Schneidersche Knaben-Institut in Kerpen an sich und schloß es unter seiner und seiner Gattin fortdauernden Leitung an das städtische Progymnasium an (Nr. 105). Wohingegen das Städtchen Strausberg i. d. Mark im Jahre 1908 eine dort seit längerer Zeit bestehende und auf ein Pensionat gestützte Privatschule übernommen hat, um sie zum städtischen Realgymnasium zu entwickeln. Zur Erleichterung dieses Vorhabens setzt sie das Pensionat unter Leitung des Schuldirektors als evangelisches Familienalumnat fort. (Nr. 54) Auch die Stadt Jüterbog in der Provinz Brandenburg fand sich 1908 bewogen, für die dort bestehende noch junge Königliche Realschule ein Schülerheim nach bekanntem Muster einzurichten (Nr. 50). Wiederum war die Kreis- und Kleinstadt Lüben in Schlesien (Nr. 35) so klug, mit der Entwickelung eines Realgymnasiums seit 1908 von vornherein ein Familienalumnat zu verbinden und als Direktor den langjährigen Leiter des Pyrmonter Pädagogiums an die Spitze zu stellen. Es nennt sich zwar Familienalumnat, weil eine Hausdame sich der Zöglinge mit mütterlicher Sorgfalt annimmt, doch dürften bei zwei Häusern zu je 40 Alumnen noch mehr Hausmütter nötig werden, um die Bezeichnung zu rechtfertigen; sonst scheint es richtiger, zur alten Benennung »Internat« zurückzukehren. In das Jahr 1910 endlich fällt die Errichtung der städtischen Alumnate in Langensalza, Provinz Sachsen (Nr. 61), und Schwerin a. d. Warthe, Prov. Posen (Nr. 24). Die Zeit wirds lehren, ob die weitere Entwicklung solcher städtischen Anstalten in Norddeutschland die in Süddeutschland vorangeeilte einholt und überholt. —

Alle diese im Lande zerstreuten kleinen Familienalumnate sind nur äußerliche Beigaben für die betreffenden höheren Schulen und beeinflussen ihren Organismus in keiner Weise. Es war der Gedanke des für alles Gute und Große begeisterten, leider schon verstorbenen Ministerialdirektors Althoff, nun einmal eine höhere Lehranstalt zu errichten, die sich ganz und gar aufbaut und zusammensetzt aus solchen in Einzelhäusern untergebrachten Familienalumnaten, also eine staatliche Internatschule von der Art wie das Kühnesche Pädagogium in Godesberg und die Demolinssche École des Roches, près Verneuil (Eure) in Frankreich. Er gewann den Landwirtschaftsminister zur Ausführung des Planes auf dem Gebiete der ehemaligen Domäne Dahlem bei Berlin, wohin schon eine Anzahl wissenschaftlicher Anstalten verlegt worden waren; und so entstand denn im Jahre 1908 die »Schülerheim-Kolonie des Arndt-Gymnasiums zu Domäne Dahlem bei Berlin« als »eine von der Königlich Preußischen Landwirtschaftsverwaltung begründete Alumnatsanstalt mit Gliederung in einzelne Familien-Landhäuser«. Es sollen hier einerseits die Mängel großer, einheitlich gestalteter Internate vermieden, andrerseits durch den Zusammenschluß der Einzelschülerheime zur Schülerheim-Kolonie alle die Vorteile gewahrt werden, welche nur eine große Anstalt bieten kann. Die Zöglinge wohnen nämlich in Gruppen zu 16 in je einer der Grunewaldvillen, welche in ihrer Gesamtheit die Schülerheim-Kolonie ausmachen und führen hier als Pflegesöhne (nicht Privatpensionäre) von Oberlehrern des Gymnasiums und ihren Gattinnen ein in jeder Hinsicht familiär gestaltetes Leben. Aufgenommen werden aber nur Söhne aus gebildeten deutschen Familien, deren Kinderstube die Garantie bietet, daß die Knaben in die Dahlemer Familienerziehung passen, d. h. sie müssen schon brav erzogen sein und aus gutem, will sagen begütertem Hause stammen.

Man könnte nun daran denken — und für das Joachimsthalsche Gymnasium besteht angeblich die Absicht —, die Internate alten Stils in diese moderne Form umzugießen.[1]) Wenn die Sache nur nicht so kostspielig wäre! Wieviele Familien sind in der Lage, 1600 bis 2000 Mark Jahrespension zu zahlen?

---

[1]) Es ist bemerkenswert, daß schon vor drei Jahrzehnten Victor Cherbuliez in der Revue des deux mondes, Bd. 60, S. 681, den Rat gab: »ne conserver à Paris que des lycées d'externes, transporter les internats à la campagne ou au village, et convertir nos casernes scolaires en de petits pensionnats groupés autour d'un grand collège.« Das ist genau, was in Dahlem gemacht worden ist.

Und reicht bei solchen Kosten das Stiftungsvermögen hin, aus welchem der Staat die fundierten Stellen der Freizöglinge zu erhalten hat? Ich denke, die alten großen Internate werden weiter bestehen: ihre eigentümlichen Vorzüge sind gerade bedingt durch ihre Form, und die ihnen anhaftenden Mängel, namentlich in hygienischer und diätetischer Hinsicht, lassen sich beseitigen. Ein Musterbeispiel ist das sog. Freimaurer-Institut in Dresden-Striesen; ein anderes in kleinerem Maßstabe und anderer Art, wie mir scheint, das Cassianeum in Donauwörth.

Ich schließe die Übersicht über die »Familienalumnate«, indem ich den von geistlichen und weltlichen Körperschaften errichteten noch ein paar private anfüge, die sich des Vertrauens der örtlichen Gymnasialverwaltungen erfreuen und mit den vorbenannten rangieren. Diese sind: das evangelische Familienalumnat des Rektors Pflugmacher in Oberlahnstein (seit 1901) (Nr. 85), das des Pastors Grashoff in Duderstadt (seit 1906) (Nr. 69), des em. Superintendenten Flashar in Hameln (seit 1909) (Nr. 72), Teichmüllers Schülerpension in Neuruppin (seit 1910) (Nr. 52) und in Bayern das Knabenpensionat des Reallehrers Dr. Hederich in Wunsiedel (1902) (Nr. 197) und das Schelbertsche in Schweinfurt (1902) (Nr. 186); letztgenanntes ist »paritätisch«. Eine Art »Familienheim« für Gymnasiasten und Realschüler will auch Taubalds Knaben-Erziehungs-Institut in Coburg (seit 1870) sein (Nr. 76).

Es bleiben nun noch ein paar katholische private Alumnate zu nennen, die mit öffentlichen höheren Lehranstalten in Verbindung stehen. Das bedeutendste unter ihnen ist das Cassianeum in Donauwörth (Nr. *93*), begründet und geleitet seit 1860 von dem rühmlich bekannten Pädagogen und Volksschriftsteller Ludwig Auer. Es ist, wenn es auch den Unterricht seiner 50 bis 60 Zöglinge dem K. Progymnasium überläßt, eine wirkliche Erziehungsanstalt und ein »Pharus« für die katholische Anstaltspädagogik überhaupt. In Passau befindet sich ein größeres Erziehungsinstitut für Gymnasiasten und Realschüler, das Pensionat Fürst, gegründet 1888 (Nr. *106*). Ein zweites vom Lyzealprofessor Dr. Pell, jetzigen Lyzealrektor, seit 1897 geleitetes Institut für Gymnasiasten ist neuerdings dem bischöflichen Stuhle in Passau übergeben worden. In Wipperfürth (Rheinpr.) besteht seit 1904 das St. Antonius-

Konvikt für Gymnasialschüler, die die höhere Privatschule in Neunkirchen absolviert haben (Nr. 124). Von geringerer Bedeutung sind die bei den unvollständigen höheren katholischen Knabenschulen in Lippstadt, Bergheim a. d. Erft und Kerpen bei Cöln als Privatunternehmungen ihrer Rektoren geführten Pensionate.

12. Privatschulen mit Alumnaten.

Wir haben bisher einen geschichtlichen Überblick über die bei den öffentlichen höheren Schulen befindlichen Alumnate zu gewinnen versucht; es sind dabei allerdings auch bereits einige Privatanstalten genannt worden, da nämlich, wo es auf die Betonung pädagogischer Zeitströmungen ankam. Es bleibt noch übrig, auf die Privatschulen, soweit sie mit Alumnaten verbunden sind, in größerem Zusammenhange einzugehen.

Privatschulen entstehen und rechtfertigen sich durch ein allgemeines Bedürfnis. Dieses allgemeine Bedürfnis kann verschiedener Art sein, es bestimmt demnach den Charakter und verhilft uns zu einer Klassifizierung der Schulen. Wir wollen sie versuchen.

Zuvor dies. Der Staat behauptet seit einem Jahrhundert etwa das Unterrichtsmonopol. Vom Erziehungsmonopol hält er sich fern, muß er sich fernhalten aus mehr als einem Grunde. Seine Schulen sind Lehranstalten, und er schreibt Lehrpläne vor, deren Befolgung er kontrollieren kann: das Gelehrte und Gelernte läßt sich examinieren. Erziehungsresultate lassen sich aber nicht abfragen. Was eine Lehranstalt sei, ist gesetzlich fixiert; aber an der einwandfreien Feststellung des Begriffes einer Erziehungsanstalt scheiterte bisher die Weisheit des Schulgesetzgebers. Deshalb gibt es in der Lösung der eigentlichen Erziehungsfragen nicht bloß Freiheit vom Staatsmonopol, sondern Ersatz des fehlenden. Hier können also Privatanstalten einsetzen und einem vorhandenen Bedürfnis genügen. Dies ist in mehrfacher Beziehung vorhanden. Erstens wird in heutiger Zeit die Familienerziehung immer problematischer und ihre Ersetzung durch Anstaltserziehung dringlicher. Zweitens können Privatschulen, die sich auf das Internat stützen, die höchst nötige Kompensierung des Unterrichtsdrills durch erziehliche Maßnahmen bieten und die drei Elemente der Erziehung: Pflege, Zucht und Unterricht in das rechte Verhältnis zu einander setzen. Drittens endlich übernehmen Privatanstalten, uneingeengt durch Reglements und äußerliche Zwecksetzung, unter der Leitung genialer Erzieher und in traditioneller Befolgung ihrer Ideale die Aufgabe, als Pioniere des Fortschritts in Erprobungen neuer Wege auf allen Gebieten der Erziehungs- und Unterrichtskunst zu wirken.

Das, was also den öffentlichen Schulen in puncto Erziehung fehlt, können Privatschulen bieten, wenn sie sich die Erziehung zur besonderen Aufgabe machen. Wir wollen diese Gruppe von Privatanstalten als reine Erziehungsschulen von den übrigen absondern.

Aber auch nach Seite des Unterrichts treten Privatschulen dem öffentlichen Schulwesen mit äußerer Notwendigkeit und innerer Berechtigung ergänzend und unterstützend zur Seite. Die äußere Notwendigkeit stellt sich da ein, wo im höheren Schulwesen eine Lücke klafft, wie dies auch die Ministerial-Instruktion vom 31. Dezember 1839 anerkannte und es s. Zt. der Fall war mit den Real- und Handelsschulen. Solche Schulen mögen sich dann wohl in kleineren Orten als vollständige Internatschulen etablieren, in größeren dagegen, wo sie auf ziemliche Frequenz durch einheimische Schüler rechnen können, sich mit einem größeren Alumnat verbinden, welches dem Unternehmer finanziellen Rückhalt gewährt, oder auch bloß ein gewöhnliches kleineres Pensionat für auswärtige Schüler halten. Auch unvollständige höhere Schulen in kleineren Orten, die Ersatz bieten für die fehlende öffentliche, gehören hierher; bisweilen wirken da noch konfessionelle Rücksichten mit.

Eine innere Berechtigung wird man auch der Klasse von Privatschulen zugestehen müssen, die sich aus den öffentlichen Schulen selber rekrutiert. Es gibt viele Schüler, die die reglementsmäßige Behandlung der Staatsanstalten nicht vertragen, die nicht schematisch, sondern persönlich angepackt sein wollen, damit sie herausbringen, was in ihnen steckt, es sei viel oder wenig. Hier muß die Erziehung dem Unterrichte zu Hilfe kommen, und hier setzen nun wieder die Privatinstitute ein, vorzugsweise auf dem Lande gelegen, nicht bloß darum, weil hier die Unterhaltung wohlfeiler ist, sondern auch, weil die zufallende Aufgabe fern von den Zerstreuungen und dem Lärm der Städte leichter zu lösen ist. Diese Institute für zurückgebliebene oder rascher zu fördernde, für eigenpersönlich zu behandelnde Knaben müssen das Unrecht gut machen, welches der Massenunterricht der öffentlichen Schulen unvermeidlicherweise erleiden läßt; sie haben also eine sittliche Bestimmung und entstehen mit Notwendigkeit als eine Folgeerscheinung des öffentlichen Schulwesens: die causa finalis fällt mit der causa efficiens zusammen.

Ich erwähne endlich noch eine Gruppe von Privatanstalten, deren Existenzberechtigung in unseren gesellschaftspolitischen Zuständen wurzelt, deren Zweck weniger ethisch als utilitaristisch ist. Das sind die Vorbereitungsanstalten auf alle Schul- und militärische Prüfungen. Unsere höheren Schulen sind als Staatsschulen um des Staatszweckes willen bekanntlich mit »Berechtigungen« in vielerlei Abstufungen und Besonderheiten ausgestattet, und ihre Erwerbung hangt ab von wohlbestandener Prüfung. Vielen, vielleicht den meisten Schülern und ihren Eltern erscheint dies als Zweck und Ziel der ganzen gelehrten Lernerei. Wenn nun einmal der Staat besondere Prüfungskommissionen einsetzt, um mit ihrer Hilfe sich den nötigen Bestand qualifizierter Anwärter für Zivil- und Militärdienststellen zu erlesen, und wenn er sich nicht mehr getraut, seinen höheren Lehranstalten insonderheit den Gymnasien die Lieferung in Monopol zu geben, so werden auch Privatanstalten an dieser Lieferung teilhaben dürfen.

Von allen den »Berechtigungen«, die an den Besitz einer gewissen »höheren Bildung« geknüpft sind, ist die wichtigste geworden die des einjährig-freiwilligen Militärdienstes. Sie hat nun auch erheblichen Einfluß gewonnen auf den Betrieb der Privatschulen, und es erscheint mir nötig, ein wenig näher darauf einzugehen.

Das Einjährig-Freiwilligen-Institut ist zur Zeit der Freiheitskriege in Preußen entstanden und steht im Zusammenhang mit der Einführung der allgemeinen Wehrpflicht durch das Boyensche Gesetz vom 3. September 1814: »Über die Verpflichtung zum Kriegsdienst«. Es war eine Begünstigung derjenigen jungen Leute aus den gebildeten Ständen, die sich selbst kleiden und bewaffnen können. Ihnen wurde bewilligt, nach einer einjährigen Dienstzeit zur Fortsetzung ihres Berufes für die restierenden zwei Fahnenjahre beurlaubt zu werden. Danach sollten sie in die Landwehr ersten Aufgebotes (später Ersatzreserve) übergeführt werden und nach Maßgabe ihrer Fähigkeiten und Verhältnisse die erste Anwartschaft auf Offizierstellen haben. Die Instruktion vom 21. Januar 1822 setzte fest, daß die Qualifikation in wissenschaftlicher Beziehung entweder durch Atteste oder durch besondere Prüfung nachzuweisen sei. Die Atteste stellten die Gymnasialdirektoren aus, und durch Ministerialverfügung vom 25. Dezember 1825 wurden Departements-Prüfungs-Kommissionen eingeführt. Mit der Entwickelung der höheren Bürger- und Realschulen seit 1832 entstand der Anspruch dieser auf das Einjährig-Freiwilligen-Recht, sie erlangten es zuerst in Einzelfällen, dann allgemein, besonders nachdem die Unterrichts- und Prüfungsordnung vom 6. Oktober 1859 ihnen wie den Gymnasien den Charakter allgemeiner Bildungsanstalten zugesprochen hatte. Das Jahr 1866 schuf neue Verhältnisse. Bis dahin hatte Preußen allein die allgemeine Wehrpflicht mit dem Einjährigen-Institut; das Gesetz vom 9. November 1867 übertrug beides auf den ganzen norddeutschen Bund, und die Militär-Ersatz-Instruktion vom 26. März 1868 zog jetzt auch die Privatschulen mit heran zur Lieferung von Einjährigen, indem ihnen vom Bundeskanzler das Recht verliehen werden konnte, gültige Zeugnisse über die wissenschaftliche Befähigung zum Einjährig-Freiwilligen Militärdienst auszustellen, sofern sie in ihren Leistungen den entsprechenden öffentlichen Schulen gleichstehen.

In den folgenden Jahren bis 1871 führten die süddeutschen Staaten die allgemeine Militärdienstverpflichtung mit dem Einjährigen-Privileg ein, und nun trat die deutsche Wehrordnung vom 28. September 1875 an die Stelle der Militär-Ersatz-Instruktion von 1868. Hiernach sollte der Reichskanzler die berechtigten Schulen öffentlich anzuerkennen und zu klassifizieren haben. Auch ward jetzt erstmals eine genaue Prüfungsordnung erlassen für diejenigen jungen Leute, welche ihre wissenschaftliche Befähigung zum Einjährig-Freiwilligen-Dienst nicht durch Schulzeugnisse nachweisen konnten. Die deutsche Wehrordnung vom 11. Februar 1888 hat die Sachen unverändert gelassen.

Für das Privatschulwesen ist nun das Einjährigen-Recht von einschneidender Bedeutung geworden. Es wird ihnen erst nach einer gründlichen Prüfung ihrer Leistungen und Verhältnisse auf Zeit (fünf Jahre) verliehen und ist immer an die Person des jeweiligen Leiters geknüpft; auch behält sich die Reichsschulkommission eine besondere Aufsicht über diese sog. militärberechtigten Privatschulen vor. Der Name ist daher entstanden, daß in den meisten deutschen Staaten Privatschulen nur Qualifikationszeugnisse zum einjährigen Militärdienst ausstellen dürfen, während einige, wie Sachsen und Braunschweig, ihnen die gleichen, auch zivilen Berechtigungen zuerkennen, die die verwandten öffentlichen Lehranstalten besitzen.

Nun sagte zwar de Lagarde: Berechtigungen sollten den Privatschulen unter keinen Umständen zugebilligt werden, sie seien sonst weiter nichts als verkappte Staatsschulen. Indes ist in der Tat schwer einzusehen, weshalb diejenigen unter ihnen, die den Staatsanstalten, sie ergänzend und unterstützend und Gleiches leistend, zur Seite treten, nicht dieselbe öffentliche Anerkennung genießen sollen, wie die kommunalen. Wenn freilich — und insofern ist für sie das Berechtigungswesen von einschneidender Wirkung — die Privatschulen nun gehalten werden, sich in ihrem Unterrichtsbetrieb genau der Organisation der öffentlichen Anstalten anzupassen, dann dürften die besonderen Erziehungsaufgaben, die sie verfolgen, mehr und mehr Einbuße erleiden.[1]) In Erkenntnis dessen haben manche älteren und neueren Privatschulen (z. B. Schnepfenthal und die Lietzschen Landerziehungsheime) darauf verzichtet, nach Berechtigungen zu trachten. Man mag die Sache betrachten wie man will: mit und ohne Berechtigungen ist die Lage der Privatschulen schwieriger geworden, schwieriger jedenfalls als sie in der Zeit vor 1868 war. Ist aber ihr Dasein ein allgemeines Bedürfnis, entlasten und ergänzen sie die öffentlichen Lehranstalten, dienen sie als »pädagogische Laboratorien« dem Fortschritt der Erziehungs- und Unterrichtskunst, von deren Ergebnissen die staatlichen Institute profitieren, kurzum erfüllen sie eine öffentliche Funktion, so verdienen sie in dem Maße, als sie das tun, auch staatliche Unterstützung — und einen Titel im Etat des Unterrichtsministeriums.

---

[1]) »En Angleterre, le Gouvernement est indifférent, en France indulgent, pendant qu'en Allemagne et en Suisse, toute entreprise courageuse est opprimée, parce que chaque école privée, qui n'est pas à la hauteur du savoir des écoles d'État, est exposée à être fermée.« F. Grunder, Le mouvement des Écoles Nouvelles en Angleterre et en France. Paris 1910. p. 163.

Ich will nun im folgenden eine systematische und zugleich chronologische Zusammenstellung der Privatanstalten versuchen, wobei ich die anfangs gemachte Bemerkung wiederhole, daß ich nicht alle namhaft machen kann, teils weil ich nichts von ihnen weiß, teils weil sie nicht genannt sein wollen. Einiges Allgemeine ist noch vorauszuschicken. Zunächst dies, daß der Konfessionalismus bei den Privatschulen zurücktritt; die allermeisten sind paritätisch oder interkonfessionell, die Vorbereitungsanstalten und die sog. »Pressen«, ihrer Aufgabe entsprechend, wohl gar religiös indifferent. Sodann sind die Anstalten mit vollständigen Schulsystemen fast durchweg Real- und Handelsschulen, besitzen auch in großer Mehrheit die Militärberechtigung. Es hangt das zusammen mit ihrer geschichtlichen Entwickelung; denn sehr viele von ihnen fallen schon in die Zeit vor 1868, als das Berechtigungswesen noch keinen Anreiz bieten konnte zur Gründung von Privatschulen und für gymnasiale Privatanstalten kein Bedürfnis vorhanden war. Ferner lassen sich einige Institute herausheben, die sich als Familiengut forterben, damit eine Tradition bewahren und ein erzieherisches Ethos gewinnen. Von dieser Art sind mir bekannt: Schnepfenthal (Nr. *86*)[1], Keilhau (Nr. *83*), Gumperda (Nr. *78*); Ostrau-Filehne (Nr. *4*), Falkenberg (Nr. *13*); Friedrichsdorf (Nr. *41*), St. Goarshausen (Nr. *42*) — alles schon vorher erwähnte Internatschulen — und das bisher noch nicht genannte schon seit 1809 bestehende Institut Lucius in Echzell (Nr. *88*). Sie mögen sich mit Recht auch Erziehungsanstalten nennen.

Gruppieren wir nun zu besserer Übersicht, so lassen sich als eigentliche Erziehungsschulen nach typischer Eigenheit und Verwandtschaft zusammenstellen:

1. Dresden-Striesen (Nr. 121), Schloß Bischofstein (Nr. *21*)[2];
2. Schnepfenthal, Keilhau, Gumperda;

[1]) Vgl. Festschrift zur 100jährigen Jubelfeier der Erziehungsanstalt Schnepfenthal. Schnepfenthal 1884.

[2]) Gegründet 1908 von Dr. Marseille, der erst Oberlehrer in Schulpforte war, dann das Lietzsche Land-Erziehungsheim Haubinda leitete und schließlich dem alten Internatstil den Vorzug gab vor neueren Systemen, als er seine Erziehungsschule ins Leben rief. Sein pädagogisches Ideal dürfte mit dem Lietzschen übereinstimmen.

3. Jena (Stoy) (Nr. *80*), Leipzig (Barth) (Nr. *73*);
4. Ostrau, Spandau (Johannesstift) (Nr. *20*), Godesberg (Kühne) (Nr. *54*);
5. die jüdischen Internatschulen zu Wolfenbüttel (Nr. *62*) und Seesen (Nr. *61*);

endlich

6. die Lietzschen deutschen Landerziehungsheime in Ilsenburg-Haubinda-Schloß Biberstein (Nr. *23*) und ihre mehr oder weniger getreuen Nachbildungen in Schondorf (Nr. *107*), Wikkersdorf (Nr. *87*), Holzminden-Am Solling (Nr. *60*), Oberhambach (Nr. *89*) und Schloß Hemsbach (Nr. *113*).

Die Landerziehungsheime heißen in England New Schools und entsprechend in Frankreich Écoles Nouvelles. Das Neue an ihnen ist die planvolle Vereinigung alter pädagogischer Grundsätze auf eine vaterländische Erziehung hin. Ein paar Definitionen mögen die Sache verdeutlichen.

Fr. Grunder (a. a. O. p. 26) schreibt: »On entend de nos jours par École Nouvelle un établissement libre, situé à la campagne, dans lequel les enfants des classes aisées reçoivent une éducation rationelle, où la culture physique, intellectuelle et morale sont harmonieusement développées et s'adaptent aux besoins de la société contemporaine.« Und Ad. Ferrière-Genf[1]) nimmt als besondere Kennzeichen eines L. E. H.s: das moderne Unterrichtswesen, die praktische Arbeit auf dem Lande und in der Werkstätte, die sittlich-religiöse Erziehung in Freiheit und Verantwortlichkeit und den engen Verkehr zwischen Zöglingen und Erziehern. »Der Unterricht wird meist auf die Vormittagsstunden beschränkt und nach den besten von der neueren Psychologie angegebenen Methoden erteilt. Man sucht im Schüler Interesse und Freude an der geistigen Arbeit zu erwecken, indem man wirklich Wertvolles, geistiges Leben Schaffendes behandelt, und zwar in einer möglichst freien Form, bei der Schüler und Lehrer als miteinander Forschende, Suchende zusammenarbeiten. Sodann wird praktische Arbeit getrieben. Außer der in den

---

[1]) Im Anhang zu H. Lietz, Das neunte Jahr im Deutschen Land-Erziehungsheim. Leipzig 1907.

naturwissenschaftlichen Laboratorien, die dem Unterricht nahesteht, kommen besonders in Betracht Schreinerei, Drechslerei, Schmiedearbeit, Gartenbau, Landwirtschaft.

Das Spiel und das Wandern erwähne ich nicht, weil es die meisten Schulen schon auf ihrem Tagewerkplan eingeführt haben. Das dritte für die L. E. He. Bezeichnende ist die sittlich-religiöse Erziehung: keine ausschließlich kirchliche, dogmatische, konfessionelle Abgrenzung und Beschränkung, sondern Verwertung des auch in allem außerkirchlichen Leben und in der »weltlichen« Litteratur vorhandenen religiös-sittlichen Gehaltes, z. B. Benutzung auch nichtbiblischer Stoffe in der »Kapelle«. Sodann Erziehung in der Freiheit durch Verantwortlichkeit. Der Grad von Freiheit, der den Zöglingen gelassen wird, entspricht natürlich ihrem Alter. Er ist je nach der erzieherisch-sittlichen Einwirkung des Leiters und nach der Schülerzahl beschränkt oder erweitert. Er gelangt zum Teil zum Ausdruck in der Form eines veredelten Präfektensystems, bei dem der ältere, tüchtigere Schüler nicht Beherrscher, sondern mithelfender Freund des jüngern ist; ferner in dem Verhältnis zwischen Erziehern und Zöglingen, das nicht ist eins zwischen Vorgesetzten und Untergebenen, sondern eins von Freunden, Vertrauten, Zusammenlebenden und Mitstrebenden.« Hinzuzufügen wäre noch, daß das leibliche Leben nach rationellen Grundsätzen der neueren (Dr. Lahmannschen) Hygiene und Diätetik geregelt ist.

Die Kenner der Geschichte der Pädagogik werden finden, daß in den Reddie-Lietzschen Erziehungsschulen Trotzendorf, Comenius, Francke, Rousseau — Salzmann — Pestalozzi, Fichte, Herbart, Thomas Arnold, Rob. Seidel, F. W. Förster einander die Hand reichen.[1]) Wollen diese Schulen — und besonders ihren Nachbildungen sei das gesagt — als Reformschulen wirken und Vorkämpfer werden, so haben sie sich davor zu hüten, bloße aristokratische oder demokratische »Delikateßgeschäfte« zu sein.

Neben den Erziehungsschulen für normal veranlagte Knaben finden sich auch einige wenige, die sich der körperlich und seelisch schwachen, der nervösen Großstadtkinder erbarmen. Das Wichernsche »Rauhe Haus« bei Hamburg hat unter

[1]) Bei dieser Gelegenheit verweise ich auf die jüngste Schrift von Herm. Lietz: Die deutsche Nationalschule. Beiträge zur Schulreform a. d. D. Land-Erziehungsheimen. Leipzig, Voigtländer. 1911.

seinen mancherlei Anstalten für sittlich gefährdete Kinder seit 1852 auch ein Pensionat für evangelische Knaben der gebildeten Stände, das sog. Paulinum (Nr. *66*). Es ist eine sechsklassige lateinlose Realschule; die Schüler und Zöglinge sind in Wichernsche »Familien« eingeteilt und bewohnen sechs »Familienhäuser.« — Die »Sophienhöhe« bei Jena (Nr. *82*) ist ein Erziehungsheim, in welchem Joh. Trüper seit 1890 die Aufgabe der Heilerziehung verfolgt an Kindern vom 4. bis 15. Lebensjahre, die an Schwächen und Fehlern des Leibes und der Seele leiden. Da er unter seinen Zöglingen auch solche hat, die er in sieben Schulklassen bis zur Obertertia fördert, so muß die Anstalt hier mit erwähnt werden. Eine ähnliche etwas kleinere Anstalt (»Erstes deutsches Walderziehungsheim« benannt) für Kinder schwächerer Naturanlagen körperlicher und geistiger Art hat ein Gehilfe Trüpers, H. Landmann in Roda S.-A. (Nr. *85*) unweit Jena im Jahre 1909 errichtet. Endlich ist seit 1910 in Hohenlychen bei Templin i. d. Mark die Pannwitz-Freiluft-Schule (Nr. *17*) im Gange für Kinder zarter Gesundheit (blutarme, nervöse), vom Prof. Dr. Pannwitz-Charlottenburg unter Mithilfe des † Ministerialdirektors Althoff ins Leben gerufen. Es ist eine höhere Lehranstalt nach dem Plane des Realgymnasiums, ein Land- und Wald-Erziehungsheim, in welchem die Zöglinge der einzelnen Schulklassen mit ihrem Klassenlehrer zusammen je eine »Familie« bilden. Diese Art der »Familien«bildung scheint mir fast die passendste, wenn man einmal größere Internatschulen auf das Koloniesystem basieren will. Man sieht, es sind noch mancherlei Modifikationen möglich.

Bei den bis jetzt aufgezählten Privatanstalten, die ich als Erziehungsschulen ausgesondert habe, schien mir der Unterrichtszweck dem Erziehungszweck subordiniert zu sein. Die nun folgenden kehren das Verhältnis um: der Unterrichtszweck steht voran, und von ihnen sind viele in der Tat »verkappte Staatsschulen«.

Als erste Gruppe dieser Reihe erscheinen uns die Unterrichtsanstalten mit vollständigem Schulsystem. Es sind fast durchweg berechtigte Real- und Handelsschulen: in der Minderzahl Internate, in der Mehrzahl Tagesschulen entweder mit größerem Alumnat für auswärtige Schüler oder mit kleinerem, im Verhältnis zur Gesamtfrequenz unbedeutendem Schülerpensionat. Auf konfessionellen Charakter verzichten die meisten, wenige sind katholisch, noch wenigere nennen sich evangelisch.

Von den Internatschulen habe ich einige der älteren schon vorher genannt. Ich wiederhole sie hier und schließe die übrigen in der Zeitfolge an. Im ganzen zähle ich folgende:

Frankfurt a. M., Hasselsches Institut (1834) (Nr. *39*);
Friedrichsdorf, Institut Garnier (1836) (Nr. *41*);
Marktbreit, Real- und Handelsschule (1845) (Nr. *97*);
St. Goarshausen, Institut Hofmann (1853) (Nr. *42*);
Falkenberg, Viktoria-Institut (1859) (Nr. *13*);
Kirchheim u. Teck, Handelslehranstalt (1862) (Nr. *110*);
Waldkirch i. Breisg., Dr. Plähnsche Realschule (1864) (Nr. *116*);
Marnheim[1]), Realanstalt am Donnersberg (1867) (Nr. *98*);
Miltenberg a. Main,[1]) Lehr- und Erziehungsanstalt (1867) (Nr. *99*);
Lähn i. Schlesien, Pädagogium (1873) (Nr. *8*);
Calw, Spöhrersche Handelsschule (1875) (Nr. *109*);
Oberkassel, Institut Kalkuhl (1880) (Nr. *58*).

Daran reihen sich folgende katholischen Internatschulen:

Schapen b. Lingen, Hübertsche Lehr- und Erziehungsanstalt (1847) (Nr. *37*);
Telgte i. Westf., Knickenbergs Institut (1859) (Nr. *47*);
Kemperhof b. Koblenz, Unterrichts- und Erziehungsanstalt (1860), (Nr. *49*);
Sasbach i. Bad., Lendersche Lehranstalt (1872) (Nr. *115*);
Paderborn, Reismanns Institut (1888) (Nr. *45*).
Neunkirchen-Wipperfürth, Studienanstalten des Pf. Schaaf (1899) (Nr. 114).[2])

Zeigen auch diese Internatschulen noch den Grundcharakter des alten Stils, so haben sie doch ihre Einrichtungen den neu-

---

[1]) In Marnheim und Miltenberg sind die Internate nach Godesberger Art in Familienhäuser zerlegt.

[2]) Siehe unter den öffentlichen Alumnaten im Verzeichnis A.

zeitlichen Ansprüchen, besonders in hygienischer Hinsicht, nach und nach anpassen müssen.[1]) Es scheint aber, als wenn die Zeit derartiger Privatunternehmungen vorüber sei; die Landerziehungsheime beherrschen jetzt das Feld, wobei man aber in Deutschland wie in Frankreich und England schon hat beobachten können, daß mancher »bluff« mitunterläuft.

Wir wenden uns jetzt zu den mit Alumnaten oder Pensionaten verbundenen Tagesschulen mit vollständigen Schulsystemen. Die ältesten finden wir in Sachsen, und zwar in Dresden und Leipzig. Als stark besuchte Realschulen entsprechen sie offenbar einem vorhandenen Bedürfnis und entlasten, in Dresden wenigstens, den Stadtsäckel. Ihre gestiegene Frequenz hat sie auch in den Stand gesetzt, den Alumnatsbetrieb mehr und mehr einzuschränken. Nachdem aber im letzten Viertel des 19. Jahrhunderts beide Städte öffentliche Realschulen errichtet haben, ist keine private mehr entstanden. Wir zählen in Dresden: die Müller-Gelinek'sche von 1819 (Nr. *71*), die Böhme-Koldeweysche von 1862 (Nr. *69*), die Zeidler-Größelsche von 1871 (Nr. *68*) und Mochmann-Grudesche Anstalt von 1873 (Nr. *70*); in Leipzig: die Hander-Teichmann-Rothsche Realschule von 1824 (Nr. *72*), die Barthsche Erziehungsschule von 1863 (Nr. *73*), die aber ebensowenig wie die Otto Tollersche Realschule von 1872 noch mit einem Alumnat ausgestattet ist.[2])

Nächst Sachsen hat Bayern die meisten Privatschulen dieser Gruppe und alle mit einer Ausnahme in der Main- und Rheingegend. Nur zwei von ihnen sind Realschulen im engeren Sinne, nämlich Frankenthal (seit 1868) (Nr. *95*) und Bad Dürkheim (seit 1875) (Nr. *94*). Beide stammen aus der Zeit, wo die

[1]) Vgl. die bayerische Ministerial-Verordnung vom 13. Januar 1907 über Einrichtung und Betrieb der Erziehungs- und Unterrichtsanstalten.

[2]) Es scheint aber, als ob diese berechtigten Privatschulen die Konkurrenz mit den öffentlichen Schulen nicht lange mehr aushalten würden. Das Berechtigungswesen nützt ihnen nur dann, wenn sie in unterrichtlicher Hinsicht etwas vor den Staatsanstalten voraushaben. So spricht Direktor Müller-Gelinek im letzten Jahresberichte 1911 von »Erfahrungen«, die es »zweifelhaft« machen, »ob künftig die Privatrealschule noch über ein gewisses Maß von Bewegungsfreiheit bei der Schüleraufnahme wird verfügen können, ohne welches sie ihrer eigenartigen Aufgabe nicht gerecht werden kann und früher oder später aus dem schulischen Wettbetriebe auszuscheiden hätte!«

Pfalz mit derartigen Schulen noch schlecht versorgt war; nur Landau und Kaiserslautern hatten damals Gewerbeschulen. Die übrigen sind Handels- oder Handelsrealschulen, nämlich: in Nürnberg das Institut Gombrich (seit 1873) (Nr. *105*), in Augsburg Hoffmanns Handelslehranstalt (seit 1879) (Nr. *92*), in Landau Harrs höhere Handelsschule (seit 1896) (Nr. *96*) und in Würzburg das Institut Adam (seit 1905) (Nr. *108*). Die Mehrzahl dieser bayerischen Privatschulen wird übrigens von Staat, Kreis und Stadt subventioniert.

Aus Preußen mit Einschluß von Waldeck kann ich hier nur drei Privatschulen mit größerem Alumnat anführen: die Ahnsche Realschule in Bad Lauterberg a. Harz (seit 1883) (Nr. *36*), das Pädagogium in Bad Pyrmont (seit 1891) (Nr. *65*), und das Pädagogium in Bad Sachsa a. Harz (seit 1905) (Nr. *28*). Bei der gleichfalls militärberechtigten Faberschen Realschule in Wiesbaden (seit 1898) (Nr. *44*) besteht nur ein ganz kleines Familienpensionat.

Es bleiben noch fünf berechtigte Privatschulen aus verschiedenen Bundesstaaten zu nennen: die Amthorsche Handelslehranstalt in Gera (seit 1849) (Nr. *77*); das Institut Rauscher (R.) in Stuttgart (seit 1872) (Nr. *111*); die Rhotertsche Realschule in Blankenburg a. Harz (seit 1889) (Nr. *59*); die Goetheschule in Offenbach (seit 1886) (Nr. *90*) und die Realschule in Lahr (seit 1903) (Nr. *114*).

Alle diese fast ausnahmslos berechtigten Unterrichtsanstalten stellen vollständige sechsklassige Schulsysteme dar. Nun gibt es noch eine Reihe unvollständiger höherer Privatschulen, die man ebenfalls unter die Rubrik der das öffentliche Schulwesen ergänzenden Lehranstalten rechnen kann. Sie liegen in kleineren Orten, wo sie als Ersatz für die fehlenden öffentlichen höheren Schulen dienen. Soweit sie da mit sustentierendem Alumnat verbunden sind, findet man sie im Verzeichnis B unter entsprechender Überschrift zusammengestellt; es erübrigt sich, sie hier zu kommentieren.

Wir kämen sodann zu der zahlreichen Gattung von Privatschulen, die das öffentliche Schulwesen weniger zu ergänzen, als zu unterstützen berufen sind oder sich berufen fühlen. Ich unterschied sie Seite 55 schon nach ihrem mehr ethischen oder mehr utilitaristischen Zweck. Unter jenen sind die Institute für zurückgebliebene Schüler zu verstehen, d. h. für solche, die in der Staatsschule gescheitert sind. Die Ursachen des Zurückbleibens können mancherlei sein, es braucht nicht immer unzureichende Begabung vorzuliegen. Für derartige Kinder sind ja neuerdings in den Volksschulen Sonderklassen eingerichtet, und man könnte auf solche Scheidung auch bei höheren Schulen Bedacht nehmen. Indes hat ein einziger dahingehender Versuch eines Gymnasialdirektors merkwürdigerweise keinen Beifall geerntet. Es müssen also die schwächer begabten Schüler zusammen mit denen, die aus anderen Ursachen den gradum ad Parnassum verfehlen, ihr Heil in Privatschulen suchen, die man ganz zutreffend geistige Reparaturanstalten genannt hat. Sie sind aber auch für solche Schüler, deren seelische Eigenart überhaupt nicht in die Uniform paßt. Viele von ihnen sind reine Internate und müssen es sein um des Zweckes willen.

Das älteste derartige Institut befindet sich auf Forsthaus Echzell (Nr. *88*), in der Wetterau, das sich seit 1809 in der Familie Lucius forterbt und gegen 1000 Schülern schon Pflege, Zucht und Unterricht gespendet hat. Ein verwandtes Familienalumnat befindet sich nicht weit davon auf dem Reichenberg bei Reichelsheim (seit 1876) (Nr. *91*). Eine weit umfangreichere Lehr- und Erziehungsanstalt der Art besitzt Westfalen in Spielwigge (seit 1858) (Nr. *46*). Da dies Institut seine Ziele nicht sehr hoch steckt und viel Zöglinge hat, so kann es verhältnismäßig billig sein; es rekrutiert sich aus dem mittleren Bürgerstande. Im Gegensatz dazu widmet das Pädagogium des Dr. Bark in Lankwitz b. Berlin (Nr. *18*) seine schwierige und daher auch teuere Arbeit den Söhnen vornehmer und vermöglicher Familien, die sich ein hohes Ziel auch etwas kosten lassen können. Es mögen noch angeführt werden: das Institut Boltz in Ilmenau (Nr. *79*), das Pädagogium Waren i. Mecklenb. (Nr. *63*), das Institut in Kellinghusen i. Holst. (Nr. *29*), in Bad Meinberg (Nr. *64*), in Burgstädt i. Sa. (Nr. *67*), das Studienheim Sonnenberg in Stuttgart (Nr. *112*) und das katholische Knabenpensionat »Schloß Brohleck« bei Brohl a. Rh. (Nr. *48*).

Den Beschluß unserer Rundschau über die Privatschulen machen die zahlreichen seit Ende der 60er Jahre entstandenen Vorbereitungsanstalten auf alle Schul- und militärischen Prüfungen, insonderheit auf die Einjährig-Freiwilligen-Prüfung. Manche von ihnen, besonders in München, verbinden sich mit Alumnaten für Schüler der öffentlichen höheren Lehranstalten. Das Verzeichnis B, auf welches ich verweise, nennt einige dreißig; es sind zweifellos noch mehr vorhanden, namentlich an eigentlichen Militär-Vorbereitungs-Anstalten. Indes hier konnte das Ziel meiner Zusammenstellung nicht Vollständigkeit sein und brauchte es auch nicht zu sein.

Das nunmehr folgende Verzeichnis der im höheren Schulwesen Deutschlands vorhandenen Alumnate ist in doppelter Form gegeben. Das erste bringt die Alumnate nach den Ländern und Provinzen geordnet, in denen sie liegen. Diese Ordnung ist einfach und bequem und gibt Auskunft, wenn in bestimmter Gegend irgendeine passende Erziehungsanstalt ermittelt werden soll. Hier sind dann auch die zur Kennzeichnung des Alumnats dienenden Einzelheiten beigefügt. Das zweite Verzeichnis ordnet die Alumnate nach sachlichen Gesichtspunkten, nach ihrer mehr oder minder großen Übereinstimmung in ihrer inneren Einrichtung und Zweckbestimmung. Meines Wissens hat das noch niemand bisher versucht, weil sich noch niemand zugetraut hat, den Gesamtbestand an Alumnaten in Deutschland in annähernder Vollständigkeit aufnehmen zu können. Ob in diesem Verzeichnis sich jedes Institut an der richtigen Stelle erblickt, lasse ich dahingestellt sein: die Prospekte und Programme geben nicht alles an, was man zu wissen verlangt. Eingeschaltet habe ich hier an manchen Stellen, um die Typen zu illustrieren, Auszüge aus den Hausordnungen usw., wie das Wiese s. Zt. auch getan hat. Das Verzeichnis soll denen als Ratgeber dienen, die nach einer geeigneten Lehr- und Erziehungsanstalt suchen ohne erste Rücksichtnahme auf die örtliche Lage. Mit den nachgesetzten Nummern wird auf das erste Verzeichnis verwiesen, in welchem die Alumnate fortlaufend numeriert sind.

Zweiter Teil.

Verzeichnis der Alumnate im höheren Schulwesen Deutschlands.

I. Die Alumnate in geographischer Übersicht.

A. Alumnate für Schüler öffentlicher höheren Schulen.

a) Norddeutschland.

1. Königreich Preußen.

Provinz Ostpreußen.

1. **Braunsberg.** Bischöfl.-Ermländ. Konvikt.

Gegr. 1843, 1874 suspendiert, 1886 wieder eröffnet. Für kath. Gymnasiasten, die sich d. geistl. Stande widmen wollen. Patron: der bischöfl. Stuhl in Frauenburg. Aufn. v. U III an. Leitg.: 1 geistl. Präfekt. Mäßiger Pensionspreis, der sich bemißt nach Würdigkeit u. Bedürftigkeit der Schüler.

2. **Braunsberg.** Seeligersche Erziehungsanstalt. (par.)

Testam. Stiftg. des 1808 in Br. † Oberstabschir. Heinr. Seeliger. Kön. Bestätigg. 10. 7. 26; eröffn. 1828; Regulativ des Kult.-Min. 18. 6. 28. Unter Aufsicht d. Pr.-Sch.-K. ein Kuratorium v. 2 ev. u. 2 kath. Mitgliedern, die der Magistrat z. Bestätigung präsentiert. Hausvater (Lehrer) evang. — Stiftung gewährt 8 Zögl. (4 ev., 4 kath. Braunsb. Bürgersöhnen) völlig freie Unterhaltung und Erziehg., ev. bis z. Übergang auf die Universität. Die Stiftung ist indes nicht auf Gymnasialschüler beschränkt, auch Volksschüler finden Aufnahme.

3. **Königsberg.** K. Waisenhaus.

Gegr. 1701. Evang. Bis zu 74 Frei-Zögl., auf 6 Zimmer mit Stubenältesten verteilt. Besuchen die verschiedenen

Schulen der Stadt, je nach Begabung u. Stand der Eltern auch höhere. Unterhalt völlig frei. Leitg. u. Aufsicht: Direktor u. ein Kandidat.

4. **Rastenburg.** Evang. Schülerheim bei der Kgl. Herzog-Albrechts-Schule (Ref. G+R). Gegr. 1906 v. e. Alumnatsverein (Vorsitz.: Landrat u. Superintendent). Fam.-Al. f. 20—20 Schül. Oberaufsicht: der Gymn.-Dir., an welchen die Meldungen zu richten. Leitg.: 1 verh. Oberl. P. VI—IV: 600, III: 700, II—I: 800—900 M. Schg. 130 u. 150 M.

5. **Rössel.** Convictorium Philippinum. Bischöfl. Knabenkonvikt. Gegr. 1894. Diözesananstalt f. 25 Zögl. a. d. Bist. Ermland, die sich d. Priesterstande widm. wollen. Besuchen d. k. Gymn. Leiter: RL. a. G. Oberl. Mohn. P. 400 M., doch zumeist ermäßigt.

Prov. Westpreußen.

6. **Culm.** Bischöfl. Konvikt. Collegium Albertinum. Gegr. 1897. Diözesananstalt, nur f. Schül. d. Kl. II u. I, die Theol. stud. wollen. 26 Zögl. Leitg.: 1 Kaplan. Verpflegung aus d. angrenz. Klost. d. Barmh. Schwest. P. 300 M., zumeist teilw. od. ganze Freistellen.

7. **Danzig-Langfuhr.** Alumnat der v. Conradischen Schulanstalten (R., P G. u. Vorsch.) Stiftg. v. 1794. Alumnat 1801. Früher in Jenkau, seit 1900 in Langfuhr. Oberaufs.: Dir. Dr. Bonstedt. Leitg.: 1 Hausdame, 2 Inspektoren. Auf 24 Alumnen einger., je 8 in einer Stube. Gemeinschaftl. Schlafsaal. Tisch gemeinsam mit Hausd. u. Insp. P. 13 Stellen zu 900, 6 zu 600 M., 5 frei. Schg. 156 M.

8. **Danzig-Langfuhr,** Steffensweg Nr. 5. Danziger Paulinum. Evang. Familien-Alumnat. Gegr. 1903. Schwesteranstalt des Dahlemer Paulinums. Geistl. Inspektor (P. Schuberth) u. Frau als Hauseltern. Aufnahmebeding. Reife f. IV. Zögl. (1909: 18) besuchen nach Wahl der Eltern eine der höh. Schulen. P. 500—900 M.

9. **Konitz.** Gymnasial-Konvikt u. -Alumnat f. kath. Schül. d. k. Gymn.

Vom Staate 1826 errichtet im ehem. Augustinerkloster als »Convictorium ad S. Augustinum« mit 2 staatl. u. 8 bischöfl. Freistellen, letztere ausschließlich f. künftige kath. Geistl. Dazu seit 1851 ein Alumnat f. 20—23 Zögl. Leitg.: Gymn.-Dir. u. der Rel.-Lehr. Konviktoristen haben Wohnung u. Kost frei; Alumnen zahlen 240 M. jährl. Haushalt führt ein Ökonom, dem die Pensionsgelder zufallen. Schg. 130—150 M. Aufnahmebeding.: Gute Führg. u. Leistungen bei nachgewies. Bedürftigkeit.

10. **Neustadt.** Bischöfl. Konvikt Collegium Leoninum f. kath. Gymnasiasten a. d. Diözese Culm.

Gegr. 1903, vordem bloß Wohnungskommunität f. 20 arme Schüler im alten Gymnasialgebäude. Patron: Bischöfl. Stuhl in Pelplin. 1910: 50 Zögl. Leitg.: geistl. Präfekt Prof. Jankowski, zgl. RL. d. G. P. 300—360 M. F. Bedürftige u. Würdige reichliche Stipendien aus d. Kasse d. bischöfl. Stuhles.

Prov. Pommern.

11. **Gartz** a. d. O. Familien-Alumnat u. Kinderheim am Gymnasium.

Gegr. 1897. Evang. 4 eigen. Grundstücke v. e. Kuratorium geleitet, bestehend aus Superintend., Gymn.-Dir. u. e. Oberlehrer. Zur Aufsicht u. Wirtschaft: 1 wiss. Oberinspektor, 4 wiss. Insp. u. 2 Hausdamen. Jede Inspektion mit r. 12 Zögl. als eine Familie geordnet; je 2 Inspektionen unter 1 Hausdame. P. 900 M. F. Pastoren-, Lehrer- u. Beamtensöhne Ermäßigung: bis zu 500 M. herab. Schg. 130 u. 150 M.

12. **Putbus.** Kgl. Pädagogium.

Gegr. 1836 v. Fürsten Malte zu Putbus. Bis 1874 stiftisch, seitdem staatlich. Gymn. mit Kl. V—0 I u. evang. Alumnat. 1910: 114 Sch., davon 67 Alumnen. Oberaufsicht: Direktor. Internat alt. Stils mit Tutorensystem. Alumnatsordnung v. 1887. P. + Schg. etc. 1100 M. Teilfreistellen: 420 u. 500 M. Außerdem Wäschegeld: 32, 44, 56, 68 M. jährl.

13. **Stettin.** Jageteufelsches Kollegium, verb. mit d. ev. Stadt-Gymn.

Stiftung des Bürgermeisters Otto Jageteufel v. 1399 f. 24 arme Knaben u. Findlinge, die völlige Verpflegung hatten. Ursprünglich Internatschule, seit d. Reform. mit d. Stadtschule u. im 19. Jahrh. bis 1869 mit d. Marienstifts-Gymn. verbunden. Mit eigenem Grundstück, gewährt 24 Schül. Wohnung (6 Wohnzimmer f. je 4 u. 4 Schlafzimmer f. je 6 Zögl.) u. nach Maßgabe der Mittel auch freie Kost. Aufnahme von III an. Inspektor d. Stiftung der Syndikus d. Magistrats. Leiter (»Baccalaureus = Resumptor collegii«): ein Oberlehrer d. Stadt-Gymn. (z. Z. Prof. Dr. Bornemann). Zur Bedienung ein Hausmann mit Frau. Alumnen haben Wohnung, Heizung, Licht u. ärztl. Behandlg. frei, dazu noch Mittagtisch außerhalb in einer Kochschule. Das übrige Zubrot müssen sie sich selbst halten. Schlg. 200 M.

14. **Treptow a. R.** Bugenhagen-Alumnat, verb. mit d. K. Gymn. Gegr. 1857 v. d. Stadt, 1887 bei der Verstaatlichung des Gymn. v. Staate mitübernommen. Eigenes Grundstück. F. 18 Zögl. eingerichtet. Oberaufs.: Gym.-Dir. Leitg.: 1 wiss. geb. Inspektor, 1 Hausdame. Aufnahmealter: nicht unter 9 J. P. 800 M. Ermäßigg. durch K. Prov.-Sch.-K. bis auf 300 M. Schg. 130 u. 150 M.

Prov. Posen.

15. **Gnesen.** Erzbisch. Knaben-Konvikt. Gegr. 1895. Für kath. Schüler des Gymn. aus der Erzdiözese, vorzugsw. f. solche, die sich d. geistl. Stande widmen wollen, jedoch nur nach vorherigem wenigstens halbjähr. Besuch eines Gymn. Leitg.: ein v. Erzbisch. ernannter Präfekt, 1 ältere Frau. Seniorensystem. P. 320, ärmere 160 M. jährl.

16. **Kempen i. Pos.** Gymn.-Pensionat f. Schüler des Kgl. Gymn. Gegr. 1909 auf Anregung d. K. Prov.-Sch.-K. v. ein. freien Verein. Leitung: Oberlehrer Prof. Dr. Eßner, 1 Adjunkt, 1 Hausdame (1910: 8 Zögl.) Zunächst in Mietswohnung. P. 600 M. F. Bedürftige Ermäßigg. Schg. 130 u. 150 M.

17. **Krotoschin.** Gymnasial-Alumnat für ausw. Schül. des K. Wilh.-Gymn. (Ref.-G. m. R.).

Gegr. 1908 auf Anregung d. Prov.-Sch.-K. von e. freien Verein. Eigenes Haus. Auf 20 Zögl. einger. Leitg.: 1 Oberl. mit Frau, 1 wiss. Hilfslehrer. P. 750 M. (900 M. für eigenes Zimmer). Ermäßigg. bei Brüdern u. bei nachgewies. Bedürftigkeit.

18. **Ostrowo.** Erzbisch. Knabenkonvikt.

Gegr. 1905 f. 42 polnische Schül. Keine kirchl., sondern nation.-poln. polit. Gründg. Konviktsprache polnisch, zweimal in der Woche zu best. Zeit deutsch. Oberaufsicht: d. erzbisch. Konsistorium in Posen. Techn. Leitung: Oberl. Kliche, RL. d. Gymn. Wirtsch. Leitg.: ein poln. Vikar v. d. Pfarrkirche. P. 320 M. (nur 2—3 Vollzahler).

19. **Posen.** Erzbisch. Knaben-Konvikt.

Gegr. 1836, aufgeh. 1874. Neuordnung 1895. Statuten gleichlautend mit Gnesen. F. kath. Gymnasiasten, vorzügl. solche, die sich d. geistl. Stande widmen wollen. Aufnahmegesuche an Domherrn Weimann. Präfekt: Gymn.-Oberl. RL. Beyer. P. 320, ärmere 160 M. jährl.

20. **Posen.** v. Szołdrskisches Knabenkonvikt.

Gegr. 1648. Freie Wohnung u. Beköstigung f. 9 Schüler. Stiftung, verwaltet v. Domkapitel. Gegenwärtig bis zur Errichtung eines eigenen neuen Heims im Erzbisch. Konvikt, Seminarstr. 1. Für 7 Stellen haben an der Stiftg. beteil. adeliche Familien das Vorschlagsrecht, im übrigen besetzt d. Domkapitel die Stellen. Leitung: ein R L v. Marien-Gymn. (z. Z. Oberl. Kosznik).

21. **Posen O. 5,** Margarethenstr. 15. Posener Paulinum.

Gegr. 1898. Schwesteranstalt d. Dahlemer Paulinums. Für 30 Zögl. eingerichtet. Geistl. Inspektor (P. Beyer) u. Frau als Hauseltern, dazu e. wiss. geb. Adjunkt. Aufnahmebeding.: Reife f. IV. Zögl. besuchen nach Wahl d. Eltern eins der 3 Gymnasien. P. 400, 600, 1000 M., je nach d. Vermögensverh. d. Eltern.

22. **Rawitsch.** Gymnasial-Pensionat. Parit.

Von e. Alumnatsverein mit behördlicher Unterstützung eingerichtet 1907. Eigenes Haus für 27 Zögl. Aufn. durch den K. Gymn.-Dir. Leitg.: 1 Oberl. (Prof. Zickerow), 1 Insp. (wiss. Hilfsl.), 1 Hausd. P. 600—800 M. Unter Umständen Ermäßigung.

23. **Rogasen.** Ev. Schüler-(Familien-)Pensionat beim K. G.

Auf Anregung u. mit Unterstützung d. K. Prov. - Sch.-K. 1904 errichtet, vorzugsweise f. Söhne v. auswärt. deutsch. Beamt. u. Geistl. Leitg.: Oberl. Prof. Masuch u. Frau. Auf 6 u. mehr Zögl. eingerichtet. P. 600 M.

24. **Schwerin** a. Warthe. Städt. Schülerpensionat »Landshoff-stiftung« f. ausw. Schüler d. R.

Eröffn. M. 1910. Stiftung (50 000 M.) des G. Kommerzienrats Landshoff in Petersburg. Baukosten mit inn. Einrichtg. 150 000 M. Auf 25—30 Zögl. einger. Oberaufsicht: Kuratorium i. V. Direktor d. R. Heerhaber, der selbst im Alumnat wohnt. Leitg.: 1 Oberlehrer (Tscharntke), 1 Kand., 1 Hausdame. P. 600 M.

Prov. Schlesien.

25. **Beuthen O.-S.** Fürstbisch. Knabenkonvikt.

Gegr. 1887 f. 72 Zögl., Schüler des Gymn. Anmeldung beim Konviktspräfekten. P. verschieden nach den Vermögensverhältn. der Zögl.

26. **Breslau IX,** Domplatz 8/9. Fürstbisch. Knabenkonvikt (»Piusstiftung«).

Gegr. 1850 v. Fürstbisch. Melchior v. Diepenbrock. Während des »Kulturkampfes« geschlossen. Zögl. sind: a) Konviktoristen, die d. Matthias-Gymn. besuchen, um sich später d. geistl. Stande zu widmen, b) Domsingknaben als Zögl. d. St. Johanneshospitals (Gründung d. 12. Jahrhs.), die ebenfalls d. Gymn. besuchen. Meist Freistellen, darunter 14 Fundatistenstellen f. Singknaben. Vermögende zahlen 120—400 M. jährl. Gesamtzahl d. Zögl. 100. Leitg.: 1 Präfekt, 1 Präzeptor als Vertreter d. Präf. Dazu Senioren, aus d. Primanern gewählt. Saalwirtschaft.

Von 1811 an bestand beim Matth.-Gymn. als Stiftung des Kanonikus Gebauer ein St. Josephs-Konvikt für arme Schüler für 35 Fundatisten und 35 Pensionäre, 1874 von Falk aufgelöst.

27. **Breslau.** Kurfürstl. Orphanotropheum.

Gegr. 1715 v. Fürstbisch. Franz Ludwig, eröffn. 1728. Kath. Für Kinder adelicher Herkunft, die bis z. 14. Lebensj. Wohnung, Kost, Kleidung etc., Erziehung u. Unterricht (höh. Privatsch. VI—V g) in der Anstalt erhalten. Arme frei; andere zahlen je nach d. Vermögensverhältn. Leitg.: Hofmeister d. kurf. Orph. Max Goerlich.

28. **Bunzlau.** Kgl. evang. Waisen- u. Schul-Anstalt.
Gegr. 1754 v. Maurermeister Gottfr. Zahn nach d. Muster des Hallischen u. Züllichauer. Seit 1805 staatlich. Zöglinge besuchen Mittelschule oder Seminar oder Gymnasium. Aufnahme v. 9.—12. Lebensj. Außer 74 Waisen- u. einigen Fundatistenstellen 46 Alumnenstellen f. Söhne weniger bemittelter Eltern aus Schlesien u. Oberlausitz zu 80 u. **156**, 200 u. **276** M., die v. K. Prov.-Schulkoll. in Breslau vergeben werden. Daneben auch Pensionäre zu 480 u. **530** M. Die höh. Sätze gelten f. Gymn. Nebenkosten 120—150 M. Zöglinge tragen Uniform.

29. **Glatz.** Königl. Konvikt.
Verb. m. d. K. Gymn. Kath. F. Schül. aller Kl. Auf 76 Zögl. eingerichtet. Im 17. Jahrh. v. Jesuiten gegr. — Gebäude von 1695 —1787 verstaatlicht. Leitg.: 1 Regens, zugleich RL. am Gymn., 1 Subregens, die v. K. Prov.-Sch.-K. ernannt werden. Oberaufsicht: Gymn.-Dir. Haushalt führt eine Wirtschafterin mit 5 weibl. u. 1 männl. Dienstboten. P. 360 M., jährl. 12 ganze u. 7 halbe Freistellen, die v. Lehrerkoll. verliehen werden.

30. **Gleiwitz.** Fürstbisch. Knabenkonvikt (St. Josefs-Konvikt).
Erbaut aus milden Gaben des »Sammelverein z. Gründung eines Konvikts in Gleiwitz«. Eröffnet O. 1903 f. kath. Schül. des Gymn., in erster Linie f. solche, die sich d. geistl. Stande widmen wollen. Aufnahmegesuche »an das Kuratorium des St. Josefs-Konv.« Leitg.: 1 geistl. Präfekt. Haushalt: Barmh. Schwest. (1909: r. 100 Zögl.) P. 400 M. Ganze u. halbe Freistellen.

31. **Glogau.** Fürstbisch. Knaben-Konvikt.
Gegr. 1892. Für Schül. d. kath. Gymn., besonders solche, die sich d. geistl. Stande widm. wollen. Neubau v. 1905. Auf 100 Zögl. eingerichtet. Leitg.: ein geistl. Direktor (zgl. RL. am Gymn.), ein geistl. Präfekt. Haush. Ordensschwestern. P. 400 M. f. Diözesanen, sonst 500. Schg. 130 u. 150 M.

32. **Gnadenfrei.** Realschule der Brüdergemeinde. (In Umw. zu RPG. begr.)

Pensionat, verbunden mit höh. Schule. Gegr. 1814. Vorsch. u. Kl. VI—U II mit Einj.-Freiw.-Berechtigg. s. 1888. Unter Oberaufsicht d. Direktion d. Evang. Brüderkirche in Berthelsdorf b. Herrnhut. Schüler in Stubengesellschaften geteilt unter beständ. Aufsicht ihrer Stubenlehrer (je 2 für eine Gesellschaft). Aufn. v. 8. Lebensj. an. Direktor K. Kücherer. P. 810 M. Schg. 150 M.

33. **Goldberg.** Schwabe-Priesemuthsche Waisenstiftung mit Progymn. Dir. Dr. Hoffmann.

Städt. Waisenh. u. Pens. Evang. Stiftg. v. 1863 f. verwaiste Knaben a. d. bürgerl. Mittelstande. 42 Waisenstellen, davon 34 f. Schlesier; 8 f. and. Preuß. vergibt d. Kult.-Min. Seit 1903 mit PG. verb. u. in städtisches Patronat übergegangen. 1910: 41 Waisen, 62 Pens. Beide gemischt in 9 Stuben; die jüng. Sch. getrennt v. d. ält. P. + Schg.: 600 M.

34. **Liegnitz.** Königl. Ritterakademie.

Gegr. 1708. Untersteht einem vom Könige auf Lebenszeit aus dem schles. Adel ernannten Kurator. Zöglinge besuchen d. K. Gymn. Johanneum. Alumnat mit 27 Fundatisten-(Frei-)Stellen dem schles. Adel beider Konfess. vorbehalten; Beitrag zu den allg. Unkosten 100 M. Als Pensionäre können Knaben adel. u. bürgerl. Standes aus ganz Deutschl. u. d. Ausl. aufgenommen werden. P. für Schlesier 900, sonst. Preußen 1050, andere Deutsche 1200, Ausländer 1400 M. Aufnahmebeding.: 12. Lebensj., Reife für IV. Aufnahmegesuche an den Kurator z. Z. i. V. Graf v. Carmer. Erziehung militärisch. Leitg.: 1 Militärgouverneur (akt. od. inakt. Offizier), 1 abkommand. Offizier als mil. Erzieher. Zögl. tragen Uniform.

35. **Lüben.** Städt. Familien-Alumnat, verb. mit d. städt. RPG.

Gegr. 1909. Oberaufs.: der Dir. d. RG. Leitg.: 1 Hausdame, 2 Inspektoren, die nur zu diesem Zweck angestellt sind. 2 Häuser zu je 40 Alumnen. P. 600—850 M. Schg. 130 M.

36. **Neisse.** Fürstbisch. Knabenseminar.

Gegr. 1895. (Schon s. 1630 bestand ein Konvikt, d. 1874 aufgehoben wurde.) F. kath. Schüler d. K. Gymn. Dem

Fürstbischof v. Breslau unterstellt. Aufnahmegesuche an die Prokuratie d. Sem. Leitg.: 1 geistl. Präses. P. 360 M. Ermäßigung u. Freistellen nur an Schüler d. oberen u. mittl. Kl. Schg. 130 u. 150 M.

37. **Niesky** (Ober-Lausitz). Pädagogium der evang. Brüder-Unität.

Gegr. 1739 erst in Marienborn, dann in Niesky, dann in Barby, seit 1808 wieder in Niesky. Zwei räuml. getrennte Internate: a) Knabenanstalt (Unterabteilg.) Kl. VI—U III, b) Pädagog. im eng. Sinne (Oberabteilg.) Kl. O III—I g. Direktoren: H. S. Reichel u. Fr. Drexler. Versetzgsprüfg. nach O II gibt Einj.-Freiw.-Berechtigg, s. 1874. Die Reifeprüfg. legen die Oberprimaner als Extraneer an schles. Gymn. ab. (1910: 104 Zögl. d. Unterabt., 74 der Oberabt.) P. u. Schg. Unterabt. 900, Oberabt. 1060 M.

38. **Ohlau.** Gymnasial-Alumnat in Baumgarten b. O.

Gegr. 1903 v. Kreise Ohlau. Par. Auf 18 Zögl. berechn. Oberaufsicht: Gymn.-Dir. Leitg.: 1 Oberl., 1 Adj., 1 Hausd. Eig. Haus mit Garten 10 Min. v. Gymn. Gelegenheit zu Gartenbau. P. 1000 M., Aufnahmegeb. 20 M. Schg.: 130 u. 150 M.

39. **Pless.** Alumnat der »Fürstenschule«.

Gegr. 1900 u. unterhalten v. »Plesser Alumnatsver. E.V.« — Mitgliederbeitr. jährl. 60 M. — Alumnatsgebäude auf 18—19 Zögl. eingerichtet. In erster Linie f. evang. Schül. Oberaufs.: Gymnasialdirektor. Leitg.: 1 verheir. Oberlehrer, dazu 1 Hilfsl. P. 850 M. (Eintrittsgeld 100 M.) Schg. 130 u. 150 M.

40. **Reichenbach.** Ev. Familien-Alumnat beim K. RG.

Gegr. 1903 u. unterhalt. v. Alumnats-Verein zu R. Eigenes Haus f. 22 Zögl., in Gruppen zu 2—5 eingeteilt unter Stubenältesten. Oberaufs.: Dir. d. RG. Leitg.: 1 Oberlehrer, 1 Adjunkt, 1 Hausd. P. 1000 M. Schg. 130 u. 150 M.

41. **Striegau.** Familien-Alumnat des Realgymnasiums.

Gegr. 1909 v. »Alumnats-Verein Striegau (G. m. b. H.)«. Eigenes Haus, auf 24 Zögl. einger., die in Gruppen v. 2—5 zusammenwohnen. Oberaufs.: Direktor des RG. Leiter: 1 Oberlehrer, dazu 1 Adjunkt u. 1 Hausdame. P. 1000 M. Schg. 130 M.

Prov. Brandenburg.

42. **Berlin C,** Friedrichsgracht 57. Schindlersches Waisenhaus. Stiftg. d. Geh. Rats Sev. Schindler v. 1730 für evang. Ganz- oder Halbwaisen. Ständige Kuratoren: der jeweil. Propst von Berlin, der jeweil. Archidiakon v. St. Nikolai u. ein von beiden gewählter Jurist. Leitg.: 1 Inspektor, daneben 2 Erzieher. Aufnahmealter: 9.—12. Lebensj. 30 Zögl., die versch. höh. Schul. besuchen, in der Regel bis U II, doch ist ein Verbleiben bis z. Reifeprüfg. gegen geringe Pension als Alumnus gestattet. Keine Anstaltstracht.

43. **Berlin.** Streitsche Kommunität am Berl. Gymn. z. Grauen Kloster.

Stiftung eines ehem. Schülers, des Kaufm. Sigism. Streit v. 1760. Für 12 Alumnen — Freizöglinge — aus den Oberklassen, die die ernste Absicht hegen, zur Universität überzugehen. Ein Alumnat f. arme Schüler bestand schon seit den ersten Zeiten des 1574 gegründ. Gymn. Die Streitsche Stiftung, die 1793 in volle Wirksamkeit trat, ermöglichte eine äußere Neugestaltung durch Einrichtg. neuer Wohn- u. Schlafräume etc. Alumnen wohnen zu je 6 in 2 Stockwerken: je ein Arbeitssaal mit 6 Pulten, ein Schlafsaal mit 6 Betten, haben außerdem Frühstück u. Mittagtisch. Kuratorium: Propst v. St. Nikolai, Direktor u. ältester Professor d. Gymn., 2 höhere Kgl. Beamte, 1 Bankier. Inspektor: 1 Lehrer d. Gr. Kl.

44. **Berlin-Wilmersdorf.** Alumnat u. Pensionat des K. Joachimsthalschen Gymnasiums.

Gegr. 1607 als Internatschule nach d. Muster d. Sächs. Fürstenschulen, 1650 nach Berlin verlegt, 1880 nach Wilmersdorf. Alumnat für Söhne Kön. Untertanen der Kur- u. Neumark, aus and. Provinzen nur Söhne der geistl. u. weltl. Zivildiener des Staates. Unter Leitg. d. Direkt. u. Oberlehrer-Adjunkten. 120 (evang.) Alumnen von III an aufwärts: 25 Freistellen, 20 zu 400, 25 zu 300, 50 zu 270 M. Hausgeld. Im Pensionat Schüler (höchstens 56) von IV an. P. + Schg. 900 M.

45. **Berlin-Dahlem.** Schülerheim-Kolonie des Arndt-Gymn.

Gegr. 1908 nach d. Muster d. Kühneschen Anstalt in Godesberg. Patron: Domänenfiskus. Anmeld. an d. Kuratorium der Kolonie in Dahlem, Post Steglitz. Bis jetzt 6 Familienhäuser für je 15 evang. Zögl. unter Leitg. je 1 verh. Oberl., der unterstützt wird v. e. Kandidaten od. Studenten. P. + Schg. 1600 M. (Erhöhg. in Aussicht genomm.)

46. **Berlin-Dahlem.** Paulinum.

Eröffn. 1863 in Berlin, seit 1909 in Dahlem. Stiftung des konvert. ehem. Fürstbisch. v. Breslau, Grafen Leop. v. Sedlnitzky v. J. 1860. Pensionsanst. f. Gymnasiasten, die sich dem evang. Kirchen- od. höh. Schuldienst widmen wollen. Gehört d. Zentral-Ausschusse f. d. inn. Mission. Familienheim unter Leitg. e. geistl. Inspektors (P. Gerhard) nebst Frau als Hauseltern, dazu e. wiss. geb. Adjunkt. 45 Zögl. (Höchstzahl 50). Aufnahmebedingg.: Reife f. IV. P. 400—800 M. je nach den Vermögensverhältnissen der Eltern.

47. **Berlin-Gr. Lichterfelde.** Kornmessersches Waisenhaus.

Stiftg. des K. Hofrats u. Bürgermeisters von Berlin, Kornmesser v. J. 1720. Evang. Zuerst in Berlin, Klosterstr., von 1838 an Georgenkirchplatz, seit 1897 in Gr.-Lichterfelde. Unter Aufsicht des K. Prov.-Schul-Koll. 40 Zögl., die die höh. Schulen besuchen. Je 10 auf einem Saal, von denen ein Senior die Aufsicht führt. Aufn. v. 7. Lebensj. an. Außer den Waisenknaben, die Freistelle genießen, werden Pensionäre f. 600 M. jährl. aufgenommen (z. Z. 8), denen dafür ebenso wie jenen Verpflegung, Wäsche, Kleidung, Schulgeld u. Schulbücher, Arzt u. Apotheke, Kosten f. Schulausflüge u. Weihnachtsbescherung geliefert wird. Vorsteher: Tomfohrde. Eigene Ökonomie.

48. **Brandenburg.** Ritterakademie auf dem Dome.

Gegr. 1704 v. Domkapitel des Hochstifts Brandenburg zu besserer Ausbildung des Adels, zunächst des mittelmärkischen. Seit 1856 auch d. Bürgerstande zugänglich. Evang. Erz.- u. Unterrichtsanstalt f. Söhne d. Adels u. d. höh. Bürgerstandes. Alumnat f. 75 Zögl. v. V bis O I (Gymn.). Leitg.: Direktor (Dr. Kehr) u. Oberlehrer. P. 1200 M. f. Söhne d. kurmärk. Ritterschaft, 1300 M. f. andere Deutsche, 2000 M. f. Ausländer. Schg. 130 u. 150 M. 6 ganze u. 6 halbe Freistellen. Brüder Ermäßigg.

49. **Frankfurt a. O.** Evang. Schülerheim.
Unterhalten v. »Verein Schülerheim« f. Pfarrerssöhne. Gegr. 1906 in Küstrin, 1909 n. Frankf. verlegt. Auf 13 Zögl. berechn. Noch kein eigen. Haus. Anmeld. an die Direktoren des G. u. d. RG. oder an Pf. Voelkel in Gorgast (Oderbruch). Leitg.: 1 Hausd., 1 Kand. P. VI—III 500, II—I 550 M., f. Söhne v. Mitgl., f. andere 800 u. 900 M.
Von 1777 bis 1882 bestand beim Friedr.-Gymn. ein von der reform. Kirchengemeinde unterhaltenes Alumnat u. Pensionat.

50. **Jüterbog.** Städt. Schülerheim.
Familien-Alumnat bei der K. Schillerschule (R + RPG.). Begr. 1908 von der Stadt. Kurator: Bürgermeister. Leitung: 1 Hausmutter, 1 wiss. Inspektor (Kand.). Aufnahmegesuche an Magistrat oder an Direktor d. Schillerschule. P. 750 M. Schg. 110 u. 130 M.

51. **Luckau.** Schülerheim.
Evang. Familien-Alumnat des Niederlaus. Pfarrervereins. Gegr. 1906. Unterhalten v. Verein »Schülerheim« E. V. Vorsitz. d. Kur.: P. Sauvage in Waltersdorf b. Luckau. Leitg.: 1 Hausmutter, 2 Inspektoren (Kand. d. Theol.). Zögl. besuchen d. Kgl. ev. Gymn. P. 600 M. f. Söhne v. Vereinsmitgl., 650 f. andere Pastorensöhne, 800 f. sonstige Schüler.

52. **Neuruppin.** Teichmüllers Schülerpension.
Gegr. 1910. Inh. u. Leiter: W. Teichmüller (Philol.) u. Frau. Fam.-Alumnat f. Schüler d. Gymn. Aufnahme von der Vorschule an. Bis zu 8 Zögl. P. 1000—1200 M.

53. **Potsdam.** Zivil-Waisen-Versorgungs-Anstalt.
Stiftg. (v. Türk) v. 1821 f. Söhne u. Töchter verstorb. Staats- u. Kommunalbeamt. (einschl. Ärzte u. Apotheker) aus Berlin u. Rbz. Potsdam. Im Internat nur Knaben — z. Z. 40 —, die höh. Lehranst. (G., RG., OR.) besuchen. Parit., in praxi evang. Aufn. zwisch. 8.—14. Lebensj. Oberaufs. u. Verwaltg.: Zivil-Waisenamt in P. Leitg.: 1 Oberl. als Waisenvater (Inspektor). Haushalt verdungen an e. Ökonomin (z. Z. Pfarrerswitwe). Zögl. in Stuben zu je 6. Wohnung, Kost, Kleidung, Unterricht frei.

54. **Strausberg** b. Berlin. Städt. Familien-Alumnat (evang.), verb. mit d. städt. RG. i. E. Kl. VI—O III. Zusammen

mit der früh. Privatschule 1908 v. d. Stadt übernommen. Leitg.: Dir. d. RG. u. Frau, dazu 2 wiss. gebild. Inspekt. P. + Sch.: 1000—1500 M.

55. **Wittstock.** Ev. Familien-Alumnat für Gymn.
Gegr. 1906 v. »Wittstocker Alumnatsverein E. V.« Kuratorium: P. Ramdohr in Schönhagen b. Pritzwalk. Auf 14 Alumnen einger. Eigenes Haus. Leitg.: Gymn.-Dir. (Prof. Dr. Schultze), dazu 1 Inspektor (Kand.), 1 Hausdame. P. f. Söhne v. Vereinsmitg. 600, f. andere 900 M.

56. **Zehlendorf-Berlin.** Alumnat im Mathilde Zimmer-Haus. Inh. u. Leit.: Prof. D. Dr. Zimmer.
Errichtet 1910 f. Knaben u. Mädchen, die höh. Schulen besuchen. Famil.-Alumn. f. 12 Zögl. P. 1000 M.

57. **Züllichau.** K. Pädagogium u. Waisenhaus (ev.).
Gegr. 1719 bzw. 1762 v. Nadlermeister Sigm. Steinbart. Nach d. Muster des Hallischen Waisenh. u. des Pädag. Kloster Bergen. Aus stift. u. staatl. Mitteln unterhalten. Unterrichts- u. Erziehungsanstalt: G. VI—O I. Dir. Dr. Rud. Hanow. Auf 108 Zögl. einger., davon 20 Freistellen f. Waisen. Je 27 Zögl. bilden eine Inspektion unter Leitg. eines verh. Oberl. u. e. jüng. unverh. Adjunkten. Aufnahme v. 9. Lebensj. an. F. die jüng. Zögl. Handfertigkeitsunterr. Ökonomie in Anstaltsregie unter Aufsicht des Direktors. P. 840 M. Ermäß. Stellen: 10 zu 700, 14 zu 600, 10 zu 480, 9 zu 400, 8 zu 320, 7 zu 240 M. Schg. 150 M. Ermäßiggn. auf 140, 130, 110 u. frei.

Prov. Sachsen.

58. **Donndorf,** Bez. Halle. Ev. Klosterschule.
Gegr. 1561. Ursprünglich Nonnenkloster. Als die Grafschaft Wiehe 1540 die Reformation angenommen hatte, richteten die Herren v. Werthern nach d. Absterben der letzten Nonne 1561 im Kloster eine Knabenschule ein zur Vorbereitung auf höh. Schulen (Pforta u. Rossleben). Patron: Erbadministrator Freih. v. Werthern, Esbach b. Koburg. Rektor: Oberl. E. Geiling. 4 L. 3 Kl. VI—IV g. Internat a. St. f. 48 Zögl. 24 Freist. zu 150 M., 24 Kostst. zu 750 M. jährl. Dazu 6 Pensionäre beim Rektor.

59. **Halle a. S.** Franckesche Stiftungen. a) Waisenanstalt.
Gegr. 1695. F. verwaiste od. doch vaterlose Kinder ev. Konf. Aufn. nur zwischen dem 10. u. 12. Lebensj. Kostenfreie Erziehg. entweder bis zur Konfirm. (14. Lebensj.) od. f. solche, die sich z. Studieren eignen, bis zum Übergang auf die Univ. — b) Pensions-Anstalt.
Gegr. 1713. F. Schüler der Lat. Hauptschule u. der Oberrealschule. Leitg.: der Rektor d. Lat. Hauptsch. (Dr. Rausch) u. ein Inspektor adj. Als besondere Erzieher 7 Oberlehrer für je 5—6 Stuben. Zögl. rd. 250 auf 34 Stuben verteilt. P. 420—450 M. Schg. 140—150 M. Viele Benefizien: freie Wohnung, ganzer od. halber Freitisch, Erlaß des Schulgeldes. — c) Alumnat des Königl. Pädagogiums.
Gegr. 1695 (f. Adliche), das Gebäude v. 1715. Bis 1873 zugleich als Kgl. Pädagogium Gymn. Seitdem Alumnat f. Schül. d. Lat. Hauptsch. u. d. Oberrealsch. Oberaufs.: der Direktor d. Franck. Stift. (Dr. Fries) u. ein Inspektor adj. Zur besonderen Aufsicht über je 3—5 Stuben 4 Oberlehrer. Zögl. — höchstens 68 — auf 18 Stuben verteilt. P. 620 M. Schg. 140—150 M.

60. **Heiligenstadt.** Bisch. Knaben-Seminar (Seminarium Bonifatianum).
Gegr. 1858, geschlossen 1873. Darauf hatte ein Konsortium von Privaten in den Seminarräumen ein Gymnasiasten-Pensionat eingerichtet, auch dieses ließ Herr Falk 1875 schließen. Seminar wiedereröffn. 1886. Unterhalten v. Bisch. v. Paderborn f. ausw. kath. Schüler d. Gymn., besonders solche, welche sich d. geistl. Stande widmen wollen. Leitg.: geistl. Präses Wetzel. 1910: 113 Zögl. P. 500 M. f. Knaben a. d. Prov. Sachsen, f. andere 600 M. Keine Freistellen, aber Ermäßigg. Schg. 130—150 M.

61. **Langensalza.** Städt. Familien-Alumnat.
F. ev. Schüler d. RG. Gegr. 1910. Auf 25—28 Zögl. einger. Städt. Verwaltung. Oberaufs.: Direktor d. RG. Leitg.: 1 Hausdame u. 2 Inspektoren (Oberl. u. Kand. d. RG.) P. 1000 M. Schg. 130 u. 150 M.

62. **Magdeburg.** Alumnat des Pädagogiums z. Kloster U. L. F.
Gegr. 1698. Für 72 (evang.) Alumnen. Aufnahmebedingg.: Reife f. IV. (Pädagogium ist Vollgymn.) Ober-

aufs.: der Propst u. Direktor (Dr. Urban), daneben der geistl. Inspektor. Besondere Aufsicht: die im Alumnat wohnenden Alumnatsinspektoren. Außerdem wird jedem Alumnus ein Tutor gesetzt aus d. Mitgl. d. Lehrerkoll. Je 6 Alumnen bewohnen ein Zimmer (Stubenwirtsch. mit Senioren). P. 800 M. Benefizien: 20 ganze, 15 dreiviertel, 15 halbe Freistellen. Schg. 130 u. 150 M.

63. **Pforta.** Kgl. Landesschule.

Gegr. 1543 als eine der 3 Sächs. Fürsten- u. Landesschulen. Gymn. U III—O I. Leitg: der Rektor. Internat alten Stils mit Tutorensystem. 1. 188 Alumnen-Stellen, wovon 140 Freistellen u. 48 Koststellen zu 300, 500, 750 M. 2. 20 Extraneerstellen bei Lehrern zu 1200—1500 M. Jeder Schüler zahlt 60 M. jährl. Schulkassenbeitrag; Koststellen-Inhaber u. Extraneer außerdem 200 M. Schg. Aufnahmeprüfg. ist zugleich Konkurrenzprüfg. der Bewerber.

64. **Rossleben.** (Evang.) Klosterschule.

Stiftung der Familie v. Witzleben a. d. J. 1554. Geschlossene Erz.- u. Lehranst. G. IV—O I. Vorstand: Erbadministrator Heinrich Graf von Witzleben-Altdöbern u. Rektor Prof. Dr. H. Schmidt. Internat alten Stils. Tutorensystem. Etwa 100 Alumnen. 30 Freistellen. Außerdem sogen. Extraneer, die bei Lehrern Aufnahme finden.[1]) P. Alumnen mit Freistelle: 400 M., ohne Freistelle: 1400 M.; Extraneer: der Anstalt 600, dem Lehrer 1200 = 1800 M.

65. **Salzwedel.** Evang. Schülerheim.

Gegr. 1907 v. Mitgliedern d. Spar- u. Hilfskasse ev. Pfarrer in. d. Altmark. F. 22 Zögl. Eigenes neues Haus. Stubenwirtschaft f. je 2—5 Sch. Oberaufs.: Kuratorium, dem d. Gymn.-Dir. u. ein Oberl. angehören. Leitg.: 1 akad. geb. Inspekt., 1 Hausdame. Anmeldgn. an d. Vorsitz. d. Kurat. (Superintend. Scholtz) od. an K. Gymn.-Dir. P. 750—900; f. Söhne v. Mitgl. 550—600, f. andere Pfarrerssöhne 650—700 M.

66. **Schleusingen.** (Ev.) Alumnat am K. Hennebergschen Gymnasium.

---

[1]) Außerhalb der Anstalt wird noch ein Externat unterhalten von verw. Frau Oberl. Dr. Heiligenstädt. P. 600—1200 M. Ferner besteht im Orte eine Privatschule mit VI und V zur Vorbereitung auf die Klosterschule: Pension bei Pastor Ulbrich.

Gegr. 1577. Ursprünglich eine Stiftg. f. arme Schüler zu Wohnung u. Kost mit 10 ganzen u. 20 halben Freistellen. F. 50 Zögl. von IV an, nicht unter 12 J. Oberaufs.: Gymn.-Dir. Daneben 2 Lehrer als Alumneninspektoren, 1 Lehrer als Quästor f. d. ökonom. Aufsicht. P. 480 M. Viertel-, Halbe, Dreiviertel-, Volle Freistellen, die auf Vorschl. der Lehrerkonf. v. Pr.-Sch.-K. verliehen werden. Zwei Freistellen der Großh. Sächs. Regierg. zu Weimar vorbehalten. Schg. 130 u. 150 M.

Prov. Schleswig-Holstein.

67. **Plön.** Evang. Alumnat.

F. Schüler des Gymn. Unterh. v. Ver. z. Gründg. evang. Alumnate in Schlesw.-H. Gegr. 1889. Fam.-Alumnat für 28 Zögl. Leitg.: e. verh. Oberl. (z. Z. Oberl. Winkler) u. 2 Kand. P. 800 M. f. Schlesw.-Holst., 1000 M. f. andere.

68. **Ratzeburg.** Evang. Alumnat.

F. Schüler des Lauenburg. Gymn. Unterh. v. Ver. z. Gründg. evang. Alumnate in Schl.-H. Gegr. 1895. Fam.-Alumnat f. 20 Zögl. Leitg.: e. verh. Oberl. (z. Z. Dr. Rüttgers) u. 1 Kand. P. wie in Plön.

Prov. Hannover.

69. **Duderstadt.** Evang. Schüler-Alumnat des Pastors Grashoff.

Gegr. 1906. F. Schül. des K. parit. Gymn. als Fam.-Alumnat im Pfarrhause auf 12 Zögl. einger. P. 800, f. Söhne v. Geistl. 700 M.

70. **Goslar.** Schülerheim.

Gegr. 1900. Evang. Erziehungs- u. Pensionshaus des »Vereins Schülerheim Goslar«, zunächst f. Söhne v. Mitgl. des hannov. Pfarrvereins, die das G + RG. besuchen. Leitg.: 1 Hausdame, 1 Inspektor (Kand.) P. 550 M. f. Söhne v. Mitgl.; für andere Pastorensöhne 650, für sonstige Zögl. 750 M.

71. **Goslar u. Münden (Hann.)** Erziehungshäuser des Klosters Loccum.

F. Söhne evang. Eltern a. d. gebild. Ständen, die die höh. Schul. besuch. Oberleitg.: ein Deputierter des Klosters

(z. Z. Ober-Konsistorialrat D. Guden in Hannover). Zuerst in Hameln 1881 ein Erziehungshaus, das 1901 nach Münden verlegt wurde; 1890 ein zweites in Goslar. Ephorus: der Direktor des G. Leitg. des Alumnats: 1 Hausdame, 1 Inspektor (Kand.) Auf je 24 Alum. einger. P. 1000 M., f. Söhne v. Geistl. ev. Ermäßigg. bis auf 500 M. F. Prediger- u. Lehrerwaisen Stipendien v. 450 M. Schg. 180 M. (Goslar), 150 M. (H.-Münden). Aufnahmegesuche an den Deputierten.

72. **Hameln.** Familienpensionat des Superint. em. Flashar.
In loser Verbindung mit der Direktion des G + OR. Gegr. 1909. (1910: 5 Pensionäre). P. 1000—1500 M.

73. **Hildesheim.** Bischöfl. Konvikt.
Gegr. 1859. Diözesananstalt f. Sch. d. Bisch. Gymn. Josephinum ohne Unterschied ihres künft. Berufs. Oberaufs.: Gymn.-Dir. Leitg.: e. geistl. Präses. P. f. Diöz. 500, f. Ausw. 560 M.

74. **Ilfeld.** Königl. (evang.) Klosterschule.
Gegr. 1546 vom letzten Abt Thom. Stange mit Unterstützg. des Grafen v. Stolberg f. arme u. begabte Knaben. Internat f. 90—100 Alumnen. Tutorensystem. G. Kl. U III bis O I. P. 700, 950, 1200 M. 16 ganze, 8 halbe Freistellen, diese zu 300 M. Außerdem für Mobiliar etc.: die Inhaber ganzer Freistellen 100 M., die Pensionäre 50 M. Schg. für alle 150 M. Freistellen werden teils von d. Fürstl. Stolberg. Häusern, teils v. Preuß. Kult.-Min. verliehen.

75. **Meppen.** Bischöfl. Gymnasialkonvikt (Collegium Josephinum)
Gegr. 1853. F. etwa 80 kath. Schüler des Kgl. Gymn. ohne Verpflichtung auf den Priesterberuf. Patron: Bischof von Osnabrück. Leitg.: 1 geistl. Präses. Aufnahmebedingg.: 12. Lebensj., Reife f. IV. Aufnahmegesuche an den Konvikts-Präses. P. 500 M. f. Zögl. a. d. Diözese Osnabrück, von O III ab Ermäßigg. auf 300 M., falls sie Theologie stud. wollen, würdig u. bedürftig sind; 570 M. f. andere Zögl. Schg. 130 u. 150 M.

76. **Münden** (Hann.) Erziehungshaus des Kl. Loccum.
s. Goslar. Nr. 71.

77. **Osnabrück.** Kath. Knabenkonvikt beim Gymn. Carolinum.
Als Snethlagesche Stiftg. v. 1683. Staatl. Konvikt s. 1879. Unter Aufsicht d. K. Prov.-Sch.-Koll., das den Präses auf

Vorschlag des Gymn.-Dir. ernennt. F. etwa 38 Zögl. Leitg: 1 geistl. Präses; Haushalt: Ordensschwestern. Aufnahmebedingg.: Reife f. Quarta. P. 570 M. Ermäßigg. je nach der Finanzlage. Schg. 130 u. 150 M.

Prov. Hessen-Nassau.

78. **Bad Ems.** Familien-Alumnat.

F. ausw. Schül. d. städt. R. mit Ref.-RPG. Gegr. O. 07. Kein konf. Char., doch evang. Grundlage. Verwaltgsvorstand: R.-Direktor, Bürgermeister u. ein vom R.-Kuratorium gewähltes Mitglied (Arzt). Oberaufs.: R.-Direktor. Leitg.: 1 R.-Lehrer, dazu 1 Kand., 1 Hausdame. Mit dieser als Besitzerin des Hauses Vertrag: die ihr überwies. Schül. in Pension zu nehmen. Bis zu 25 Zögl. P. 900 u. 1100 M. Schg. 100 u. 110 M.

79. **Eschwege.** Schülerheim d. Pfarrerver. f. d. Kons.-Bez. Kassel.

Gegr. 1908 f. ausw. Schüler d. Friedr.-Wilh.-Schule (G + R), zunächst Pfarrersöhne, daneben, soweit Platz ist, auch f. and. evang. Sch. Auf 24 Zögl. bemessen. Eigenes neues Heim soll 1912 bezogen werden. Leitg.: 1 Insp. (Theol. od. Phil.), 1 Hausd. P. 550 u. 650 M., Brüder 50 M. weniger.

80. **Fulda.** Bischöfl. Konvikt.

Gegr. 1882. Vorher seit 1852 ein bischöfl. Knabenseminar, das dem »Kulturkampf« zum Opfer fiel. Jetzt f. kath. Schül. d. Gymn., nicht ausschließlich solche, die sich d. Theol. widm. wollen. Unter Oberaufsicht des Gymn.-Direktors. Anmeld. an den Konv.-Direktor (Dr. Max Lechleitner). Frequenz durchschn. 120 Sch. P. für Diözes. 450, f. Ausw. 500 M.

81. **Hadamar.** Bischöfl. Konvikt, Collegium Bernardinum.

Gegr. 1851 f. kath. Gymn., bes. solche, die sich d. geistl. Stande widmen wollen. 1910: 104 Zögl. Aufnahmegesuche im Februar »an d. Hochw. Bisch. Ordinariat in Limburg a.L.« Leitg.: ein v. Bisch. ern. geistl. Regens (z. Z. Dr. Hilfrich). P. 600 M.

82. **Hersfeld.** Schülerheim d. Pfarrervereins f. d. Kons.-Bez. Kassel.

Gegr. 1899 f. Sch. des Gymn., zumeist Pfarrersöhne. Keine amtl. Verbindg. mit d. Gymn. Eig. Haus auf 24 Zögl. einger. Leitg.: 1 Hausdame, 1 wiss. Insp. (Kand.). P. 500—550 M.

83. **Montabaur.** Bischöfl. Konvikt.
Gegr. 1866. F. kath. Schül. des städt. Gymn., vorzugsweise solche, die sich d. geistl. Stande widmen wollen. Diözesananst. d. Bisch. v. Limburg. Leitg.: 1 geistl. Regens. P. 600 M., bei Bedürftigkeit Ermäßigg.

84. **Oberlahnstein.** Collegium Carolinum.
Kath. Unterr.- u. Erziehgs.-Anst. Unterhalten u. geleitet v. Dir. Anton Löw, Priester d. Diöz. Limburg. Zögl. (1909: 82) besuchen G. u. RPG. Aufsicht: Direktor u. Lehrer. Haushalt: Ordensschwestern. P. 800 M., bei Brüdern Ermäßigg. Schg. 170—180 M.

85. **Oberlahnstein.** Ev. Familien-Alumnat.
Inh. u. Leit.: Rektor Pflugmacher. S. 1901. Für Schül. d. G. u. RPG. Auf 15 Zögl. eingerichtet. Famil.-Erziehg. Gemeins. Räume: 2 Wohn- u. Arbeitszimm., 1 Eßzimm. Schlafzimm. f. je 2—4. P. 1300 M., v. 4. Jahre ab fallend auf 1200, 1100, 1000 M.

86. **Rinteln.** Alumnat f. ausw. Schül. d. K. Gymn.
Gegr. 1905 u. unterh. v. Kreisausschuß. Alumnatsgebäude: das entsprechend umgebaute alte Stadthaus des Abts v. Kloster Möllenbeck. Auf 14 ev. Zögl. eingerichtet. Leitg.: 1 Hausdame, 1 Hilfslehrer d. G. P. 1000 M. (f. unbemitt. Pfarrersöhne 700 M.).

87. **Weilburg.** Pädagogium Paulinum.
Gymnasiastenheim des Nassauischen Pfarrervereins. Gegr. 1900. Oberaufsicht hat der Gymn.-Dir., der den pädagog. Leiter (Lehrer oder Kand. d. h. Sch.) ernennt. Leitg.: Frl. Moser, deren Haus laut Vertrag dazu eingerichtet ist. 12 bis 16 Zögl. Aufnahmeberechtigt in erster Linie die Söhne v. Vereins-Mitgl.; soweit Raum vorhanden auch andere Schüler, jedoch haben diese einen Jahresbeitr. v. 50 M. zum Paulinums-Fonds zu zahlen. P. 600, f. Sch. über 14 J. 650 M.; Einzelzimmer 100 M. mehr.

Prov. Westfalen.

88. **Attendorn.** Collegium Bernardinum.
Konvikt f. kath. Schül. des Gymn. Protektor: Bisch. v. Paderborn. Gegr. 1887 v. † Dechanten Bernard Piel-

sticker. Leitg.: 1 geistl. Präses (Steinbrück), 1 geistl. Assistent. Haushalt: Schwestern der christl. Liebe aus Paderborn. (1909: 55 Zögl.) P. 600 M.

89. **Brilon.** Gymnasial-Alumnat »Petrinum«.

Gegr. 1899 für kath. Schül. der Unter- u. Mittelkl. bis U II von einem zu diesem Zweck gebildeten Verein von Freunden u. Gönnern des Gymn. Ursprünglich auf 25 Zögl. berechnet. In einem v. d. Stadt zur Verfügung gestellten Gebäude. Oberaufs.: Gymn.-Dir. Leitg.: geistl. Präses, zugl. RL. am G. P. 550 M.

90. **Dorsten i. W.** Collegium Carolinum. Gymnasial-Alumnat.

Gegr. 1904. Kath. Gründer u. Leiter: geistl. Präses Jul. Göttke, dem e. geistl. Präfekt z. S. steht. Protektor: Bisch. v. Münster. Oberaufs.: der Gymn.-Dir. Haushalt: Schwestern d. christl. Schulen v. d. Barmherzigk. (1909: 42 Zögl.) P. 650 M.

91. **Gütersloh.** Evang. Gymnasial-Alumnat.

Gegr. 1875. Alumnen in 2 Häusern zu höchstens 20 u. 24. Leitg. je 1 Inspektor (Phil. od. Theol.) u. 1 Hausdame. Aufnahmegesuche a. d. Direktor d. Gymn. P. 800 M.

92. **Höxter.** Alumnat des Ev. Kön.-Wilh.-Gymn.

Gegr. 1879. Vorsitzender des Kuratoriums: der Generalsuperintend. v. Westfalen. Oberaufs. u. Leitung: der Gymn.-Dir. in Verb. m. e. ält. Oberlehrer. Beide wohnen im Alumnat. Zwei Erziehungshäuser unter Inspektoren u. je 1 Hausmutter. Stubenwirtschaft mit Stubenältesten. Die jüngeren Schüler im Kinderheim »Haus Fauth«, die älteren im großen Alumnat. (1910: 49 Alumnen.) P. 750 M. Keine Freistellen, in besond. Fällen Ermäßigg.

93. **Lippstadt.** Kath. Rektoratschule (Eigentum d. St. Nikolai-Pfarrgemeinde) verb. mit Knabenpensionat. Geistl. Rektor Robert Schulte.

Gegr. 1866. Vorbereitg. auf U III g. u. rg. 1910: 64 Sch., davon 19 ausw. Pensionat Privatunternehmen des Rektors. Für 20 ausw. Sch. Streng relig. Erziehg. Weltliche Wirtschafterin. P. 550 M. Schg. 80 M.

94. **Münster i. W.** Bischöfl. Konvikt Colleg. Ludgerianum.

Gegr. 1849. Während des »Kulturkampfes« 1873 suspendiert. Wiedereröffnet 1887. F. Schüler des K. Gymn. Paulinum von Tertia an, besonders aus d. Diöz. Münster, die geneigt sind, später Theol. zu studieren. Patron: Bischof v. Münster. Leitg.: 1 geistl. Präses, 1 geistl. Präfekt. Haushalt: Schwestern d. göttl. Vorsehg. Auf 130 Zögl. eingerichtet. P. 450 M. Ermäßigg. f. Minderbemittelte.

95. **Münster i. W.** Collegium Heerde.

Gegr. 1733 f. Verwandte des Stifters Lic. Joh. Theod. Heerde, weil. Generalvikar in Hildesheim, † 1725. Familienstiftg. Heerde. Konvikt f. kath. Gymnasiasten. Verwaltet v. e. Kuratorium v. Geistl. u. Laien. Präses: Dr. th. T. Hülskamp, Päpstl. Hausprälat. Aufnahmebedingg.: Reife mindestens f. IV u. Erklärg., bis z. Abitur.-Exam. d. Gymn. zu absolv. Zögl. haben freie Station (Wohnung, Kost, Beleuchtg., Heizung, Schreibmater.) (1909: 22 Zögl.)

96. **Paderborn.** Bischöfl. Gymnasial-Alumnat (Knaben-Seminar »Seminarium Liborianum«).

Gegr. 1847, geschloss. 1873, wieder eröffnet 1882. F. 120 kath. Gymnasiasten v. U III an ohne Rücksicht auf die Berufswahl. Aufnahme durch d. Bisch. v. Paderborn. Staatl. Aufsicht durch d. K. Prov.-Sch.-K. über alle inneren u. äuß. Verhältn. Verwaltg. führt ein vom Bischof bestelltes Kuratorium, dem d. Gymn.-Dir. u. d. geistl. Alumnats-Vorsteher angehören. Dieser v. Bischof ernannt, v. Prov.-Sch.-K. bestätigt. Dazu ein zweiter Geistl. als Präfekt. Ordnersystem, teils ernannt, teils frei gewählt. Schülergericht (Konvent). Haush.: 12 Schwest. d. christl. Liebe. P. 500 M. Ermäßigg. bis auf 180 M. bei nachgewies. Bedürftigk.

97. **Warburg.** Collegium Marianum.

Vereinsgründung s. 1893. Privat-Erziehgs.-Anstalt unter Oberaufsicht des Gymn.-Dir. f. kath. Zögl. (1909: 21.) Leitg.: 1 geistl. Präses, v. Bisch. zu Paderborn ernannt (z. Z. Zengerling, zgl. RL. a. G.), daneben 1 Studienpräfekt. P. 640 M.

98. **Werl.** Aloisianum.

Konvikt f. kath. Schül. d. PG Gegr. 1907. Unter Oberleitg. des Direktors eng verb. mit d. städt. PG. Auf 30 Zögl. eingerichtet. Leitg.: 1 vom Bisch. v. Paderborn gesandter geistl. Präses (zgl. RL.). Haushalt: Schwestern der christl. Liebe aus Paderborn. P. 550 M. Ermäßigg. f. bedürft. u. würd. Schüler. Schg. 130 M.

Rheinprovinz.

99. **Andernach.** Städt. Alumnat.
Gegr. 1903. Kath. F. Schül. d. Gymn. Unter geistl. Leitung. Seit 1908 in eigen. Hause . Bis zu 50 Alumnen. P. 700 M. jährl. Schg. 130 M.

100. **Bedburg.** Rhein. Ritterakademie.
Gegr. 1841 v. d. kath. Mitgl. d. Rhein. ritterbürt. Adels. Erz.- u. Lehranstalt (Voll-Gymn.) f. Katholiken ohne Unterschied des Standes. Oberleitg. u. Verwaltg. durch den Ritterrat als Kuratorium. Direktor: Prof. Dr. Gorges. Beaufsichtigg. außerh. d. Unterrichtszeit durch uniform. Feldwebel a. D. Aufn. v. 9. Lebensj. an. Erziehg. nach den Grundsätzen der kath. Kirche. Besondere Pflege der körperl. Übgn. (auch Fechten, Schießen) durch Turnlehrer u. Feldwebel. 1910: 76 Zögl. P. + Schg. 1600—2000 M.

101. **Bergheim a. Erft** (Rheinpr.). Städt. höh. Schule u. Pensionat.
Gegr. 1860. Kath. Kl. VI—O III. 1910: 84 Sch. Vorbereitg. auf Sekunda g. u. rg. Unter geistl. Leitg.: Rektor Heinr. Schunck. Pensionat ein Privatunternehmen des Rektors, auf r. 40 Zögl. einger. Haushalt führt eine Verwandte des R. Zögl. bei Spiel u. Arbeit unter Aufsicht eines Lehrers. P. 600, in den Tertien 700 M. Schg. 150 M.

102. **Boppard.** Alumnat St. Michael.
Gegr. 1897. Für kath. Schül. d. städt. Gymn. Patron: kath. Waisenhaus in B. Direktor d. Gymn. Mitgl. d. Kurator. Leitg.: e. geistl. Direktor, 1 Kand. d. höh. Sch. Haushalt: 6 Schwestern v. hl. Karl Borromäus. P. 700 M.

103. **Brühl b. Köln.** Städt. Alumnat.
Gegr. 1898. Für kath. Schüler d. Gymn. Patron: Stadtgemeinde. Leitg.: e: geistl. Präses (zugl. RL. am Gymn.), 1 Assistent. Haushalt: 6 Klosterschwestern. Aufn. v. VI an. Auf r. 50 Zögl. berechnet. P. 800 M. Schg. 160 M.

104. **Emmerich.** Kathol. Konvikt am K. Gymn.
Gegr. 1869 v. Kuratorium der Hoppschen Stiftg. (v. J. 1610) f. auswärt. Gymnasiasten. Bis 72 Zögl. ohne Untersch. d. künft. Berufs. Verwaltg.: Kuratorium best. a. Pfarrer, Bürgermeister u. Gymn.-Dir. Oberaufsicht: Gymn.-Dir. (Dr. Franke). Regens: der Religionslehrer d. Gymn. (Prof.

Seiler) unter Beihilfe v. Repetenten. Haush.: Schwestern d. heil. Vorsehung. P. 660 M. Schg. 130 u. 150 M.

105. **Eupen.** Städt. Knaben-Pensionat (parit.) (vorm. Dr. Schneiders Knab.-Institut zu Kerpen).

Gegr. 1889, s. 1906 in Eupen mit d. städt. PG. verbunden. Leitg.: Prof. Dr. Schneider u. Frau, dazu 2 Erzieher. (1909: 32 Zögl.) P. 900 M. Schg. 130 M.

106. **Gummersbach.** Ev. Familien-Alumnat G. m. b. H.

Gegr. 1907. F. Schüler der OR., in erster Linie f. solche der Oberklassen. Oberaufsicht: Direktor d. OR. (Dr. Ellenbeck). Leitg.: 1 Hausdame, 2 Inspektoren. P. 1700—2000 M. Schg. 210 M.

107. **Kempen** (Rhein). Collegium Thomaeum.

Gegr. O. 1899. Bischöfl. Konvikt f. Gymn. ohne Untersch. d. künft. Berufs. Eigent. der Stiftung »Mühlen«. Leitg.: 1 geistl. Präses, 2 geistl. Repetenten. Haushalt: Schwestern U. L. F. von Mülhausen. Auch Vorschüler finden Aufnahme. Anmeldungen an d. Präses. P. 650 M.; für Schül. unter 14 J. 600 M. Schg. 130, 150 M.

108. **Kerpen b. Köln.** Pensionat des Rektors Brodmann.

F. kath. Sch. d. öff. höh. (Gemeinde-)Schule (VI—O III g u. Realtertien). 1910: 65 Sch. Schule hat Anschluß an d. Gymn. in Düren. P. f. Sch. unter 13 J. 500, darüber 600 M. Brüder Ermäßigg. Schg. 150 M.

109. **Kreuznach.** Evang. Schüler-Alumnat des Rhein. Pfarrervereins.

Gegr. 1906. Kuratoriums-Mitglied d. Kgl. Gymn.-Dir. Leitung: 1 Oberl., 1 Hausdame. Zweck: Auswärt. Schülern ein Heim zu bieten als Ersatz des Elternhauses. Auf 25—28 Zögl. eingerichtet. P. 600 M. f. Söhne v. Vereinsmitgl., 650 M. f. andere Pfarrersöhne, 800 M. f. sonstige Zögl.

110. **Lennep.** Bergisches Alumnat am RG. + R.

Gegr. 1899 v. »Verein z. Gründg. u. Erhaltg. evang. Alumnate im Rheinland«, dem K. Prov.-Sch.-K. unterstellt. Vorsitz. des Kurator.: der RG.-Direktor. Leitg.: 1 verh. Oberlehrer, dazu 1 Kand. Auf 35 Zögl. einger. P. 900 M. Aus den Überschüssen werden Ermäßiggn. bewilligt, Söhne v. Pfarrern, Lehrern u. Beamten bevorzugt.

111. **Malmedy.** Städt. Alumnat.

Gegr. 1906. Für ausw. kath. Sch. d. PG. Eigenes Haus. Leitg.: ein v. Erzbisch. in Köln ernannt. Geistl. Haush.: Klosterschwestern. P. 600 M. Schg. 130 M.

112. **Moers.** Martinstift zu Fild b. M.

Ev. Fam.-Alumnat verb. mit d. Kgl. Gymn. Adolfinum. Gegr. 1885 u. unterhalten v. »Verein zur Gründg. u. Erhaltg. evang. Alumnate im Rheinlande« mit d. Sitze in Langenberg (Vorsitz. P. em. Krüger in Bonn). Zwei Wohnhäuser f. 60 Zögl. u. ein Wirtschaftsgebäude. Oberaufs.: Kuratorium unter Vorsitz d. Gymn.-Dir. Leitg.: 1 verh. Oberl. (z. Z. Prof. H. Gebler) u. mehrere Assistenten (Kand. d. Theol. od. Phil.) 1910: 43 Zögl. P. 900 M. Ermäßigg. bis zur Hälfte der Stellen für minderbemitt. Söhne v. Pfarrern, Lehrern u. Beamten vorzüglich aus d. Rheinprov. Schg. 130 u. 150 M.

113. **Münstereifel.** Collegium Josephinum. Erzbisch. Konvikt.

Gegr. 1856 v. Kardinal J. v. Geissel, aufgeh. 1873, neu err. 1888. Unterhalten v. Erzbisch. Stuhle in Köln. Zwei getrennte Abteilgn. zu je 90 Zögl., die d. K. Gymn. besuchen. Oberabteilg. von U II an für Erzdiözesanen, die Theol. stud. wollen. Leitg.: geistl. Präses J. Wirtz, 1 geistl. Ass. Unterabteilg. VI—O III. Leitg.: geistl. Rektor W. Wagels, 1 geistl. Assist. Haushalt: 15 Ordensfrauen. P. 500 M. In der Oberabteilg. Ermäßigg. bis zur Hälfte. Schg. 130 u. 150 M.

114. **Neunkirchen** (Bez. Köln). **Wipperfürth** (u. **Bonn**). Studienanstalten f. Söhne der Landbewohner (Gymn. u. akad. Studien).

Kath. Unterhalten v. Pfarrer Rektor H. Schaaf in Neunkirchen mit Unterstzg. d. Erzbisch. v. Köln. Zweck: den Landbewohnern Gelegenh. zu bieten, ihre Söhne gegen gering. Entgelt wissensch. Berufen zuzuführen u. sie vor d. groß. sittl. Gefahren dieser Berufe zu schützen.

a) N e u n k i r c h e n. Gegr. 1899. Höh. Schule (Kl. VI bis U II g) mit St. Antonius-Konvikt. Nur f. Schül., die noch keine and. höh. Sch. besucht haben. Aufn. v. 9. Lebensj. an. F. Unterr., Aufs. im Konv., Anleit. zu häusl. Arb.: 6 Geistl., 3 Philol. Oberleitg.: Ortspfarrer Rekt. H. Schaaf.

Anmeld. an Konv.-Vorst. Dir. F. Nacken. 220 Int. Haushalt — einfach u. gut —: Franziskanerschwestern. P + Schg.: 450 M.

b) W i p p e r f ü r t h. Gegr. 1904. St. Antonius-Konvikt f. Sch., die O III in Neunkirchen absolviert haben u. ihre Studien am Gymn. in W. fortsetzen. Anfragen an Konv.-Präses M. Fossen. Bis zu 90 Zögl. P. 400 M. Schg. 130 u. 150 M. Im übrigen alles wie in Neunkirchen.

(c) B o n n , Meckenheimerstr. 38, Studentenheim f. Zögl. v. Neunkirchen u. Wipperf., die nicht Theol. stud. (Theol. find. Aufn. im Erzb. Konv. Leoninum). Gegr. O. 1910. Einzelzimmer f. 20 Stud. P. i. S. 180, i. W. 220 M. Anfragen an Präses K. Seifried.)

115. **Neuß.** Erzbisch. Konvikt Marianum.

Gegr. 1852 v. Kard. Erzbisch. Joh. v. Geissel, aufgeh. 1874, neu err. 1888. Unterh. v. Erzb. Stuhle in Köln f. künft. Theologen der Erzdiözese. Auf 125 Zögl. bemessen. Aufnahmebedingg.: Reife für U III g. Leitg.: geistl. Präses Höller. Haushalt: Ordensschwestern. P. 500 M. Teilweise Ermäßigg. Schg. 130 u. 150 M.

116. **Neuwied.** Erziehgs.- u. Lehranst. der Evang. Brüder-Unität.

Gegr. 1756. Direktor: E. J. Gysin. Internat f. In- u. Ausländer mit höh. Knabenschule (besond. berücks. neuere Sprach. u. kaufm. Ausbildg.), verb. mit e. evang. A l u m n a t f. Schül., die das K. Gymn. u. RG. in der Stadt besuchen wollen. Alumnen ihrem Alter entsprechend den versch. »Knabengesellschaften« des Internats eingereiht. Je 8—12 Zögl. bilden eine Gesellschaft unter Obhut zweier Lehrer. P. u. Schg. 1080—1200 M. Im Alumnat: P. Knaben unter 14 J. 900, sonst 1050 M. Schg. 130 M.

117. **Opladen** (Rhld.). Erzbisch. Lehranstalt Aloysianum.

Höh. Schule VI—U II g, verb. m. e. Knabenpensionat. Gegr. 1850 als Privatschule. Seit 1866 unter d. Patronat des Erzbisch. v. Köln. Neubau 1908 m. all. neuzeitl. Einrichtgn. 1910: 233 Sch., davon 138 Alumn. Haushalt: Schwestern v. d. Genossensch. d. Arm. Dienstmägde Christi. (Dernbach Westerw.). P. + Schg. 630 M.

118. **Prüm.** Bischöfl. Konvikt.

Gegr. 1887. F. Schüler d. K. Gymn. aus d. Diöz. Trier, die sich dem Priestertum widmen wollen. Vorsitz. des Verwaltungsrates: der Generalvikar der Diözese. Aufnahmeges. an d. Verwaltgsrat z. H. des Gymn.-Direktors. Aufn. von IV an. VI u. V nur, wenn noch Platz ist. P. 450 M., Ermäßigg. nach Bedürftigk. u. Würdigk. Schg. 130 u. 150 M.

119. **Rheinbach** b. Bonn. Erzbisch. Konvikt Collegium Hermannianum.

Gegr. 1890. Bis zu 180 Zögl. ohne Unterschied des Berufs, vornehmlich a. d. Erzdiöz. Köln. Besuchen d. städt. G. Leitg.: 1 geistl. Präses. Haush.: Ordensschwestern. Aufn. d. d. Erzb. Generalvikariat in Köln. Zwei räuml. getrennte Abteilgn.: P. Unterabt. VI—U III 500 M., Oberabt. O III—I 600 M. Im allgem. keine Ermäßigg. Schg. 160 M.

120. **Sigmaringen.** Erzbisch. Knabenseminar (Seminarium Fidelianum) St. Fidelishaus.

Gegr. 1856 u. unterhalt. v. Erzb. v. Freiburg f. Kn. aus d. Hohenzoll. Teil d. Erzdiözese, die sich d. geistl. Stande widmen wollen; daneben, soweit Platz ist, auch f. and. Sch. d. Gymn. Aufn. v. IV an. Oberaufsicht: ein erzbisch. Kuratorium, dem Rektor u. Rendant d. Sem. angehören. Leitg.: geistl. Rektor. P. f. Diözesanen 390, f. and. Zögl. 420 M.; ganze u. Teilfreist. Schg. 90 M.

121. **Sterkrade.** Kath. Realgymnasial-Konvikt.

Gegr. 1909 v. Pfarrer Böckenhoff f. ausw. Sch. d. RG. Modern einger. Haus. 29 Zögl. Geistl. Leitg. Haush.: Schwest. d. göttl. Vorsehg. P. 600 M.

122. **Trarbach.** Ev. Alumnat »Lutherhaus«.

Verb. mit d. Kön. G. Gegr. 1892 u. unterh. v. Rhein. Alumnatsverein (vgl. Moers). 1909: über 60 Zögl. Leitg.: 1 verh. Oberl. u. 2 cand. theol. P. 300—1000 M. Schg. 130 u. 150 M.

123. **Trier.** Bischöfl. Konvikt.

Gegr. 1840 zur Unterbringung u. Verpflegung unbemitt. talentv. Diözesanen, die sich d. geistl. Stande widm. wollen Zögl. (1909: 230) besuchen 3 gr. T. d. kath. Fr.-W.-Gymn. z. kl. T. d. par. K.-Wilh.-G. Oberleitg.: ein v. Bisch. ern 5 gliedr. Verwaltungsrat, dem d. kath. Gymn.-Dir. angehört Konviktsleitg.: ein v. Bisch. ern. geistl. Direktor. P. 450 M. f. Bedürftige Ermäßigg.

124. **Wipperfürth.** St. Antonius-Konvikt.

F. Gymnasiasten; s. Neunkirchen.

2. Herzogtum Anhalt.

125. **Ballenstedt** a. Harz. Städt. Pädagogium Wolterstorff mit Alumnat (von 1892—1907 Privatanstalt).

Vollgymnasium m. 6-kl. R. 1910: 272 Sch., davon 82 Alumn. Alumnat f. Rechnung d. Stadt geführt. Leitg.: der Direktor u. mehrere Inspektionslehrer. Stubenwirtsch. P. 1000 M. Schg. 130 u. 150 M.

3. Herzogtum Braunschweig.

126. **Holzminden.** Internat des Herzogl. (ev.-luth.) Gymn.

Stiftung Herzogs Karl I. 1760 für 10 Stipendiaten u. 2—3 andere Schüler im Hause u. unter Aufsicht des Direktors. Jene haben Wohnung u. Unterricht frei, dazu 180 M. Jahresstipendien, diese bloß freie Wohnung. Nur für Schüler der 3 Oberklassen.

4. Grofsherzogtum Mecklenburg.

127. **Doberan.** (Familien-)Alumnat.

F. Gymnasiasten. Ev.-Luth. Gegr. 1902 auf Anregung des damaligen Gymn.-Dir. Dr. Kühne durch eine Anzahl zu einem Kuratorium ad hoc vereinigter Personen nach dem Muster der Plön-Ratzeburger Fam.-Alumnate. Eigenes Haus. Jetziger Leiter: Major a. D. v. Hein. Auf 14 Zögl. beschränkt. P. 1000 M. f. Mecklenb., 1100 M. f. andere.

128. **Güstrow.** Familien-Alumnat.

Gegr. 1902 v. e. Vereinigg. Mecklenb. Geistlicher. Eigenes Haus. Pächter u. Leiter: Dr. Frh. v. Lützow. Für Schüler d. G. u. RG. Auf 35 Zögl. eingerichtet. P. VI—O III 700, U II—O I 800, Pastorensöhne 650 M. Einzelzimmer 100 M. mehr.

5. Grofsherzogtum Oldenburg.

129. **Vechta.** St. Stanislaus- u. St. Antonius-Konvikt.

F. ausw. kath. Schül. d. Gymn. Gegr. v. Pfarrer Dr. Meistermann 1895. Geistl. Präses: Grobmeyer, Bisch. Off. Im Stanisl.-Konv. einige 30 Zögl. der unteren, im Anton.-Konv. bis zu 50 Zögl. der oberen Kl.; jenes noch Privateigent. d. Pf. Meistermann, dieses hat d. Recht e. jur. Pers.

(Präfekt Vehorn). Haush.: Schwestern U. L. F. von Mülhausen, Bez. Düsseldorf. P. f. Oldenb. 500, sonst 600 M. Ermäßigg. f. zukünft. Theol.

b) Mitteldeutschland.

1. Königreich Sachsen.

130. **Dresden.** Alumnat des Städt. Gymn. z. heil. Kreuz (Kreuzschule).

Gegr. 1539. F. ausgew. Schüler des Singechors der Kreuzschule, der aus 32 Alumnen u. 34 Kurrendanern besteht. Jene sind interne, diese externe Schüler d. G. Oberaufsicht: der Rektor d. Kreuzschule. Alumnenstellen auf Vorschlag des Rekt. u. d. Kantors v. Rat der Stadt vergeben. Zu zahlen sind bloß Eintrittsgebühr 39 M. u. Kostgeldzuschuß 3 M. monatl. Dagegen fallen den Chorschülern Einnahmen zu aus dem Singedienst. Leitg.: Alumnatsinspektor, unterstützt von 2 Präfekten aus der Zahl der Oberen (O II—I), die überhaupt Aufsichtsbefugnisse über die Unteren (VI—U II) ausüben.

131. **Dresden-Striesen.** Freimaurer-Institut.

Lehr- u. Erziehgs.-Anst. f. Knaben. Gegr. 1772 v. Dresd. Freimaurern als öffentl. milde Stiftung, doch nicht etwa eigens f. Freim.-Kinder bestimmt, aber noch heute unter dem Schutze der Loge, die die v. Könige zu bestätigende Vorsteherschaft stellt. Öffentl. R. Kl. VI—I mit Einj.-Freiw.-Ber. Evang., Andersgläubige nicht ausgeschlossen. Aufn. v. 9. Lebensj. an. 1910: 270 Sch., davon 264 Interne (257 ev., 7 kath., 6 Juden). Dir.: Prof. Dr. Friedrich. Erzieher: 10 Lehrer u. 4 militär. geschulte Inspektoren. Direktor u. Lehrer von d. Vorsteherschaft gewählt, aber d. Kultusminist. unterstellt. Zöglinge uniformiert, in 10 Erzieher-Familien geteilt. Kein Seniorensystem. Eigene Ökonomie. Wohl das beste Internat alten Stils. P. + Schg. 1220 M. Einige ganze u. halbe Freistellen.

132. **Grimma.** Fürsten- u. Landesschule.

Gegr. 1543 v. Kurf. Moritz v. Sachsen. G. U III—O I; Internat alten Stils. Tutorensystem. Rektor: Ober-Stud.-Rat

Prof. Dr. Gilbert. 144 Alumnenstellen für Landeskinder. Davon 104 Freistellen, 22 Koststellen u. zw. 16 ordentl. zu 120, 6 außerord. zu 260, 18 Pensionsstellen zu 600 M. jährl. Dazu Schulgeld 150 M., sowie Aufnahme- u. Abgangsgebühren. Zugelassen werden außerdem, soweit Platz in den Klassen vorhanden, Extraneer, die bei Lehrern der Anstalt (bis zu 6) in Pension gehen.

133. **Leipzig.** Alumnat der Thomasschule.

Seit 1543. 60 Zögl. Sie stellen den Kirchenchor in mehreren Kirchen Leipzigs, sind Schüler der Thomasschule (Städt. G.), haben Wohnung, Kost u. Unterricht frei u. erhalten noch ein Monatsgeld. Anmeldung persönlich beim Rektor u. Kantor der Thomasschule. Rektor d. Thomasschule u. drei Alumnats-Inspektoren (jüngere Lehrer d. Thomasschule) wohnen mit im Alumnat (3 stöck. Neubau v. 1882). Für die Alumnen 6 Wohnzimmer u. 1 gemeinsam. Schlafsaal.

134. **Meißen.** Fürsten- u. Landesschule St. Afra.

Gegr. 1543 v. Kurf. Moritz v. Sachsen. G. U III—O I. Wie Grimma. Rektor: Ober-Stud.-Rat Prof. Dr. Poeschel. 130 Alumnenstellen. Davon 105 Freistellen, 25 Koststellen u. zw. 15 ord. zu 120, 10 außerord. zu 260 M. jährl. Schg. 150 M. Extraneer wie in Grimma.

2. Thüringen.

135. **Jena.** Knabenerziehungsanstalt (Pfeiffersches Institut).

Leiter: A. Sauerteig. In Verbindung mit d. städt. OR., aber Privatunternehmen des Direktors Pfeiffer. Hervorgegangen aus d. ehem., 1843 erricht. Volkmar Stoyschen Erziehungsanstalt. Besonders f. schwach begabte u. zurückgeblieb. Schül. 60—70 Zögl. Saalwirtschaft. P. + Schg.: VI—V: 1200, IV: 1300, III: 1400, II—I: 1500 M. Dazu noch über 100 M. Nebenausgaben.

3. Grofsherzogtum Hessen.

136. **Bensheim.** Bischöfl. Knabenkonvikt.

Gegr. Anfang 90er Jahre f. Gymn., besonders solche, die Priester werden wollen. Diözesananstalt wie Mainz u. mit den gleichen Statuten.

137. **Dieburg.** Bischöfl. Konvikt.
Bei der Städt. Höh. Bürgerschule (Kl. VI—0 II g u. r). Gegr. 1869. Bis 1876 auch die Schule geistlich, während des »Kulturkampfes« Konvikt u. Schule geschlossen, 1889 wieder eröffnet, jedoch die Schule davon getrennt, verstadtlicht u. mit akad. geb. Lehrern besetzt. Auf 140 Zögl. einger. Eig. Ökonomie. Alkohol verboten. Saalsystem. Geistl. Rekt.: Prof. W. A. Engelhardt. Dazu 1 Subrektor u. 3 Assist. Haush.: Ordensschwest. P. 500 M. (Brüder 420). Schg. 96, 130, 150 M.

138. **Laubach.** Evang. Alumnat.
Gegr. 1910 v. e. Alumnatsverein f. ausw. Schüler d. Gymn. Eig. neues Gebäude. Auf 15 Zögl. eingerichtet. Oberaufsicht u. Verwaltg.: Vorstand d. Vereins (Vors. Wilh. Graf zu Solms-Laubach), dem der Gymn.-Dir. (Dr. Müller) angehört. Leitung: 1 wiss. geb. Hausvater, 1 Hausdame. P. bis U III 1130 M., v. 0 III an 1230 M.

139. **Mainz.** St. Marienschule mit Pensionat.
Gegr. 1852, Pensionat 1865. Bischöfl. 6 klass. R. mit Vorsch. Einj.-Fr.-Ber. wird erstrebt. Neubau seit 1901. Oberaufs. u. Verwaltg.: ein v. Bischof ernanntes Kuratorium v. 3 Geistl. u. 5 Laien. Geistl. Rektor: Dr. Gärtner. 14 L. r. 350 Sch. Im Pensionat Platz f. 80 Zögl. Auch Schüler anderer Lehranst. finden Aufnahme. Leitg. d. P.: 1 Präfekt. Haush.: Ordensschwestern. P. u. Schg. 600 M.

140. **Mainz.** Bischöfl. Knabenkonvikt.
F. Schüler des Gymn., besonders solche, die sich d. geistl. Stande widm. wollen. Diözesananstalt. Gegr. 1863. In der Zeit des »Kulturkampfes« 1876 geschlossen. 1887 wieder eröffnet. Frequenz schwankend: durchschnittlich 56 Zögl. Oberleitg. u. Verwaltg. durch d. bischöfl. Ordinariat. Geistl. Rektor vom Bischof ernannt, daneben ein Kuratorium. P. 500 M. Für Minderbemittelte Ermäßigg.

c) Süddeutschland.

1. Königreich Bayern.

141. **Amberg** (Obfr.). K. Studien-Seminar. (Kath.)
Gegr. 1629 (an Stelle des 1555 aus Klostergütern gebild. protest. Alumneums) von Kurf. Maximilian I. u. den Jesuiten

überwiesen. Nach Aufhebung des Jesuitenordens 1773 staatliche Anstalt. Auf 126 Zögl. eingerichtet, die das K. Gymn. besuchen. Zur Hälfte ganze oder Teil-Freistellen, jene nur f. Schüler der 4 oberen Kl. Seminarleitg.: 1 eigener Direktor, mehrere Präfekten. Saalwirtschaft wie in allen ähnl. Anstalten. Besondere Pflege der Musik (Gesang u. Instrumentalmusik). P. 430 M. Schg. 45 M. 1910: 127 Zögl., davon 60 Vollzahler.

142. **Ansbach** (Mfr.). K. protest. Alumneum.
Gegr. 1552 v. Markgrafen von Ansbach in dem aufgehobenen Zisterzienserstift Heilsbronn, s. 1737 in Ansbach, 1807 aufgehoben, 1841 als Kgl. Erziehgsanst. wieder hergestellt. Zöglinge besuchen d. K. prot. Gymn. Leitg.: 1 Dir. (Prof. Aug. Schleußinger, K. Studienrat), 2 Insp. — sämtlich Lehrer d. G. Saalwirtschaft. Besondere Pflege d. Musik wie an allen bayr. Erz.-Anst. (Orchestermusik). P. 450 M. u. 30 M. Möbelgeld. Viele ganze u. Teil-Freistellen. Schg. 45 M. 1910: 48 Zögl., davon 21 Vollzahler.

143. **Aschaffenburg** (Ufr.). K. Studien-Seminar. (Kath.)
Gegr. 1840 aus dem Vermögen des ehemal. Jesuitenkonvikts als Klerikalseminar f. d. Diözese Würzburg, eine Zweckbestimmung, die später wieder aufgehoben wurde. Zögl. besuchen d. K. Gymn. Leitg.: 1 Dir., mehrere Präfekten. Musikunterricht (Gesang u. Instrum.) auf Kosten des Seminars in 16 Wochenstunden. P. für bayer. Zögl. 480 M., ganze u. Teil-Freistellen; für nichtbayer. Zögl. 540 M. Dazu 20 M. Möbelgeld. Schg. 45 M. 1910: 78 Zögl., davon 42 Vollzahler.

144. **Augsburg** (Schw.). Kollegium bei St. Anna. (Prot.)
Für Schüler der Studienanstalt (Gymn.) bei St. Anna. Gegr. 1581. Aufnahme von d. 4. Kl. an. Söhne von Angehörigen der Stadt A. haben den Vorzug. Teilweise unentgeltl. Musikunterricht. Leitg.: 1 Vorst., mehrere Insp. 1910: 62 Zögl. ,davon 22 Vollzahler. P. 600 M. Viele ganze u. Teil-Freistellen.

145. **Augsburg.** K. Studien-Seminar St. Joseph. (Kath.)
Am K. Gymn. bei St. Stephan. Errichtet 1826 durch Wiederherstellung eines 1661 aus privater Stiftg. entstand. u. für Schüler der Jesuitenschulen bestimmten, zu Anfang

d. 19. Jhrhs. aber aufgehobenen Konvikts. Im J. 1834 wurde sein Betrieb dem neu errichteten Benediktinerstift St. Stephan dotationsweise übertragen. Zögl. zu eifriger Beteiligung an den Musikstunden gehalten. Leitg.: 1 Dir., mehrere Präfekten. 1910: 98 Zögl., davon 84 Vollzahler. P. 550 M. Einige ganze u. Teil-Freistellen. Schg. 48 M.

146. **Augsburg,** Stephansplatz. Ludwigsinstitut.

Gegr. 1835 nach d. Willen König Ludwigs I. als »Institut f. höh. Bildg.« (Kath.) Für Söhne höherer Stände, die d. Gymn. St. Stephan oder RG. oder OR. besuchen. Im Institut Unterr. in Zeichnen, Turnen, Schwimmen, Musik u. französ. Konversation. Neubau v. 1879. 49 Zögl. Leitg.: Benediktinerpatres: 1 Direktor, mehrere Präfekten, darunter e. geb. Franzose. Aufn. v. 9. Lebensj. an. P. 700 M.

147. **Bamberg** (Ofr.). Freih. v. Aufseessches Studienseminar.

(Kath.) Gegr. 1738. Stiftg. des Domkapitulars Freiherrn Jodocus Bernardus v. Aufsees zur Unterbringung armer studierenden Knaben. Zögl. besuchen d. K. Alte Gymn. Für zweckmäßige Leibesübungen (Schwimmen, Turnen, Kegeln, Schlittschuhlaufen etc.) wird Sorge getragen. Zögl. gleichmäßig gekleidet. Aufnahme v. 10. Lebensj. an. Leitg.: 1 geistl. Dir., mehrere Präfekten. 56 Aufseessche Freistellen (40 Bamberger, 16 Würzburger Anteils), 2 Schönleinsche Freist. Daneben zahlende Konviktoristen: P. u. Schg. 450 M. 1910: 104 Zögl., davon 33 Vollzahler.

148. **Bamberg.** Erzbisch. Knaben-Seminar Ottonianum.

Gegr. 1866. Zweck: Schülern d. k. Gymn., die sich dem geistl. Stande widmen wollen, eine den Bestimmungen des Trident. Konzils entspr. relig.-sittl. Erziehg. zu geben. Aufnahmegesuche Anf. Mai an d. Erzb. Seminar-Inspektion. P. 400 M., ganze u. Teil-Freistell. 1910: 76 Zögl., davon 18 Vollzahler. Schg. 45 M.

149. **Burghausen** (Obb.). Bischöfl. Knabenseminar.

Gegr. 1890. Diözesananstalt f. Gymnasiasten, die sich dem geistl. Stande widmen wollen. 1910: 79 Zögl., davon 1 Vollzahler. P. 410 M.

150. **Burghausen.** K. Studien-Seminar. (Parit.)

Gegr. 1877 zugleich mit d. K. hum. Gymn., um den Besuch dieser etwas entlegenen Schule zu erleichtern, u. zwar aus dem Vermögen des ehemal. Jesuitenkonvikts in B. Zögl. besuchen d. K. Gymn. Leitg.: 1 Dir., mehrere Präfekten. P. 450 M. u. 20 M. Möbelgeld. 10 (ganze od. Teil-) Freist. Schg. 45 M. 1910: 49 Zögl., davon 34 Vollzahl.

151. **Dillingen** (Schw.). Bischöfl. Knaben-Seminar.

Gegr. 1862. F. Schül. d. K. Gymn. aus d. Diözese Augsburg, die sich d. geistl. Stande widmen wollen. Seminarkleidung vorgeschrieben. Aufn. v. d. 2. Kl. an durch d. Bisch. Ordinariat. 1910: 190 Zögl., davon 25 Vollzahler. P. 367 M. Ganze u. Teil-Freist.

152. **Dinkelsbühl** (Mfr.). Städt. Pensionat.

F. Schüler d. K. R. u. PG. Gegr. 1903. Von der Stadtgemeinde unterhalten. Unter Respizienz d. K. Regierg. Eigenes Haus. Leitg.: G. Strehl, Lehrer; Präfekt: 1 Realschulassistent. 1910: 73 Zögl. P. 550 M. Schg. 18 u. 22 M.

153. **Eichstätt** (Mfr.). Bischöfl. Knabenseminar.

Gegr. 1838 [1]). Diözesananstalt f. Schüler d. hum. Gymn., die die Absicht haben, Priester zu werden. Aufn. von Kl. 3 an. Regens: Dr. K. Kiefer, Lyzealrektor. 1910: 100 Zögl., davon 10 Vollzahler. P. 432 M.

154. **Ettal** (Obb.). Lehr- u. Erziehungsanstalt im Benediktinerkloster.

Gegr. 1905. Internatschule. PG. in Entw. z. Vollgymn. Kl. zu 24 Sch. Pflege von Instrumentalmusik, auch Handfertigkeit. Leitung: Benediktinerpatres (Direktor, Präfekten u. Professoren). Zögl. tragen Anstaltskleidung. Haushalt: Ordensschwest. P. u. Schg. 1000 M.

155. **Freising** (Obb.). Erzbisch. Knaben-Seminar.

Gegr. 1828. Diözesananstalt f. Gymn., die sich d. geistl. Stande widm. wollen. Stiftg. d. St. Korbinians-Vereins. Leitg.: geistl. Inspektor. Aufn. v. Kl. 4 an. 1910: 218 Zögl. (Normalzahl 220), davon 23 Vollzahler. P. 400 M. u. 10 M. Möbelgeld. Ganze u. Teilfreist. Schg. 45 M.

156. **Freising.** Städt. Erziehungsinstitut.

Gegr. 1843. Kath. Für Gymn. u. Realschüler. Räumlichkeiten auf 160 Zögl. in max. berechnet. 1910: 60 Zögl. Leitg.: 1 Direktor (J. G. Beringer), 4 Präfekten, davon einer

---

[1]) Nach Brück, Gesch. d. kath. Kirche. III, 367.

Musikpräfekt. Saalwirtschaft. P. 500 M. Einige Stipendien. Schg. 45 u. 30 M.

157. **Günzburg** a. Donau (Schw.). Städt. Erziehungsinstitut.

F. Schüler des K. Gymn. Gegr. 1903. Eigenes Anstaltsgebäude, modern eingerichtet, mit Garten, Badeanst. etc. Oberaufsicht u. Verwaltg.: Stadtmagistrat. Leitung: Direktor u. Präfekten. Aufnahmegesuche an das Direktorat bis spät. 1. Aug. 1910: 54 Zögl. P. 600 M. Schg. 45 M.

158. **Ingolstadt** (Obb.). Städt. Pensionat.

Erziehgs.-Anst. f. Schül. d. G. u. d. R. Gegr. 1900. 1910: 38 Zögl. P. 500 M. Schg. 45 u. 30 M.

159. **Kitzingen** (Ufr.). Alumnat beim K. Progymnasium.

Gegr. 1544 aus einem 1452 v. Privatperson der Klosterkirche gestifteten Stipendium. Zweck: 6 armen kath. Knaben dafür, daß sie z. Kirchen- u. Chordienst in der (kath.) Pfarrkirche verwendet werden, freie Erziehung in moribus et litteris zu geben. Eigentum d. kath. Pfarrgemeinde. Vorstand: der Stadtpfarrer. Leiter: der Chorrektor, z. Z. Lehrer d. Volksschule.

160. **Landsberg** a. Lech (Obb.). Städt. Realschulpensionat.

Gegr. 1906 f. Schül. d. 6 kl. R. Eigenes neuzeitlich eingerichtetes Haus. 1910: 92 Zögl. Auskunft durch den Pensionsleiter. P. 500 M. u. 20 M. Möbelgeld. Schg. 30 M.

161. **Landshut** (Ndb.). K. Erziehungsinstitut f. Studierende.

Gegr. 1671 als Seminarium puerorum durch private Stiftgn. u. dem Jesuitenkonvikt zum Betriebe übergeben, von 1813 bis 1852 mit Studienseminar in Neuburg vereinigt, seitdem wieder selbständig gemacht unter Einverleibg. des Fonds eines früher in Straubing vorhanden gewesenen Studienseminars. Auf 73 Zögl. eingerichtet. Schüler d. K. Gymn. Besondere Pflege der Musik, Unterricht in Gesang u. Streichmusik unentgeltlich. Leitg.: 1 Dir., mehrere Präfekten. Aufnahmegesuche an d. K. Regierg. von Niederbayern bis 1. Juli z. H. des K. Direktorats. P. 500 M. u. 30 M. Möbelgeld. Ganze u. Teil-Freistellen. Schg. 45 M. 1910: 65 Zögl., davon 48 Vollzahler.

162. **Landshut.** Städt. Erziehungsanstalt.

F. Real- u. Handelsschüler. Gegr. 1882. Unter Verwaltg. des Magistrats. Auf 50 Zögl. eingerichtet. Aufnahme v.

10. Lebensj. an. Oberaufsicht: K. Realschuldir. Leitg.: 1 Direktor (z. Z. kath. Priester Franz Lugbauer), 1 Präfekt (geprüft. Lehramtskand.) Haushalt in eigener Regie f. Rechnung der Stadt (Haushälterin, Köchin, Dienstboten.) P. 500 M. u. 30 M. Möbelgeld. Schg. 30 M.

163. **Lichtenhof** b. Nürnberg (Mfr.). K. Kreislandwirtschaftsschule u. Erziehungsanstalt.
Rekt.: Ferd. Herbst. Gegr. 1833. (Par.) 5 Kl. (Fremdspr.: Französ.) Einj.-Fr.-Ber. s. 1887. Internat f. 90—95 Zögl. Aufnahmealter f. d. unt. Kl. nicht über 13 J. P. 400 M. Ganze u. Teil-Freist. Schg. 30 u. 60 M.

164. **Metten** b. Deggendorf (Ndb.). Bischöfl. Knaben-Seminar.
Gegr. 1882 (?). Diözesananst. f. Bistum Regensburg f. zukünft. Geistl. Zögl. besuchen d. 9 klass. Stiftsgymn. im Benediktinerkloster. Leitg.: Benediktinerpatres. 1910: 185 Zögl., davon 53 Vollzahler. P. 300 M. Ganze u. Teilfreist. Schg. 24, 30, 36 M.

165. **Metten.** Erziehungs-Institut im Benediktinerstift.
Gegr. 1835. Internat f. 160 Zögl., die d. 9 klass. Stiftsgymn. besuchen. Aufn. v. 10. Lebensj. an nur f. d. Kl. I—VI. Gesuche bis Ende Mai an den »Direktor d. Klosterseminars« (P. O. Stauber O. S. B.). P. 400 M. Schg. 24, 30, 36 M.

166. **München** (Obb.). K. Erziehungsinstitut Albertinum.
Gegr. 1574 durch landesherrl. u. private Stiftgn. im Anschluß an d. Jesuitenkonvikt zur Unterbringung armer Schüler d. Gymn. Für kath. Gymnasiasten des K. Ludwigs-Gymn. Besondere musikal. Ausbildung im Institut. Leitg.: Dir. u. Präfekten. Aufnahmegesuche bis z. 1. Juli an das Direktorat. P. 600 M. u. 25 M. Möbelgeld. Ganze u. Teilfreistellen. Schg. 45 M. 1910: 107 Zögl., davon 51 Vollzahler.

167. **Münnerstadt** (Ufr.). Studienseminar der Patres a. d. Augustinerorden.[1])
F. kath. Gymnasiasten. Unter Oberaufsicht d. K. Regierung v. Unterfranken u. Aschaffenburg. Besteht in

[1]) Es besteht in Münnerstadt seit 1888 noch eine Klosterschule der Augustiner-Eremiten für 30 Schüler des Gymnasiums. Sie dient den besonderen Zwecken des Ordens und will die jungen Leute zu Ordensmitgliedern heranziehen.

jetziger Form s. 1906, ist aber Fortsetzung des schon 1829 durch ein Legat K. Ludwigs I. ins Leben gerufenen Instituts. Auf 120 Zögl. eingerichtet. Leitg.: Direktor u. Präfekten. P. 500 M. Ganze u. Teilfreistellen, die teils v. d. K. Regierg., teils v. bischöfl. Ordinariate vergeben werden.

168. **Neuburg** a. Donau (Schw.). K. Studien-Seminar.
Gegr. 1638 durch die Herzöge von Pfalz-Neuburg aus den Einkünften eines während d. Reformationszeit eingegangenen Frauenklosters. F. kath. Schül. d. Gymn. Musikunterricht auf Kosten des Seminars. Orchester. Leitg.: ein Direktor, mehr. Präfekten. Auf 160 Zögl. einger. 70 Freistellen, die ganz od. geteilt verlieh. werden. 1910: 159 Zögl., davon 53 Vollzahler. P. 480 M. u. 20 M. Möbelgeld. Schg. 45 M.

169. **Neuburg** a. Donau. Städt. Realschulpensionat.
Erziehungsinstitut f. Schül. d. k. 6 klass. R. Gegr. 1898. Eigenes, neuzeitlich eingerichtetes Haus. Leitg.: Hauptlehrer J. Schweinsteiger, 2 akad. geb. Präfekten. 1910: 56 Zögl. P. 600 M. u. 20 M. Möbelgeld. Sch. 24 M.

170. **Neustadt** a. d. Hardt (Pf.). Ev. Studienheim.
F. Gymn. u. Realsch. Gegr. 1906/7 v. e. Verein v. Pfarrern »Ev. Studienh. Neustadt a. d. Hdt.« Eigenes Haus f. 20 Zögl. Verwaltg.: Kuratorium best. a. Pfarrern u. Lehrern. Leitg.: 1 Direktor (z. Z. Pf. Th. Mayer), 1 Hausd. P. 650 M. Schg. 45 M.

171. **Nördlingen** (Schw.). Schülerpensionat.
F. Schül. d. k. PG. 1904 gegr. v. »Pensionatsverein Nördlingen E.-V.« im Einvernehmen mit d. Stadtmagistrat. Interkonfess. Eigenes Haus. Familien-Alumnat f. 18 Zögl. Leitg.: Rektor d. PG. u. 1 wiss. Insp., dazu 1 Hausmutter. P. 550 M. Schg. 18 M.

172. **Oettingen** a. Ries (Schw.). Johannes-Pensionat.
F. protest. Schül. des k. PG. Gegr. 1875 v. † Prinzen Karl zu Salm-Horstmar. Fortgesetzt v. e. Pensionatsverein, dessen Vorstand der Rektor d. PG. u. der Dekan d. prot. Kirche bilden. Neubau v. 1910. Auf 40 Zögl. bemessen. 1910: 37 Zögl. Leitg.: 1 geprüft. Lehramtskand. als Inspektor, 1 Hausmutter. P. 450 M. Schg. 22 M.

173. **Passau** (Ndb.). Bischöfl. Knaben-Seminar.
Diözesananst. f. Gymnasiasten, die sich d. geistl. Stande widm. wollen. 1910: 241 Zögl., davon 5 Vollzahler. P. 410 M.

174. **Passau.** Bischöfl. Dr. G. Pellsches Institut für Studierende.
Gegr. 1897 v. damal. K. Lyzealprof., jetzt K. Lyzealrektor Dr. P. F. kath. Gymn. Neuerdings dem Bischöfl. Stuhle in Passau übergeben. Auf 40 Zögl. einger. Saalwirtsch. P. 520 M.

175. **Pfarrkirchen** (Ndb.). Pensionat (Städt. Erziehungsinstitut) d. K. Landwirtschaftsschule.
Gegr. 1900. 5 Kl. Einj.-Fr.-Ber. 1910: 182 Sch., davon 100 Pens. Aufnahmealter: 10.—12. Lebensj. Pensionat unter fachmänn. Leitg.: Inspektor zugl. RL., ein Hausmeister. Anmeld. an d. K. Rektorat (R.: Alfr. Alzheimer). P. 550 M. Schg. 30 M.

176. **Regensburg** (Opf.). Bischöfl. Knaben-Seminar.
Gegr. 1882. Diözesananst. f. Gymn., die sich d. geistl. Stande widm. woll. 1910: 188 Zögl., davon 25 Vollzahler. P. 300 M. Ganze u. Teilfreistellen. Schg. 45 M.

177. **Regensburg.** K. protest. Alumneum.
Gegr. Mitte 16. Jhrh. als Singknabeninstitut u. dem v. d. Stadt erricht. neuen prot. Gymn. angeschlossen. Zögl. besuchen d. K. parit. Neue Gymn. Meldungsberechtigt jeder Knabe evang. Konf. Leitg.: Dir. u. Präfekten. Die Zögl. stellen den Kirchenchor, daher Musikunterricht im Alumnat. P. 600 M. u. 20 M. Möbelgeld. Ermäßigg. f. musikal. veranl. Knaben, die sich f. Kirchengesang verwend. lassen; auch ganze Freistellen. Die Sänger haben auch Schg. frei u. kleine Stipendien. Schg. 45 M. 1910: 73 Zögl., davon 34 Vollzahler.

178. **Regensburg.** K. Studien- u. Musik-Seminar St. Emmeram u. St. Paul.
Aus d. Vereinigung der ehemal. Benediktiner-Klosterschule (Singknabenseminar) v. St. Emm. u. des v. ehem. Jesuitenkonvikt unterhaltenen Studienseminars St. Paul hervorgegangen, 1810 v. Staate übernommen. (Kath.) Leitg.: e. Direktor, mehrere Präfekten. Aufnahmegesuche bis 25. Juni an das Direktorat. Saalwirtsch. Zögl. besuch. d. K. Alte Gymn. Musikunterr. im Semin. 20 ganze Freistell.

f. Sänger des Kirchenchors. Außerdem Teilfreist. 1910: 76 Zögl., davon 29 Vollzahler. P. 420 M. u. 25 M. Möbelgeld.

179. **Regensburg.** Neues stift. Studien- u. Musikseminar U. L. F. zur alten Kapelle.

Früher Aula scholastica genannt, besteht als Singschule mit Internat seit Jahrhn. Ehedem mit eig. Lateinschule, seit Mitte 19. Jahrh. besuchen Zögl. d. K. Neue Gymn. (Kath.) Neubau v. 1900 f. 75 Zögl., die den Stiftschor zur Alt. Kapelle stellen. Leitg.: geistl. Inspektor (Jos. Brettner). Aufnahmeges. bis Mitte Juni. P. 430 M. Teilw. Ermäßigg.

180. **Regensburg.** Studien- u. Musikinstitut der »Domprābende«.

. Gegr. 1591 v. Fürstbischof Philipp. Für kath. Schül. d. Neuen Gymn., besonders solche, die als Sänger im Domchor Verwendung finden. Unterhalten v. Domkapitel. Platz f. 28 Zögl., die Wohnung, Heizung, Beleuchtung u. Kost empfangen. P. 450 M. Sänger ganze u. Teilfreist., je nach der Brauchbarkeit im Gesange.

181. **Rosenheim** (Obb.). Städt. Erziehungs-Institut für Gymnasialschüler (Gymnasialpensionat).

Gegr. 1902. Zweck: Verpflegung u. Beaufsichtigung von Zögl. christl. Relig., die das K. Gymn. besuchen. Leitg.: Institutsdirektor u. Präfekten. 1910: 89 Zögl. P. 500 M. u. 20 M. Möbelgeld. Schg. 45 M.

182. **Rosenheim.** Städt. Realschulpensionat.

Gegr. 1904. Zweck: Verpflegung u. Beaufsichtigg. v. Zögl., die d. K. Realsch. besuchen. Pensionsleiter: Joh. Grünschneder, K. Reallehrer; mehrere Präfekten: gepr. Lehramtskand. 1910: 99 Zögl. P. 500 M. u. 20 M. Möbelgeld. Schg. 30 M.

183. **Rothenburg** o. d. Tauber (Mfr.). Städt. Erziehungs-Institut.

F. ausw. Schül. d. PG. u. d. R. Gegr. 1901. Zwei Häuser auf 56 Zögl. einger. Saalwirtschaft. Leitg.: K. Reallehrer A. Späth u. 2 wiss. Präfekten. 1910: 45 Zögl. P. 550 M. Schg. 18 M.

184. **Schäftlarn** (Obb.). Erziehungs-Institut f. Studierende im Benediktinerstift.

Das Stift 1866 v. K. Ludwig I. neu begründet, 1867 dabei ein Erziehungsinst. errichtet, das aber 1874 wieder aufgegeben wurde. 1884 von neuem eingerichtet, mit einer

Privatlateinschule verb., die 1894 zum K. PG. erhoben wurde mit Öffentlichkeitsrecht, jedoch nur f. Zögl. des Instituts bestimmt. Erz.-Inst. wie Schule sind lediglich Unternehmen der Abtei. Zweck: Unterricht in allen Lehrgegenständen eines K. PG., erteilt v. staatl. gepr. Lehrern, Kl. I—VI; religiös-sittl. Erziehung. Rektor u. Direktor: Abt. Sigisb. Liebert O. S. B. 1910: 190 Zögl. P. u. Schg. 400 M. jährl.

185. **Scheyern** b. Pfaffenhofen (Obb.). Erzbisch. Erziehgs.- u. Studienanstalt (Knabenseminar) im Benediktinerstift.

Gegr. als Privatanstalt 1840, in ein erzbisch. Knabenseminar umgewandelt 1860. Vollständ. Lateinschule Kl. I—V. Patron: Erzbisch. v. München-Freising, der über die Aufnahmegesuche entscheidet. F. Knab. der Erzdiözese, die sich d. geistl. Stande widmen wollen. 182 Zögl., davon etwa 40 Vollzahler. P. 330 M. Ganze u. Teilfreistellen. Kein Schulgeld.

186. **Schweinfurt** (Ufr.). Schüler-Pensionat.

Inh.: u. Leit.: Schelbert. Gegr. 1902 im Einvernehmen mit d. Stadtvertretung u. unter Gutheißung der Rektorate d. K. Gymn. u. d. K. Realsch., um auswärt. Schülern »als Ersatz des Elternhauses ein Heim zu bieten, das allen Anfordergn. in unterrichtl. u. erziehl. Beziehg. entspricht.« (Parit.) Unter staatl. Oberaufsicht. Freistehendes, neuzeitl. einger. Institutsgeb. mit Garten u. Spielplatz. Auf 65 Zögl. bemessen. Leitg.: der P.-Inhaber Schelbert, mehrere Präfekten (Philol. u. Mathem.). P. 450—500 M., bei Einzelzimmer 600 M.

187. **Speyer** (Pf.). Bischöfl. Konvikt (Knaben-Seminar).

Gegr. v. Bischof von Geissel in den 30er Jahren. Diözesananstalt z. Heranbildg. künftiger Theologen. Zögl. besuchen d. K. Gymn. Aufn. v. Kl. III an. Nur für Speyerer Diözesanen. Dir.: L. Nagel. 1910: 106 Zögl., davon 6 Vollzahler. P. 300 M. Ganze u. Teilfreist.

188. **Straubing** (Ndb.). Bischöfl. Knaben-Seminar.

Gegr. 1885. Diözesananstalt f. d. Bistum Regensburg f. Schül. d. K. Gymn., die sich d. geistl. Stande widmen wollen. Dir.: Albert Bauer. 1910/11: 142 Zögl., davon 30 Vollzahler. P. 300 M. Ganze u. Teilfreist.

189. **Traunstein** (Obb.). Städt. Erziehungs-Institut.

F. Schül. der R. u. des PG. Gegr. 1890. Eigenes Internatsgebäude. Verwaltg.: Stadtmagistrat. Institutsdirektor: S. Beer. 1910: 130 Zögl. P. 500 M. u. 20 M. Möbelgeld. Schg. 30 M.

190. **Wasserburg** a. Inn (Obb.). Städt. Realschul-Pensionat.

Erziehungsinstitut (parit.) f. Schül. d. K. 6 klass. R. im ehemal. Mineralbad St. Achaz. Gegr. 1895. Oberaufs. u. Verwalt.: Stadtmagistrat. Auf etwa 42 Zögl. eingerichtet. Überwachung, Verpflegung, Erziehung in Verb. m. d. Familie des Institutsdirektors. Dir.: Dr. Ludwig, K. Prof., u. 1 Präfekt. 1910: 46 Zögl. P. 500 M. u. 15 M. f. Mobiliar. Schg. 30 M.

191. **Weiden** (Opf.). Protest. Alumneum.

Zweck: prot. Schülern des Gymn., der Realsch. u. der Präparandenschule Erziehg. u. Verpflegung zu gewähren. Begr. v. d. prot. Kirchengemeinde, eröffn. Herbst 1910. Auf 30 Zögl. einger. Oberleitg.: ein Verwaltungsrat v. 8 Herren d. Kirchengem., Vorsitzender der Dekan von Weiden. Leitg.: ein Präfekt (gepr. Theol. od. Philol.), eine Hausmutter (Diakonissin aus Neudettelsau). P. 540 M. Unter Umständen Ermäßiggn. nach d. 1. Jahre.

192. **Weilheim** a. Ammer (Obb.). Städt. Realschulpensionat.

F. Schül. d. K. R. (Kl. I—VI). Gegr. 1896. Verwaltg.: Stadtmagistrat. Leitg.: Dir. Phil. Schnitzlein u. Frau, dazu 1 Präfekt. 1910: 60 Zögl. Schlaf- u. Studierordnung nach Klassen. P. 500 M. u. 20 M. Möbelgeld. Schg. 30 M.

193. **Windsbach** (Mfr.). Allg. prot. Pfarrwaisenhaus f. Bayern diess. d. Rheines.

Gegr. 1834. Verb. m. K. PG. 1910: 88 Zögl. Waisen u. Pensionäre. Erzieher: Inspektor Riedelbauch, K. Pfarrer u. GL., u. 3 Präfekten. Haushalt: Inspektorsfrau als Hausmutter u. ein Fräulein. Aufnahmegesuche an d. Direktorium d. Pfarrwaisenh. z. Z. Dekan Hermann, Vorstand. Für Pfarrwaisen Freistellen. P. f. Söhne lebender Pfarrer 228 M. jährl., f. Söhne v. Eltern weltl. Standes 412 M. Schg. 30 M. jährl.

194. **Würzburg** (Ufr.). K. Adeliches Julianum. (Kath.)

Gegr. 1607 als Seminarium Nobilium v. Bischof Julius Echter v. Mespelbrunn, 1803 aufgelöst, 1880 reorganisiert.

Auf etwa 30 Zögl. eingerichtet, die G. oder RG. besuchen. Zugänglich f. d. gesamten kath. deutschen Adel, doch hat der Würzburg. u. Fränkische, demnächst der Bayerische das Vorrecht. Leitg.: geistl. Direktor u. 2 Präfekt. P. 1200 M., nicht bevorrechtigte 1400 M. Ganze u. Teilfreist., für welche der Nachweis 8 adelicher Ahnen erforderlich.

195. **Würzburg.** Bischöfl. Knaben-Seminar (Chilianeum).

F. Gymnas., die sich d. geistl. Stande widm. wollen. 1910: 127 Zögl., davon 11 Vollz. P. 400 M. Ganze u. Teilfreistellen.

196. **Würzburg.** Bischöfl. Studien-Seminar (Ferdinandeum).

F. kath. Mittelschüler. Leitg.: 1 Dir., 3 Präf. 1910: 120 Zögl. P. 600 M. Ermäßigg. nur ausnahmsweise.

197. **Wunsiedel** (Ofr.). Knabenpensionat u. Erholungsheim f. Schüler v. Dr. Hederich, K. Reallehrer.

Gegr. 1902. Eigenes neuzeitl. einger. Alumnat f. 36 Zögl., Schüler d. PG. u. d. R. Saalsystem, famil. Erziehg. unter Mitwirkg. d. Hausfrau. Außer d. Leiter 2 Präfekten. P. 750 M.

198. **Zweibrücken** (Pf.). Evang. Studienheim d. pfälz. prot. Pfarrvereins.

Gegr. 1905. F. 25 Gymn. u. Realsch. Verwaltg. durch ein engeres Kuratorium, dem Mitglieder des Lehrerkollegiums angehören. Leitg.: 1 verheir. Direktor, 1 Adjunkt. P. f. Schül. d. 1.—5. Kl. 650, Oberklassen 750 M. Schg. 45 M.

2. Königreich Württemberg.

199. **Blaubeuren.** Ev.-theol. Seminar.

Gegr. 1817. Die niederen ev.-theol. Seminare in Württemberg Maulbronn u. Blaubeuren, Schönthal u. Urach umfassen je 2 zusammen den Kursus der 4 Oberklass. d. Gymn.-Maulbr. u. Schönth. haben die Berechtigung, nach Absolvierung des 2. Jahreskursus Zeugnisse der Primareife auszustellen; sie geben ihre Zögl. weiter nach Blaubeuren bzw. Urach. Aufn. erfolgt durch das sog. »Landexamen« (im Juli). Zögl. sind teils Seminaristen (36), teils Hospiten (10—12); jene haben Freistellen, diese bezahlen mäßige Pension.

200. **Maulbronn.** Ev.-theol. Seminar.

Hervorgegangen aus der 1556 gegr. sog. Klosterschule. 1 Kl. mit 2 jähr. Kurs. Vgl. Blaubeuren.

201. **Schönthal.** Ev.-theol. Seminar.
Errichtet 1810. 1 Kl. mit 2 jähr. Kursus. Gibt seine Zögl. an Urach weiter. Vgl. Blaubeuren.

202. **Urach.** Ev.-theol. Seminar.
Err. 1818. 1 Kl. mit 2 jähr. (Prima-)Kursus. Vgl. Blaubeuren.

203. **Ehingen.** K. (kath.) Konvikt.
Verb. m. d. K. Gymn. Gegr. 1824 zur Bildung u. Erziehg. künft. kath. Geistl. während d. Zeit der höh. Gymnasialstudien. Zögl. besuchen in 4 Jahreskursen die 4 Oberkl. d. G. Aufnahme alljährl. f. 18—19 Zögl. auf Grund e. Konkursprüfg. — »kath. Landexamen« — durch d. K. kath. Kirchenrat. Bedingg.: Reife f. U II u. Alter v. 14—16 J. Freistellen. Leitung: e. vom Bischof ernannter Vorstand nebst 2 Repetenten. Haushalt: e. vom Staate ernannter Ökonomieverwalter. Statut (minist. Verfügg.) f. Ehingen u. Rottweil v. 4. 5. 59.

204. **Ehingen.** Collegium St. Josephi.
Gegr. 1897. Kath. Pensionat f. 60—64 ausw. Sch. d. K. Gymn. Privatanst. m. d. Rechte e. jur. Person. Protektor: Bischof von Rottenburg. Oberaufs. u. Verwaltg.: ein Kuratorium, dem d. Rektor d. Gymn. angehört. Leitg.: geistl. Präfekt. Haush.: barmh. Schwestern. Modern einger. Haus (Zentralheizg., elektr. Licht etc.). P. 430 M.

205. **Ellwangen.** Borromäum.
Gegr. 1882. Kath. Pensionat f. Gymn. u. Realsch. Bis zu 54 Zögl. Protektor: Bischof von Rottenburg. Leitg.: Prof. Stützle, RL., dazu 1 geistl. Präfekt. P. 400 M.

206. **Heilbronn.** Pensionat (städt. Schülerheim).
Gegr. 1851. F. Schül. der höh. Lehranst. (G., RG., OR., R.). Auf 50 Zögl. einger., dem Rektor des Karls-G. unterstellt. Leitung: ein Gymn.-Prof. als Ephorus nebst Frau, 3 wiss. geb. Repetenten. P. f. Württemb. 600, Nicht-Württemb. 700 M. Schg. G. u. RG. 36—72 M., OR. u. R. 26—68 M. jährl.

207. **Korntal** (Dorf) b. Stuttgart. Gemeinde-Lateinschule (PG., RPG. u. R.) mit Schülerheim.[1])

---

[1]) Gemeinde Korntal, 1818 als Sitz des württembergischen Pietismus begründet, nach dem Muster des Herrnhutischen Königsfeld. Ein Knabenseminar bestand von Anfang an. Vgl. Joh. Hesse, Korntal einst und jetzt. Stuttgart, Gundert. 1910.

Gegr. 1848 als Privatinstitut des Prof. Pfleiderer, von der Gemeinde übernommen u. umgestaltet 1880. Kl. I—VII (Sexta-Obersekunda). Berechtigt z. Einj.-Freiw.-Z. u. Z. f. Prima-Reife. Augsb. Konf. Rektor: E. Käller. 1910: 274 Sch., davon 119 Interne. Großschülerheim — Hausvater: Insp. Pfarrer Hahn — f. Kl. III—VII (Quarta-Obersekunda); Kleinschülerheim — Hausvater: Oberpräzeptor Schmälzle — f. d. jüng. Schüler. Handfertigk. in Schülerwerkstatt. P. u. Schg. Württemb. 630, 720, 810 M.; Nicht-Württemb. 750, 840, 930 M., je nach d. Alter.

208. **Mergentheim.** Bischöfl. Knabenseminar Mariahilf.

Statut v. 1896. Vorzugsw., doch nicht ausschl. f. künft. Geistl. 60 Zögl., die PG. od. R. besuchen. Oberaufs.: Bischof von Rottenburg, vertr. durch e. Kuratorium. Leitg.: geistl. Präf. Haush.: Barmh. Schwest. Eigene Ökonomie. Werkstatt. P. 360 M. Schg. 20—60 M.

209. **Rottenburg** a. Neckar. Bischöfl. Knabenseminar Martinihaus.

Gegr. 1867. Vorzugsw., doch nicht ausschließl. f. künft. Geistl. Auf 100 Zögl. einger., die d. PG. besuchen z. Vorbereitg. auf Obergymn. od. eines der niederen Konvikte. Oberaufs.: Bischof von Rottenburg, vertr. durch e. Kuratorium. Leitg.: 2 geistl. Präf. Haush.: Barmh. Schwestern. Saalwirtschaft. P. 360 M., event. Ermäßigg. Schg. 40—60 M.

210. **Rottweil.** K. (kath.) Konvikt.

Gegr. 1817, s. 1824 verb. mit d. K. Gymn. Im übrigen s. Ehingen.

3. Großherzogtum Baden.

211. **Freiburg.** Erzbisch. Gymnasial-Konvikt.

Gegr. 1846 (?), während des »Kulturkampfes« 1874 geschlossen, 1888 wieder eröffnet. Für die Erzbisch. Gymnasialkonvikte in Freiburg, Rastatt, Tauberbischofsheim sind gemeinsame Bestimmungen getroffen. Aufgenommen werden auswärt. Schüler des Gymn. von IV an durch das Erzb. Ordinariat, die sich d. geistl. Stande widmen wollen. P. 400 M. Ganze u. Teilfreistellen. Schg. 108 M.

212. **Königsfeld** i. Baden. Knabenanstalt d. Evang. Brüder-Unität.

Gegr. 1813. R. Kl. VI—O III. Auch Gymnasialschüler finden Aufnahme. P. u. Schg. 960 M.

213. **Konstanz.** Erzbisch. Gymnasial-Konvikt St. Konradihaus.

Gegr. 1901 für Schüler des Gymn., die sich dem geistl. Stande widmen wollen. Das Haus wird unterhalten von der Hermann-Kohlerschen Stiftg. Auf 100 Zögl. eingerichtet. Leitg.: 1 geistl. Rektor, 1 geistl. Präfekt. Haushalt: Barmherzige Schwestern.

214. **Rastatt.** Erzbisch. Konvikt.

Gegr. 1898. Vgl. Freiburg.

215. **Tauberbischofsheim.** Erzbisch. Gymnasialkonvikt.

Als Privatanstalt eröffnet 1884; seit 1888 bischöfl. Anstalt. Vgl. Freiburg.

4. Elsafs-Lothringen.

216. **Bitsch,** Lothr. Bischöfl. Institut St. Augustin.

Gegr. 1827, umgestalt. 1873. Internatschule: VI—O I g. Seit 1909 militärberecht. 1910: 171 Sch., 14 L. Diözesananstalt. Oberaufs.: Bischof von Metz. Superior: Ernst Lamberton. Studiendirektor: Prof. Dr. Fourer. Internatsleitg.: Präfekt nebst jüngeren Klerikern als Studienleitern. Haush.: Ordensschwestern. Aufn. v. 9. Lebensj. an. Gesuche vor d. 1. Sept. an den Superior. — Neubau im Werk. P. u. Schg. 430 M. f. Diözesanen, sonst 530.

217. **Colmar.** Bischöfl. Konvikt.

F. Schül. d. K. Lyzeums ohne Unterschied des künft. Berufes, insbes. jedoch f. solche, die Priester werden wollen. Anmeldgn. an den Superior des Konv. P. 450 M.

218. **Metz.** Domschule Sankt Arnulf.

Seit 1887. 3 Vorkl. Kl. VI—O III g. (Sekundaner u. Primaner gehen täglich in Begleitung eines Geistl. nach Montigny.) Intern. u. Extern. Oberleitg.: Bischof von Metz. Staatl. Lehrplan. Geistl. u. weltl. Lehrer. Haush.: Klosterfrauen. P. u. Schg. 660, f. Halbpensionäre 360 M. Schg. d. Externen: 180, in den Vorkl. 100 u. 140 M.

219. **Montigny** b. Metz. Knabenseminar (Bischöfl. Gymnasium).

Gegr. 1808 in Metz, seit 1854 in Montigny. Kl. VI—I für zukünft. Geistliche. Internat mit eigener Ökonomie. Direktor: Dr. Rech. P. u. Schg. 532 M.

220. **Oberehnheim.** Städt. Pensionat.
F. Schüler des PG. Gegr. 1897. Für Rechnung der Stadt geleitet v. e. kath. Geistl. (zugl. OL. am PG.) u. kath. Ordensschwestern. Direktor d. PG. (Dr. H. Stephan), Mitgl. d. Kuratoriums. 1910: 70 Zögl. P. 450 M. jährl. Schg. 100 M. jährl.

221. **Rufach.** Kais. Landwirtschaftsschule mit Internat.
Hervorgegangen aus d. früheren städt. Collège, an welchem schon zu französ. Zeit landwirtsch. Unterricht erteilt wurde. Ein von der Regierung ernanntes Kuratorium steht an der Spitze. Ihre jetzige Verfassung besitzt die Anstalt seit 1882. 6 Kl. 1909: r. 170 Sch., davon 110 Interne. Die 3 unt. Kl. entsprechen denen einer Realsch., die 3 ob. eigentl. Fachschulkl. Einj.-Freiw.-Ber. Direktor: Prof. W. Knickmann. Die Internen sind in Pflegschaften unter die Lehrer der Anstalt verteilt. P. 450 M. Schg. 44 M.

222. **Straßburg.** Bischöfl. Konvikt an St. Stephan.
F. Schül. d. Bisch. Gymn. ohne Unterschied des zu erwähl. Lebensberufs. Bestand wie Zillisheim schon in französ. Zeit; beide Anstalten 1873 vom Oberpräs. v. Moeller geschlossen, 1883 v. Statthalter Frhrn. v. Manteuffel wiederhergestellt. Superior: L. Sig, Gymn.-Oberl. P. u. Schg. 550, Halbpens. 350 M.

223. **Zillisheim** i. Els. Bischöfl. Gymnasium (Internatsschule).[1]
Zumeist f. künft. Geistl. Kl. VI—O I. P. u. Schg. 500 M. Benefizien f. Minderbemittelte.

B. Die mit Alumnaten verbundenen Privatschulen.

(Die militärberechtigten sind mit einem Asteriscus ausgezeichnet.)

a) Norddeutschland.

1. Königreich Preufsen.

Prov. Ostpreußen.

Vakat.

Prov. Westpreußen.

1. **Pelplin.** Bischöfl. Progymnasium (Collegium Marianum).
Gegr. 1835 als Domsingschule, f. kath. Knaben der Diöz. Culm. Kl. VI—U II. Internat. Während des »Kultur-

[1]) Vgl. Straßburg, St. Stephan.

kampfes« geschlossen. **Direktor:** Dr. Teichert. P. u. Schg.: 300 M. Ermäßigg. f. bedürftige u. würdige Schüler.

2. **Danzig,** Ziegelstr. 9. Dr. Rosensteinsche Vorbildgsanstalt mit Pensionat.

Leiter: Emil Donner, Oberl. Gegr. 1886. Vorber. auf Mittel- u. Oberkl. höh. Schul., Einj.-Fr.- u. Reifeprüfg. Auch Damenkurse. 1909: 54 Sch. P. 250—300 M. viertelj. Schg. 50 (Mittelkl.), 90 (Oberkl.) monatl.

Prov. Posen.

3. **Bromberg,** Talstr. 17 a. Militär-Vorbildungs-Anstalt (vorm. Major Geislersches Institut).

Dir.: Paul Kothe. Gegr. 1873. Vorbereitg. auf Einj.-Freiw.-, Primaner-, Fähnr.-, Kadetten- u. Seekad.-Prüfung. Halbjähr. Kurse. Aufn. v. 14. Lebensj. an. Bis zu 20 Pens. P. 75, Schg. 50 M. monatl.

4. ***Ostrau** b. Filehne. Pädagogium.

Dir.: Prof. Dr. Max Beheim-Schwarzbach. Gegr. 1850 v. Dr. Alex. Beheim-Schwarzbach. Parit. Pensionat u. höh. Schule (PG. u. R.) auf d. Lande — wohl das erste deutsche »college« nach Engl. Muster. — Seit 1863 Einj.-Fr.-Ber. 200 Interne, 100 Externe. Gegen 30 Lehr. u. Erz. Schüler in mehr. Häusern, gruppenw. unter Obhut ihrer Erzieher (Inspektoren), die kleineren unter mütterl. Versorgung durch Hausdame. Aufnahme v. 9. Lebensj. an. 23 Kl. in 4 Schülersystemen: 1. P. u. Schg. viertelj. VI—IV 250 M., 2. U III bis O III Schül. unt. 16 J. 275 M., 3. Paralleltertien f. zurückgebl. Sch. üb. 16 J. 325 M., 4. Sekunda 375 M. Bei Brüdern Ermäßigg. Freiluftklassen. Leibesübungen, Sport, Jugendwehr, Feuerwehr.

Prov. Schlesien.

5. **Breslau III,** Freiburgerstr. 42. Dr. Jul. Wolffs Vorbereitungsanstalt.

F. d. Einj.-Freiw.-, Fähnr.-, Seekad.-, Primaner- u. Abiturienten-Prüfg., sowie z. Eintritt in die Sekunda einer höh. Lehranstalt. Gegr. 1903. Von O. 1911 ab auch Damenkurse f. Primaner- u. Reifeprüfg. Aufn. v. 14. Lebensj. an. Kein

Massen- u. Klassenunterricht, sondern streng individ. Förderung des einz. Schülers in Abteilgn., gebildet nach d. Stande der Kenntnisse in d. versch. Fächern. Mit d. Anstalt verbunden ein streng geregeltes Pensionat. P. viertelj. i. S. 195, i. W. 210 M. Schg. monatl. 40—75 M.

6. **Hirschberg (Schl.).** Buttersche Vorbereitgs.-Anstalt.

Dir.: Rich. Butter. Gegr. 1892. Zweck: in kurzer Zeit gründlich u. erfolgreich auf alle Milit.- u. Schulprüfgn. vorzubereiten. Reale u. gymn. Kurse v. Tertia b. Prima. Christl.-deutsche Erziehg. im Anschl. an d. Fam. des Dir. Eig. Haus in schöner, gesunder Lage am Cavalierberge. Zimmer f. je 2—4 Zögl. P. 1200 M. Schg. monatl. 50 M. bis z. Freiw.-, 75 bis z. Primaner-, 125 bis z. Fähnr.-, 100 bis z. Abit.-Ex.

7. **Katscher,** Kr. Leobschütz (Oberschles.). Dr. Krohns Pädagogium (höh. Knabenschule m. Pensionat).

Bes.: Dr. Krohn, Breslau XIII. Leit.: Direktor P. Reiter. Gegr. 1840 vom Synagogenlehrer Arnstein als Erwerbsinstitut mit Zuzug namentlich aus Ruß.-Polen u. Österreich, 1886 v. Dr. Krohn übernommen u. nach d. staatl. Lehrplänen eingerichtet. Parit. 6 Kl. VI—O III g, rg, r. u. Einj.-Fr.-Kurs. 100—120 Sch. 13 L. Pensionäre 50—60. Im Pens. außer d. Dir. 1 Inspektor. Haushalt: Frau d. Dir. Für die älteren Schüler Zellenwirtschaft. P. u. Schg. 800—1200 M.

8. **Lähn** a. Riesengeb. Pädagogium.

Bes. u. Leit.: Prof. Dr. Ernst Schimpf. Gegr. 1873. Parit. RG. VI—U II m.gymn. u. real. Nebenkursen u. besond. Einjähr.-Kursus. Unterrichtsziel: Reife f. O II u. Einj.-Fr.-Prüfg. Besondere Förderung zurückgebl. Schüler. 10 L. 1910: 88 Sch. Internat f. Dir., Lehr. u. Schül. Gemeinsamer Tisch f. alle Bewohner. Disziplin wie in d. Franck. Stift. in Halle. 3 umfangr. dreistöckige Gebäude. P. VI—IV: 800, U III: 850, O III: 950, U II: 1050 M. Bloßer Einj.-Kursus: 1200 M.

Prov. Brandenburg.

9. **Berlin W,** Lützowpl. 14. Pädagogium des Westens.

Inh. u. L.: Dr. Steinmeyer, Gymn.-Dir. a. D. Gegr. 1908. Interkonf. Vorbereitg. f. alle Klass. höh. Lehranst., Einj.-

Fr.- u. Reife-Prüfg. (auch Damen-Abitur.). Jahrespensum d. öff. Schul. in Halbjahrskursen f. je 8—10 Sch. Eingeh. Berücksichtig. d. Individ. Keine »Presse«. Aufn. v. 9. Lebensj. (VI) an. 20 Pensionäre. Kost gem. u. veget. P. u. Schg. 200 M. monatl.

10. **Berlin W** *57*, Bülowstr. 103. Dr. Paul Ulichs Militär-Vorber.-Anst.

Gegr. 1880. Vorber. f. Fähnr.-, Marine- u. Primaner-Prüfg. Einzige Anstalt, die nur Fahnenjunker aufnimmt. 1910 bestanden 74. Eigenes Haus. Eigenes Lehrerkolleg. Pensionat f. 24 Zögl. unter Aufs. des Direkt. u. 2 Hauslehrer. P. 115 M., Schg. 74 M. monatl.

11. **Berlin W** *30*, Zietenstr. 22. vorm. Dr. Fischersche Vorbereitungsanstalt.

Vorst.: Dr. Otto Schünemann. Gegr. 1888. Vorbereitung auf alle Mil. -u. Schulprüfgn. Aufn. v. 12. Lebensj. an. Durchschn. 40 Pensionäre. P. 230 M. monatl.

12. **Bernau** i. Mark. Pädagogium.

Leiter: Prof. Dr. Pfeffer. Gegr. 1882. Parit. Extern. u. Intern. R. u. RPG. Kl. VI—O III. 10—12 Pensionäre. P. 900 M. excl. Schg.

13. ***Falkenberg** i. Mark. Victoria-Institut.

Bes.: Oskar Reschke, Berlin W. 10. Leit.: Dir. Herm. Schulz. Gegr. 1859 auf Betreiben des bekannten Prof. Dr. Herrig u. unter d. Protektorate d. Prinzen Friedr. Wilh. (Kaiser Friedrich III.) Erziehgsanst. f. Knab. a. d. gebild. Ständen. Ursprünglich vorzugsweise als Ausländer-Institut geplant, daher besondere Pflege der neueren Sprachen. Parit. RPG. VI—U II. Seit 1872 mit Einj.-Fr.-Ber. Familien-Erziehg. im Zusammenleben mit Dir. u. Lehrern. r. 65 Zögl. Versetzgn. halbjährlich. P. 400 M. viertelj.

14. **Frankfurt** a. O. Hankowsche Militär-Vorbereitungsanstalt u. höh. Knabenschule mit Familienalumnat des Direktors H. Hankow.

Gegr. 1904. Parit. A. Vorbereitgsanst. f. alle Schul- u. Milit.-Prüfgn. (in besond. Kursen auch Abitur. f. Damen). B. Realsch. VI—U II mit g. u. rg. Parallelklass. Aufn. v. 8.—25. Lebensj. Bis zu 20 Pension. P. 800 M.

15. **Gr.-Lichterfelde W.,** Ringstr. 105. Milit.-Vorber.-Anstalt des Prof. Hempel.

Gegr. 1878 v. Kadettenlehrer Dr. Müller, dessen Witwe das mit der Anstalt verb. Pensionat leitet. Vorbereitg. auf alle Schul- u. Militärprüfgn. von O III bis U I. Unterricht v. Professoren der Hauptkadettenanstalt. Aufsicht im Pensionat ein Offizier. P. i. S. 110, i. W. 120 M. monatl. Schg. 110 M. monatl.

16. **Gr.-Lichterfelde W.,** Holbeinstr. 67. Mil.-Vorber.-Anstalt des Majors a. D. Bendler.

Gegr. 1894. Für Fähnr.- u. andere militär. Prüfgn. Bis zu 15 Zögl. Aufn. v. 16. Lebensj. an. Hausordnung wie in d. K. Kriegsschulen. P. i. S. 130, i. W. 140 M. monatl. Schg. 100 M. monatl.

17. **Hohenlychen** b. Templin. Pannwitz-Freiluft-Schule.

Gegr. 1910. Höh. Lehranst. nach d. Plane des RG. Begründer Prof. Dr. Pannwitz, Charlottbg., Berlinerstr. 137 in Verb. m. † Exz. Althoff. Schulleiter: Dr. Edgar Alfred Regener. F. Kinder zarter Gesundheit — blutarme, nervöse — v. 9—15 J., die einer indiv. Behandlung bedürfen. Die einz. Klassen bilden mit ihrem Lehrer eine Familie. Neben wiss. Unterr. Garten- u. Werkstattarbeiten. Anstaltskleidung. Ständige schulärztl. Kontrolle. P. 2400 M.

18. **Lankwitz-Gr. Lichterf. O,** Beethovenstr. 27. Pädagogium des Dr. Friedr. Bark.

F. zurückgeblieb. Schüler. Gegr. 1892. Internat f. 60 bis 70 Sch., dazu ca. 15 Ext. Unterricht individuell in Gruppen v. höchst. 6. Lehrziel nach Vereinbarung ev. bis z. Reifeprüfg. Vorbereitg. auf alle Klass. höh. Schulen. 14—16 L. mit je 36 wöch. Unterrichtstund. 5 Gebäude: 3 Wohnh., 1 Schulh., 1 Turnh. Mahlzeiten zusammen m. d. unverh. Lehrern u. d. Tagesinsp. Strenge Disziplin. P. u. Schg. 3000 M. (Externe, die bloß am Unterr. teiln., zahlen 1800 M.)

19. **Rheinsberg** i. Mark. Pädagogium des Pastors a. D. Pfeiffer.

Gegr. 1910. Höh. Lehranst. mit Pensionat. Vorbereitg. z. Einj.-Fr.-Prüfg. auf gymn. u. real. Basis. 6 Lehrer. 1910: 62 Sch., davon 12 Pens. Familienheim besonders f. körperl. zarte Kinder der Großstadt. P. ?

20. ***Spandau** (bis O. 1910 Plötzensee). Pädagogium des Evang. Johannesstifts.

Gegr. v. D. Wichern 1858. Privatanstalt der Innern Mission. Kl. VI—U II g u. rg. Einj.-Freiw.-Ber. Vorsteher: Pastor D. Philipp. Unterrichtsleiter: Oberl. Menzel. 5 Famil.-Häuser für je 24 Zögl., in jedem ein verh. Pastor als »Internatsleiter«; je 12 Knaben unter Aufsicht eines Kand. d. Theol. u. zweier »Brüder«. P. u. Schg. 1000—1500 M.

Prov. Sachsen.

21. Schloß **Bischofstein** b. Lengenfeld u. St. (Bez. Erfurt). Erziehungsschule des Dr. Gust. Marseille.

Gegr. 1908. Evang. Internat. Kl. VI—U II OR. u. RG. Berechtigungen erstrebt. Auf 75 Zögl. eingerichtet. 1910: 60 Zögl. System der Landerziehungsheime. Kost nach Lahmann. Handfertigkeit u. Gartenbau. Aufn. v. 9. Lebensj. an. P. 1600 M. Unter Umständen Ermäßigg.

22. **Halle a. S.** Dr. Harangs Höhere Lehranstalt.

Vorst.: Wilh. Sommer. Gegr. 1864. Interkonf. Vorbereitg. f. alle Klassen höh. Lehranst., f. Einj.-Fr.- u. Reife-Prüfg. Intern. u. Extern. 10 Kl. 1909: 163 Sch. Internat: bis 65 Pens. P. 250 M. viertelj. Schg. 160 M. viertelj.

23. **Ilsenburg** a. Harz, **Haubinda** i. Thür., **Schloß Bieberstein** i. d. Rhön. Deutsche Land-Erziehungsheime des Dr. Herm. Lietz.

Gegr. 1898. Für Kinder indogerm. Rasse u. christl. Relig. v. 7. Lebensj. an. In jedem Heim 50—70 Zögl., in familienart. Gruppen zu etwa je 10 geteilt unter Führung eines Erziehers (»Familienvaters«). In Ilsenb. u. Bieberstein auch Mädchen v. 7—13, bzw. 16—19 J. Lehrplan in freier Anlehnung an den der OR. Ilsenburg: Unterstufe Kl. VII—U III (7.—12. Lebensj.); Haubinda (1901): Mittelstufe Kl. V—U II (11. bis 15. Lebensj.). Bieberstein (1904): Oberstufe Kl. U II—O I. In jedem Heime 2 Stellvertreter des Leiters u. 2 Hausdamen. Körperpfl. nach Dr. Lahmann. Alkohol ausgeschl. Prakt. Arbeit. in Garten, Feld u. Werkstatt. 1910 in d. 3 Heimen zusammen 220 Sch., 30 L. u. Ln. P. 1400—2000 M. je nach der Alters- u. Klassenstufe.

24. **Bad Kösen.** Pädagogium. Höhere Lehr- u. Erziehgsanstalt f. Knaben.

Inh. u. L.: Prof. Dr. Posseldt. Gegr. 1872. Evang. Unterrichtsziel: OII u. Vorbereitg. f. Einj.-Fr.-Prüfg. G., RG., R-Abteilgn. Aufn. v. 6.—17. Lebensj. Bis zu 30 Zögl. P. u. Schg. 900—1200 M.

25. **Magdeburg-Wilhelmstadt.** Dr. Schraders Militär-Vorbildgs.-Anstalt u. Pensionat.

Gegr. 1892 in Görlitz, 1898 nach Magdeb. verlegt. Vorbereitg. für die Oberklassen höh. Schul., f. Einj.-Fr.-, Seekad.-, Fähnr.- u. Abit.-Prüfg. 70—80 Sch. P. 100 M. monatl. Je 2 Pens. bewohnen 1 Zimm.; Einzelzimm. 50 M. mehr. Schg. 70—100 M. monatl.

26. **Osterburg** i. Altm. Pädagogium des Dr. P. Lorenz.

Gegr. 1892. Interkonf. Vorbereit. bis OII aller höh. Schul. u. z. Einj.-Fr.-Prüfg. Kl. VI—U II. Extern. u. Intern. 1910: 63 Sch., davon 14 Pens. P. 700—900 M. jährl. Schg. 140 M. jährl.

27. **Roßla** a. Harz. Pädagogium.

Gegr. 1888 v. Dr. Stremme. Seit 1909 Leiter: Fr. Witzel, Pfarr. Evang. Internatschule. Vorber. auf alle Kl. höh. Sch. bis OII u. z. Einj.-Fr.-Prüfg. Schul- u. Wohnhaus getrennt. Famil. Erziehg. unter Beteiligg. d. Hausfrau. P. u. Schg. bis IV: 900, von III an: 1000 M.

28. ***Sachsa** (Bad), (Süd-Harz). Dr. Härtels Pädagogium.

Gegr. 1905. Par. Militärber. Privat-R. (6 Kl.) mit PG.-Kursen. Von der Stadt, der das Grundstück gehört, subventioniert. Modernes Internat f. ausw. Sch., einheim. als Externe. 1910: 102 Sch., davon 63 Int. Leitg.: Dir. Dr. Härtel, 6 Lehrer, 1 Insp. P. u. Schg. je nach d. Eintritt in Kl. VI—V: 1100, IV—II: 1200, I: 1400 M.

Prov. Schleswig-Holstein.

29. **Kellinghusen** i. Holst. Erziehungs-Institut f. Knaben.

Bes. u. L.: C. Schulze u. Frau. Gegr. 1888. Evang. Besonders f. zurückgebl. Schüler. Kein Klassensystem. Realschulfächer. Lat. fak. Unterrichtsziel auf OII. Zögl. können auf Wunsch auch d. höh. Stadtschule besuchen.

Aufnahmealter: 10—16 J. Fam.-Alumn. in eig. neuen Hause. P. 1000—1200 M.

30. **Kiel.** Kieler Privatschule Verein. Schmidt-Tiedemannsche Lehranstalten.

Leit.: Dr. Karl Heine. Gegr. 1876—1882—1903. Evang. Extern. u. Intern. Realkl. u. Halbjahrskurse. Unterrichtsziel auf O II. Internat bis zu 30 Zögl. P. 1000—1200 M.

Prov. Hannover.

31. **Freren,** Bez. Osnabrück. Höh. Lehranstalt u. Knabenpensionat.

Gegr. 1869. Parit. Kl. VI—U II g u. r. Vorbereitg. auf Oberklassen u. Einj.-Fr.-Prüfg., auch f. d. Handelsstand. Bis zu 35 Zögl. P. 600 M. Schg. 160 M.

32. **Hannover,** Leopoldstr. 3. Gildemeisters Institut.

Inh. u. Leit.: Dr. Hinneschiedt u. W. Johst. Gegr. 1867 als Mil.-Vorb.-Anst. Seit 1884 (unter Dir. Blumberg † 1909) Vorbereitg. auf alle Klass. höh. Schul. v. VI an bis zur Reifeprüfg. Besondere Halbjahrskurse f. Einj.-Fr.-Prüfg. 30 L. Mit d. Schule e. Pensionat verb. f. e. beschränkte Anzahl v. Zögl. unter Leitg. Dr. Hinneschiedt, Hedwigstr. 13. P. 400 M. viertelj. Schg. von VI: 50 M. an steigend bis 180 M. viertelj. Einj.-Fr.-Kurs: 280 M. viertelj.

33. **Hannover.** Dr. Hilperts Institut.

Inh. u. Leiter: G. O. Wolter. Gegr. 1871. R. Kl. 6—1. Extern. u. Intern. P. 800 M.

34. **Hannover,** Wiesenstr. 68. v. Hippelsche höh. Lehranstalt.

Inh. u. L.: Otto Margraf, Pfarrer a. D. Gegr. 1867. Interkonf. Vorbereitg. auf alle Schul- u. Militär-Prüfgn. Auch Damenkurse. Extern. u. Intern. 1909: 31 Sch. Bis zu 12 Pens. Famil.-Alumnat unter Mitwirkg. der Frau. P. i. S. 125, i. W. 130 M. monatl. 2—3 Zögl. in 1 Zimm.; Einzelzimm. 30 M. mehr. Schg. 60—210 M. viertelj., je nach der Klasse.

35. **Harburg** (Elbe). Dr. Kramers Real- u. Handelsschule.

Inh. u. L.: Dr. Otto Kramer. Gegr. 1894. Evang. Extern. u. Intern. Vorbereitg. f. Einj.-Fr.-Prüfg. u. kaufm. Beruf. 3 Realkl. v. Tertia ab, 3 Handelsklassen. 1909: 136 Sch.

(R. 85, H. 51). 40—50 Interne. Aufnahmealter: nach der Konfirmation. P. 720—800 M.

36. ***Bad Lauterberg** a. Harz. Ahnsche Realsch., verb. mit Alumnat Haus Bartelsruh.

Direktor: Dr. Paul Bartels. Gegr. 1883 v. Oberl. a. D. Dr. Ahn als Knabenpensionat u. Schulsanatorium. Evang. 6 klass. R. mit Vorsch. Einj.-Fr.-Ber. s. 1892. Prüfungstermine Ost. u. Herbst. 1910: 135 Sch., davon 52 im Alumn. Auswärt. Sch. müssen im Al. wohnen. 9 L. Zweck d. Anstalt: Förderung körperl. schwächl. u. zurückgebl. Schül. durch erzieh. Unterr. unter Berücks. d. Individualität. Alumnat nach erziehl. u. hygien. Grundsätz. 1902 neu gebaut. Schlafzimm. für je 2—4 Zögl. Familiencharakter. Aufn. v. 9. Lebensj. an. P. u. Schg. VI—IV: 1300, III—II: 1550, I: 1700 M.

37. **Schapen,** Kr. Lingen (Hann.). Hübertsche kath. Lehr- u. Erziehungsanstalt.

Leiter: Gerh. Sievers. Gegr. 1847. Unter d. Protekt. d. Bisch. v. Osnabrück. Handelssch. u. Pensionat. 4 Kl. IV—U II. Rel.-sittl. Erziehg. nach d. Grunds. d. kath. K. Vorbereitg. auf d. prakt. Leb., bes. d. kaufm. Beruf (Fremdspr. Engl., Franz., Holl.). Daneben Einj.-Fr.-Kursus. Geschlossene Anstalt f. 90 Zögl. 6 Lehr., 1 geistl. Erzieher. P. u. Schg. 600 M.

Prov. Hessen-Nassau.

38. **Cassel-Wilhelmshöhe.** v. Hartungsche Militär-Vorbildgs.-Anst. verb. (s. 1909) m. d. Wenderholdschen höh. Privat-Knabenschule.

Dir.: Will. Coordts, Oberlehrer. Gegr. 1866. Kl. VI—O I g. u. r. Spezialkurse f. alle milit. u. Schul-Prüfgn. Die Hartungsche Anstalt (O III—O I) verb. mit Internat f. 30 Zögl. 14 L., von denen 8 in d. Anstalt wohnen. Grundsatz f. alle Klass.: d. Jahrespensum d. öff. Schulen in Halbjahrskursen zu erledigen unter Verzichtleistg. auf die techn. Fächer. Eintritt jederzeit. P. u. Schg. 200, in d. Offiziersabt. 450 M. monatl.

39. ***Frankfurt a. M.** Hasselsches Institut, staatl. ber. Lehr- u. Erz.-Anst.

Pächter u. Leit.: Karl Schwarz (s. 1893). Gegr. 1834 v. Georg Hassel zur Vorbereitg. auf kaufmänn. u. techn. Berufsarten. Parit. 6 Rkl. m. Vorsch. Einj.-Fr.-Ber. s. 1871. Jede Kl. 15—20 Sch. max. 11 L. Internat m. Saalwirtsch. Mahlzeiten zus. m. d. Fam. d. Leiters. Auch Externe. P. u. Schg. 1200 M.

40. **Frankfurt a. M.,** Taunusstr. 13. Pädagogium Carolinum.

Inh.: Dir. G. Weidemann. S. 1910 (früher von 1887 an in Breslau). Vorber.-Anst. f. Einj.-Freiw.- u. Fähnr.-Prüfg., sowie f. sämtl. Klass. höh. Lehranst. einschl. Abiturium. Extern. u. Intern. P. 300 M. viertelj. Schg. 100—240 M. viertelj., je nach d. Klassenstufe.

41. ***Friedrichsdorf** b. Homburg v. d. Höhe. Institut Garnier, Lehr- u. Erziehgs.-Anstalt.

Leit.: Dr. Marmier (s. 1906). Gegr. 1836 als Lehr- u. Erziehungsanstalt v. Louis Frédéric Garnier. Parit. Seit 1869 militärber. R. V—I (Sexta fehlt) mit 10 aufeinanderfolgenden halbjähr. Klassenabteilgn. Jährl. 2 Abgangsprüfgn. Internat mit Saalwirtschaft. Aufsicht durch Lehrer u. Hausmeister. Für die Ökonomie sorgt ein zur Anstalt gehöriges Gut. Das Institut ist Familienbesitz: jeder von den bisherigen 3 Nachfolgern des Gründers war Schwiegersohn seines Vorgängers. Aufnahmealter: $9^1/_2$ J. r. 100 Zögl. P. 1060 M. Brüder Ermäßigg.

42. ***St. Goarshausen a. Rh.** Institut Hofmann.

Gegr. 1853 v. Dr. Wilh. Hofmann (verh. Lehrer in Friedrichsdorf) als christl. höh. Lehr- u. Erziehungsanstalt zu harmonischer Ausbildung aller geistigen u. sittl. Kräfte im Sinne Pestalozzis. Jetziger Inhaber u. Leiter Prof. Dr. G. Müller, ein Neffe des Gründers. Parit. R. VI—U II (lat. Nebenkl. v. IV an) m. Einj.-Fr.-Berecht. seit 1869. Christl. Erziehg. ohne konfess. Beschränkung, teils im Internat unter Trennung der verschied. Altersstufen, teils — bis zu 6 — in den Familienhäusern der Lehrer, je nachdem ein Schüler sich mehr für die Internats- oder Familienerziehg. eignet. Aufn. v. 9. Lebensj an. Über 200 Sch. P. u. Schg. 1000—1300 M.; in den Familienhäusern 2—300 M. mehr. Ermäßigg. bei jüngeren Brüdern u. in besond. Fällen.

43. **Melsungen,** Bez. Kassel. Vilmars Institut. Höh. Lehr- u. Erziehgsanstalt.

Leiter: Karl Kauffmann, Pfarr. Gegr. 1869. Evang. Kl. VII—U II g. u. r.; Sonderkurs. f. Einj.-Fr. Extern. u. Internat, bes. f. zurückgebl. Sch. Famil. Erziehg. Aufn. jederzeit. 1909: 118 Sch., davon 36 Int. P. VII—V: 900, IV—O III: 1000, II u. Einj.-Kurs 1100 M. Schg. 100 bis 200 M.

44. ***Wiesbaden.** Militärber. Lehr- u. Erziehgsanstalt v. Hofrat Karl Faber.

Gegr. 1898. R. VI—II. Einj.-Fr.-Ber. s. 1902. Kleine Klassen. 1910: 72 Sch., meist Tagesschüler; im Familienpensionat höchst. 8 Zögl. P. u. Schg. 2000 M. Schg. f. Tagesschüler 500 M.

Prov. Westfalen.

45. ***Paderborn.** H. Reismanns Institut.

Gegr. 1888. Kath. Knaben-Pensionat. Lateinlose R. mit Einj.-Fr.-Ber. s. 1893. Inh. u. Leit.: H. Reismann. Erziehg. im Geiste d. kath. Kirche. Aufn. v. 9. Lebensj. an. 64 Zögl., jeder ein eig. Schlafzimmer. P. u. Schg. 900 M.

46. **Spielwigge** b. Lüdenscheid. Lehr- u. Erziehgs.-Institut.

Dir.: Dr. Rentrop. Gegr. 1858 v. J. D. Lüttringhaus, dessen Nachkommen das Institut weiterführen. Parit. 5 Realkl. z. Vorber. f. kaufm. u. gewerbl. Beruf. Nebenkurse f. solche, die noch G. od. RG. besuchen wollen. Kein Klassenzwang; eine Art Arbeitschule bes. f. schwächer begabte Knaben. Auf 120 Zögl. einger. Saalsystem. Für die Ökonomie sorgt eine mit d. Institut verb. große Landwirtschaft. P. u. Schg. 800, 840, 880 M.

47. ***Telgte** (Westf.). Knickenbergsches Institut.

Inh. u. Dir.: Karl Linpinsel. Gegr. 1859 v. Joseph Knickenberg. Kath. PG. u. R. Einj.-Fr.-Ber. seit 1869. Int. u. Ext. 1910: 270 Sch., davon 175 Int. 16 L. Aufn. v. 9. Lebensj. an. P. u. Schg.?

Rheinprovinz.

48. **Brohl a. Rh.** Kath. Knabenpensionat (höh. Knabenschule) »Schloß Brohleck«.

Inh. u. Leit.: Rektor Kleins. Gegr. 1904. 5 Kl. VI—II r u. rg. Ausbau z. 6 kl. Mittelschule geplant. Internatsch. f. 60—65 Zögl. 7 L. Fam.-Erz.-Anst., besond. f. körp. schwächl. Kn. Aufn. v. 9. Lebensj. an. P. u. Schg. 1200 bis 1500 M.

49. ***Koblenz-Moselweis.** Kath. Unterr.- u. Erzieh.-Anst. Kemperhof.

Gegr. 1860 u. dem 1851 erricht. Waisenhause angegliedert. Eigent. d. kath. Männerver. in Kobl. 6 kl. R. Internatschule. Einj.-Fr.-Ber. s. 1885. Leitg.: geistl. Dir. Haush.: Ordensfrauen. 1911: 205 Zögl. 11 akad., 3 El.-L. Aufnahme neuer Schüler nur in den 4 unteren Klassen. P. 750 M. Schg. 75 u. 150 M.

50. **Köln.** Brauns Knaben-Pensionat.

Leit.: Rob. Braun (Philol.). Gegr. 1900. Parit. Extern. u. Intern. Vorbereit. auf alle Klassen höh. Schulen, Einj.-Freiw.-, Fähnr.-, Reife-Prüfg. Kleine Klassen u. Einzelunterr. Aufn. v. 9. Lebensj. an. 1909: 28 Sch. 8 Pensionäre. P. 1800—2400 M.

51. **Köln,** Frankstr. 19. Militär-Vorbereitgs.-Anstalt v. Jos. Schmitz.

Gegr. 1887. Parit. Vorbereitg. z. Einj.-Fr.-, Primaner-, Fähnr.- u. Seekad.-Prüfg., sowie f. d. Oberkl. höh. Schul. Extern. u. Intern. Auswärt. Schül. müss. im Institut wohnen. Bis zu 20 Pens. 1910: 49 Sch., davon 10 Interne. Zimmer f. je 2—3. Eigenes vornehm ausgestatt. Schul- u. Wohnhaus. Aufn. jederzeit. P. u. Schg. viertelj. 500 f. Einj.-Fr., f. andere 600 M.

52. ***Gaesdonck** b. Goch. Collegium Augustinianum.

Gegr. 1849, 1873 geschlossen, 1893 wieder eröffn. Kath. Privat-Unterrichts- u. Erziehgs.-Anstalt des Bischofs v. Münster, zunächst z. Heranbildg. des Nachwuchses f. d. Diöz.-Klerus; doch werd. auch and. Zögl. aufgen. Gymn.-Kl. U III—O I. Einj.-Freiw.-Berecht. für U II seit 1896. Aufnahmebedingg.: nicht über 17 J. alt u. Reife für U III. Direktor Dr. Hartmann. P. u. Schg.: 600 M.

53. **Godesberg a. Rh.** Collegium Hubertinum.

Kath. höh. Schule, verb. m. e. Knaben-Pensionat. Gegr. 1871. 5 Kl. VI—O III g. u. rg. Internat f. 12 Zögl. 1909:

43 Sch. 4 geistl., 5 weltl. Lehr. Schule u. Intern. unt. geistl. Leitg. Rektor M. Maagh. P. 720 M. Schg. 180 M.

54. ***Godesberg a. Rh.** Evang. Pädagogium.

Gegr. 1883 v. P. Axenfeld. Inh. u. Dir.: Prof. O. Kühne (s. 1887). Höh. Lehr- u. Erziehgs.-Anst. (R. u. PG. mit rg.-Nebenabteilgn.). Einj.-Fr.-Berecht. s. 1896. 25 Kl. VI—OII. Bis zu 450 Sch. Auch Externe werden zugelassen (Schg. 500 M.). Bis 20 in jeder Kl. Je 10—18 Zögl. in 22 Familienhäusern (sog. Pavillonsystem). Schüler, die die Reifeprüfg. ablegen wollen, können in Godesberg bleiben u. von O II an Bonner G. u. RG. besuchen, oder sie gehen in das Alumnat der OR. in Gummersbach über. (Zweiganstalten: Herchen a. Sieg u. Föhr.) 62 Lehrer u. Erzieher. Handfertigkeitsunterr. P. u. Schg.: 1800, Ausl. 2000 M.

55. **Herchen** a. Sieg. Evang. Pädagogium (Zweiganst. v. Godesberg) s. 1901.

Rektor: L. Lindemann. Kl. VI—OIII der lateinl. R. in Abteilgn. von 5—10 Schülern. In 3 Familienhäusern r. 60 Zögl. Handfertigkeitsunterr. u. Gartenbau. P. u. Schg. s. Godesberg.

56. **Föhr-Südstrand.** Dr. Gmelins Nordsee-Pädagogium (Zweiganst. v. Godesberg) s. 1908.

Leit.: Oberl. Endemann. Heil- u. Lehranstalt f. Knab. u. Mädch. Vorsch., R., PG. u. RPG. 1910: 94 Zögl., die in 4 Häusern 5 Familien bilden. P. u. Schg.: 2400 M.

57. **Hilden,** Kr. Düsseldorf. Höh. Privatknabenschule u. Pensionat des Rektors Fr. Röttger.

Gegr. 1897. Parit. R. Kl. VI—OIII. Extern. u. Intern. Bis zu 30 Pens. Erziehung f. d. prakt. Leben. P. u. Schg. 1200 M.

58. ***Oberkassel** b. Bonn. Institut Kalkuhl.

Höh. Privat-Knabenschule. Dir.: E. Kalkuhl. Gegr. 1880. Parit. R. Kl. VI—I. Einj.-Fr.-Ber. s. 1891. Intern. u. Extern. 1910: 224 Sch., davon 137 Int. P. u. Schg. VI—III: 1200, II: 1400, I: 1600 M. Bei Brüdern 100 M. Ermäßigg.

Hierher auch das unter Nr. 114 im Verzeichnis A stehende

Neunkirchen-Wipperfürth, Studienanstalten des Pf. Rektor Schaaf f. Söhne der Landbewohner. Kath. Gegr. 1899.

2. Herzogtum Braunschweig.

59. ***Blankenburg** a. Harz. Berecht. Realschule mit Alumnat.

Inh. u. Leit.: Wilbr. Rhotert. Gegr. 1889 in Rossla, 1891 nach Bad Sachsa verlegt, seit 1905 in Blankenb. 6 kl. lateinl. R., die beid. oberen Kl. in Parallelabt. Ost. u. Mich. Abgangsprüfgn. S. 1894 militärber. 7 ord. wiss. Lehr. Alumnat f. ausw. Schül. auf 100 Zögl. einger. Schlafzimm. für je 4, gemeins. Arbeitsäle. Aufsicht: Dir. u. 3 Insp. 1910: 98 Haus-, 83 Stadtsch. P. u. Schg. VI—IV: 1176, III—II: 1276, I: 1416 M. Brüder, sowie Söhne v. Geistl. u. Lehr. 100 M. weniger.

60. **Holzminden.** Landschulheim Am Solling.

Gegr. 1909 v. e. »G. m. b. H.« OR.-Klassen z. Z. bis U II. Berechtigungen u. Ausbau z. Vollanstalt erstrebt. Internat auf religiöser (evang.) Grundlage, doch frei von Dogmen- u. Konfessionszwang. Deutsch-nationale harmonische Ausbildg. v. Körper, Geist u. Charakter. Alkoholabstinenz, mäßiger Fleischgenuß. Garten- u. Waldarbeit, Tischlerei. Familiensystem d. Erziehg.: bis zu 10 Zögl. je unter e. Lehrer (»Familienvater«) bewohn. ein Zimmer mit anstoß. Schlafräumen zu 3—5 Betten; z. Z. 5 solcher »Schülerfamilien«. Leitg.: Direktor A. Kramer (verh.); dazu ein verh. Oberlehrer, mehrere (unverh.) Erzieher, 1 Hausdame. Aufn. v. 7. Lebensj. an. P. von 1400 M. an je nach d. Eintrittsalter. 50 M. Aufnahmegebühr.

61. ***Seesen** a. Harz. Jacobsonschule.

Dir: Dr. N. Friedland. Gegr. 1801. Stiftung des Geh., Finanzrats Israel Jacobson, ursprünglich zu dem Zweck, die Zöglinge dem jüdischen Handelsgeiste zu entfremden u. sie auf Ackerbau u. Handwerk hinzulenken. Interkonf. R. u. RPG. nach Frankf.-System. Einj.-Fr.-Ber. 160 Alumnen mehrere Freiplätze. Sommer u. Wintersport. Handfertigk. u. Gartenbau. Aufn. v. 9. Lebensj. an. P. 1100—1200 M.

62. ***Wolfenbüttel.** Samsonschule.

Stiftg. v. J. 1786. Jüd. Anfänglich Religionsschule, 1843 Bürgerschule, 1888 6 klass. Realsch. u. Erziehgsanstalt mit Einj.-Freiw.-Ber. s. 1891. Internat. Neubau v. 1896 auf 150 Zögl. bemessen. Gemischtes Zimmer- u. Saalsystem. Oberaufsicht u. Verwaltg. durch die Administration des Samsonschen Legatenfonds. Leitg.: Direktor Tachau. Für Haushalt u. körp. Pflege der jüng. Schüler ein Hauselternpaar (Elementarlehrer). Dazu Inspektionslehrer. 1910: 152 Zögl., davon 25 frei, 12 halbfrei. P. incl. Schg. 1100, 1150, 1200 M.

3. Grofsherzogtum Mecklenburg.

63. **Waren** a. Müritzsee. Pädagogium.

Inh. u. Leiter: Dr. Michaelis. Lehr- u. Erziehgsanstalt, verb. m. Pensionat. Vorbereitg. f. Schulklassen, Einj.-Fr.-Prüfg., Prima, Abitur. Unterricht teils in Schulklassen (kleine Abteilgn.), teils in Spezialkursen, sowohl f. rasch zu fördernde, als f. schwach begabte u. zurückgebl. Schül. Direktor u. 14 Lehrer im Pädag.; 3 Pensionshäuser: jüngere Sch. v. d. älteren getrennt. Aufnahme jederzeit. P. viertelj. 275, bei Einzelzimmer 350 M. Schg. viertelj. VI—IV 75, III 100, II—I 150, Einj.-Fr.-Kurse 125 M.

4. Fürstentümer Lippe und Waldeck.

64. **Bad Meinberg** b. Detmold. Privat-Lehrinstitut des geistl. Dir. Dr. L. Heinrichs.

Gegr. 1882 (1908). Vorbereitg. f. d. höh. Kl. d. Gymn. u. d. Reifeprüfg. Studienanst. f. zurückgebl. Schül. Aufn. v. O III an. 40 Zögl. 7 L. P. u. Schg. 140 M. monatl.

65. ***Pyrmont.** Pädagogium des Dir. v. Trippenbach.

Gegr. 1891 v. Dr. Caspari (jetzt Direktor in Lüben i. Schl.). Par. Privat-R. Kl. VI—I. Einj.-Fr.-Ber. Alumnat f. ausw. Sch. im Hause des Dir. Darin 4 Lehrer zur Aufsicht. Stubenwirtsch. 1910: 168 Sch., dav. 82 Alumnen. P. u. Schg. VI—V: 275, IV—III: 300, II—I 325 M. viertelj.

5. Hansestadt Hamburg.

66. ***Hamburg**/Hamm-Horn. Paulinum, Knaben-Pensionat des Rauhen Hauses.[1])

[1]) Vgl. Johannesstift bei Spandau.

Stiftung des D. J. H. Wichern 1852 für evang. Knaben. Real-Kl. VI—I mit Einj.-Fr.-Ber. Zögl. auf 6 Häuser verteilt — die größeren von den kleineren getrennt — in »Familien« zu je 10—12 unter 1 Leiter u. 2 Gehilfen aus der Brüderanstalt. P. f. Zögl. bis 14 J. 1300 M., über 14 J. 1600 M. Ausländ. mehr. Teilfreist. zu 1000 u. 800 M.

b) Mitteldeutschland.

1. Königreich Sachsen.

67. **Burgstädt** i. Sa. Institut Erdmann.

Inh. u. Leit.: R. Erdmann. Gegr. 1889. Zweck: gründliche u. doch möglichst schnelle Vorbereitg. f. d. Freiw.-Ex. u. d. ob. Klass. höh. Lehranst., insbes. f. U I RG. Wenig Schüler. Kein Klassensystem, sondern individueller (Einzel-) Unterricht. Besonders geeignet f. ehem. Volksschüler, die sich später noch e. höh. Bildg. erwerb. wollen, sodann f. zurückgebl. Schül. öff. höh. Schulen. Eintritt jederzeit. Jeder Schüler auf Wunsch eigenes Zimmer. P. u. Schg. i. S. 130, i. W. 145 M. monatl.

68. ***Dresden,** Seidnitzerstr. 9. Realschule v. Gerh. Grössel (vorm. Dr. Zeidlersche).

Gegr. 1871. 6 klass. R. mit Parallelkl. Einj.-Fr.-Ber. 1910: 343 Sch. Im Schulhause Pensionat unter Leitg. des Dir. Aufn. v. 10. Lebensj. an. P. u. Schg. 1080 M. (Halbpension f. Tagesschül. 120 M. viertelj. excl. Schg.)

69. ***Dresden,** Ferdinandstr. 13—17. Privat-Realschule mit Pensionat v. Oskar Koldewey (früher Ernst Böhme).

Gegr. 1862. Evang. 6 klass. R. mit Einj.-Fr.-Ber. 1909: r. 260 Sch. 12 L. Erziehungsschule mit Handfertigkeitsunterricht. 30—40 Pensionäre, je 2—4 ein Schlafzimmer. Dir. u. 2—3 Lehr. als Inspektoren im Internat. P. 1000 M. (Halbpension für Tagesschüler 500.) Schg. 14—20 M. monatl.

70. **Dresden,** Christianstr. 16. Mochmann-Grudesche Lehr- u. Erziehungs-Anstalt.

Dir.: Rob. Grude. Gegr. 1873. Evang. PG. u. RPG. nach Normal- u. Reformlehrplan. Vorsch. u. Kl. VI—U II mit Schülerheim f. 25 Pensionäre. 1909: 140 Sch. 12 L. Aufn. v. 6. Lebensj. an. Klassen höchst. 20 Sch. P. u. Schg. 1500 M. (Halbpension für Tagesschüler 200 M. viertelj.).

71. ***Dresden,*** Reitbahnstr. 11 u. Wielandstr. 2. Lehr- u. Erziehgs.-Anstalt, verb. m. e. Privat-Realsch. des Dir. G. Müller-Gelinek[1]).

Gegr. 1819 v. Stadtmagistrat als allgemeine höh. Bürgerschule z. Andenken an das 50 jähr. Reg.-Jubiläum des Königs Friedr. August. Infolge Ungunst der Zeitumstände bald wieder aufgelöst u. in Privathände übergegangen. Durch Direktor Eduard Böttcher (1833—68) zu Blüte u. Ansehen gebracht, fortgeführt von Dir. Rob. Gelinek bis 1884, von da ab der jetzige Direktor. Interkonf. 6 Rkl. m. fakult. Handelsfächern; die 3 ob. Klassen in Parallelabteilgn. geteilt. Einj.-Fr.-Ber. s. 1880. 15 L. 1911: 279 Sch. Seit 1868 verb. mit Pensionat f. 40 Zögl. Aufn. v. 9. Lebensj. an. P. 1100 M. (Halbpensionäre tagsüber f. 40—50 M. monatl.). Schg. 15—20 M. monatl.

72. ***Leipzig,*** Universitätstr. 26. Teichmann-Dr. Rothsche Privatschule.

Inh. u. L.: Prof. Dr. Friedr. Roth (s. 1884). Gegr. 1824 v. C. G. Hander unter d. »Auktorität« des damal. Rektors d. Univ. Gottfr. Hermann im sog. »Paulinum« als eine Art PG. mit Berücksichtigg. der prakt. Fächer. Sein Nachfolger Teichmann (s. 1849) baute das jetzige Schulhaus 1861. Evang. Lehrplan d. sächs. R. (Lat. fak.), 1 Vorklasse. Einj.-Freiw.-Ber. s. 1882. Aufn. v. 8.—9. Lebensj. ab. z. Z. kein Internat mehr; dagegen Pension bei einzelnen Lehrern. Gegen 400 Schüler.

73. ***Leipzig,*** Querstr. 19. Barthsche Erziehungsschule.

Privat-R. mit Elemkl. IX—I. Gegr. 1863 nach Grundsätzen der Zillerschen Pädagogik. Einj.-Fr.-Ber. s. 1875. 1910: 330 Sch. 12 Haupt-, 10 Hilfslehr. Mit d. Schule ein

---

[1]) Besitzer unterhält auch ein Sommerheim für erholungsbedürftige Knaben im Nordseebad Borkum.

Pensionat verb. P. 900, 1000, 1200 M. Schg. 20—75 M. viertelj.

74. **Leipzig.** Dr. H. Schusters Institut.

Inh. u. L.: Dr. Herm. Schuster. Gegr. 1882. Interkonf. Vorbereitgsanst. f. G., RG., OR. Abt. A. f. Reifeprüfg.; B. f. Primareife, Mittel- u. Oberklassen; C. f. Einj.-Fr.- u. Fähnr.-Prüfg. Individ. Unterr. bei Klassen zu r. 8 Schülern. Aufn. v. 9. Lebensj. an. Kein Internat, aber Pension beim Direktor u. verschied. Lehrern (zu 4—12 Sch.). P. 1000 bis 1380 M.

75. **Schandau.** Lessing-Institut.

Inh. u. L.: A. Kutschbach. Gegr. 1902. Evang. Vorbereitg. auf sämtl. Schulprüfgn. in 4 Kursen: 1. für Abitur., 2. Primareife, 3. Fähnr., 4. Einj.-Fr. Aufn. v. 14. Lebensj. an. 1910: 11 Pens. P. u. Schg.: 1500 M.

2. Thüringen.

76. **Koburg.** J. Taubalds Knaben-Erziehungs-Institut.

Inh.: Dr. Friedr. Schiller. Gegr. 1870. Parit. Für Vorschüler, Gymnasiasten u. Oberrealschüler eine Art Familienheim. Auf 45 Zögl. berechnet. Für die älteren Zögl. eigene Schlafzimmer. P. Vorsch. 750, Schül. v. 10.—13. Lebensjahre 850, v. 14.—16. 900, v. 17.—19. 1000 M. Ausländer, die Einzelunterricht beanspruchen, 1600—2000 M.

77. ***Gera.** Amthorsche Höhere Handelslehranstalt m. Schulpensionat.

Eigent.: Max Amthor. Dir.: Sailer. Gegr. 1849 in Hildburghausen, 1854 nach Gera verlegt. Parit. Zwei Abteilgn.: 1. Handels-Realschule Kl. 4—1 (= IV—U II) mit Einj.-Fr.-Ber. s. 1869. Lehrziel der 6 klass. Realsch. 1910: 104 Sch., $^1/_3$ Pensionäre. Aufnahmebedingg.: vollend. 11. Lebensj., Reife f. IV. Pensionatsleitg.: Max Amthor u. Frau, 1 Insp. (Lehrer). P. 900 M., bei eigenem Zimmer 1200. Ausländer nach Übereinkunft. Ermäßigg. auf Ansuchen. Schg. 220—300 M. 2. Fachkurs (Akademie) mit einjähr. Dauer.

78. ***Gumperda** (S.-Altenburg). Lehr- u. Erziehgs.-Anstalt.

Inh. u. Leit.: Dr. A. Schaffner. Gegr. 1867. Evang. 6 Realkl. m. fak. Lat. Einj.-Fr.-Ber. s. 1871. Vorbereit. auf OII rg. u. or. 10 L. Internat: 3 gr. Gebäude etc. Vereinigg. v. Schule u. Haus durch steten famil. Verkehr m. d. Zögl. 1910: 126 Sch. P. u. Schg. 1100—1200 M.

79. **Ilmenau** (S.-Weimar). Institut Boltz.

Dir. H. Boltz. Gegr. 1901. Internatschule z. Vorber. f. Einj.-Fr.-, Fähnr.-, Primaner- u. Abit.-Prüfg. Großes 3 stöck. neues Gebäude f. 125 Zögl. 15—16 L. wohnen im Institut. P. 250 M. viertelj., Einzelzimmer 75 M. mehr. Schg. 150—200 M. viertelj.

80. ***Jena.** Stoysche Erziehungsanstalt.

Inh. u. Leit.: Dr. Leo Sommer. Gegr. 1880 v. Dr. Heinr. Stoy, dem Sohne des bekannten Pädagogen Prof. Volkmar Stoy, der schon von 1843—68 eine Erziehungsanstalt in Jena leitete. Evang. 3 kl. Vorsch.; 6 kl. R. mit Einj.-Fr.-Ber. Im Winter Handfertigk.-U. Aufn. v. 6. Lebensj. an. 60 bis 80 Zögl. P. 1400—1600 M.; Ausländer 300 M. mehr.

81. **Jena.** Institut Pfeiffer.

s. Nr. 135.

82. **Jena.** Trüpers Erziehungsheim u. Jugendsanatorium Sophienhöhe.

Inh. u. Leit.: Joh. Trüper. Gegr. 1890. Evang. Unterrichtsziel verschieden, je nach Begabung: Bürgersch. od. Realsch.; für die Schwächeren Lehrpl. d. Hilfsschule. Heilerziehung, Fehler u. Schwächen des Leibes u. d. Seele indiv. behandelnd unter ärztl. Beirat. Für schulmüde, blutarme, nervöse oder f. d. Familie schwer erziehbare Kinder v. 4. bis 15. Lebensj. 3 Anstalten f. je 20—40 Zögl. Kleinere Gruppen mit famil. Charakter. a) Haushaltungsheim f. Mädchen. b) Jünglingsheim mit berufl. Ausbildg. f. ält. Knaben. c) Schulheim f. jüng. Knab. u. Mädch. 7 Schulkl. mit je 4—12 geben Vorbereitg. bis zu OIII (Reformschullehrplan). Für höh. Klass. Einzelunterricht. Werkunterr., Gartenbau. Schwed. Gymnastik. Kost nach Verordnung; zu Fleischgenuß niemand gezwungen. Alkohol-ausgeschl.

P. 2000, über 14 J. 2100, Ausländer 2200 M. In Ausnahmefällen Ermäßigg.

83. ***Keilhau** b. Rudolstadt. Erziehungsanstalt.
Inh. u. Leit.: Prof. Dr. O. Wächter. Gegr. 1817 v. Friedr. Fröbel. Evang. 6 Realkl. Einj.-Fr.-Ber. Aufn. v. 9.—14. Lebensj. Internat f. 90—100 Zögl. Art »Landerziehgsheim«. Saalsystem. Schlafräume der Kleineren u. der Größeren getrennt. Handfert. u. Gartenbau. Turnen, Wandern, Schwimmen. P. u. Schg.: 1100—1200 M.

84. **Bad Liebenstein** (S.-M.). Pädagogium.
Inh. u. L.: Reinh. Bachrodt, Rektor. Gegr. 1905. Evang. Schule m. Pensionat. 5 Kl. in 8 Abteilgn. Reallehrplan (Lat. u. ev. Griech. fak.). Vorbereitg. bis O III u. auf Einj.-Fr.-Prüfg. Familienpensionat auf christl.-human. Grundlage. Bis zu 20 Zögl. P. 1000—1200 M.

85. **Roda** (S.-A.) b. Jena. Erstes deutsches Walderziehungsheim v. H. Landmann u. Frau.
Gegr. 1909. Evang. Für Kinder schwächerer Naturanlagen körperl. u. geistiger Art (vgl. Sophienhöhe b. Jena). Lehrziel einer Mittelschule mit Franz. u. Engl. (Lat. fak.). 4 Kl. mit weiterer Gliederung in Abteilgs.-Unterr. Auf 30 Zögl. einger. Familienerziehg. unter ärztlichem Beirat. P. 450 M. viertelj. f. Kinder unter 12 J., 500 f. ältere.

86. **Schnepfenthal** (S.-K.-G.). Lehr- u. Erziehgs.-Anstalt.
Dir.: Dr. Wilh. Ausfeld, Geh. Schulrat. Gegr. 1784 v. Philanthropen Chn. Gotthilf Salzmann. Internat f. 60—70 Zögl. Zweck d. Anstalt: Knab. christl. Glaub. a. d. geb. Stänḋ. v. 8.—15. Lebensj. zu erzieh. u. zu unterr. Familienleben zusammen m. d. Familien des Dir. u. seines Sohnes Dr. Friedr. A. An der Erziehg. die Frauen d. Hauses Salzmannscher Überlieferg. entspr. wesentl. mitbeteil. Außerd. wirken mit 1 Anstaltsgeistl., 8 L. u. 2 Ln. Kein Klassen-, sondern Fachsystem. Vorbereitg. auf U II g, rg, r. Handfertigk., Gymnastik (Schnepfent. hatte unter Gutsmuths Leitg. d. ersten Turnplatz in Deutschl.). P. u. Schg.: 1600 M. Brüder Ermäßigg. Bei Ausländ. besond. Vereinbarg.

87. **Wickersdorf** (S.-M.) b. Saalfeld. Freie Schulgemeinde (»G. m. b. H.«).

Leit.: M. Luserke. Gegr. 1906 v. Dr. G. Wyneken. Interkonf. Neuer Schultypus zur Vereinigg. des Individual- u. Sozialprinzips in einer »freien« Schulgemeinde, beruhend auf Selbstregierung d. Schül. u. gemeins. Arbeit v. Erzieh. u. Zögl. Koedukation. Schüler in »Kameradschaften« gruppiert um die einz. Lehrer u. Lehrerinnen nach eigener Wahl. Ausbildg. d. Körp. zu Schönheit, Gewandtheit u. Kraft durch Gymnastik, Sport, Werkstatt- u. Gartenarbeit, Alkoholabstinenz. Nachahmung Lietzscher Grundsätze. Lehrpl. d. OR. (VI—I) mit Vorber. auf Einj.-Fr.- u. Reifeprüfg. Aufn. v. 9. Lebensj. an. 1910: 63 Zögl., darunter 14 Mädch. P. u. Schg. 1300—1800 M. je nach d. Kl. Bei jüng. Geschwist. 10% Ermäßigg.

3. Großherzogtum Hessen.

88. **Echzell-Forsthaus** (Wetterau). Knaben-Institut Lucius.

Inh. u. Leit.: Jul. Lucius, Ghz. hess. Präzeptor. Gegr. 1809 in Nierstein, fortgesetzt in Jugenheim b. Mainz vom Großvater des jetzigen Inhabers; seit 1878 in Echzell. Zweck der Anst.: Schüler christl. Konf. auf U II g, rg, r. vorzubereiten. Zusammenleben der Schül. mit Lehrern u. der Vorsteherfamilie. Auf 28 Zögl. eingerichtet. 1910: 20 Zögl. Aufn. jederzeit. P. u. Schg.: 1200 M. Brüder Ermäßigg.

89. **Oberhambach** b. Heppenheim. Odenwaldschule.

Leit.: Paul Geheeb. Gegr. 1910. Interkonf. u. internat. Koedukation. Lehrpl. d. OR. (Lat. u. Griech. fak.). Variante der Lietzschen LEHe. Zögl. in Gruppen v. 6—8 um e. Erzieher (»Familien«). Streng hygien. Lebensweise: Alkohol, Kaffee, Tee, Tabak verboten. Aufn. v. 9. Lebensj. an. P. VI: 1300, V: 1400 M. usw. mit jeder Kl. um 100 M. steigend.

90. ***Offenbach.** Goetheschule.

Dir.: R. Rau u. Steinwachs. Gegr. 1886. Parit. Privat-Realsch. m. Handelsabt. Kl. VI—U II u. Vorsch. Einj.-Fr.-Ber. Extern. u. Intern. 1910: 330 Sch., davon 43 Alumnen. Stubenwirtsch. Schlafzimmer f. 1—5 Zögl. Anfertigung d. Schularbeiten in den Klassen unter Aufsicht. P. u. Schg.: 900 M. f. Zögl. unter 12 J., f. ältere 1000 M.

91. **Reichelsheim** i. Odenwald. Familienpensionat Reichenberg.

Lehr- u. Erziehungsanstalt f. Knaben auf d. Reichenberg. Gegr. 1876. Evang. Inh. u. Leit.: Siegfr. Anthes u. Ferd. Lucius, ev.-luth. Pf. Vorbereitg. f. alle Kl. höh. Lehranst. bis U I in passenden Abteilgn. Individ. Erziehg. Aufn. v. 10. Lebensj. an. Bis zu 20 Zögl. P. 1290 M.

c) Süddeutschland.

1. Bayern.

92. ***Augsburg.** Allgem. Handelslehranstalt v. Gust. Hoffmann. Gegr. 1879. Von Stadt, Kreis u. Handelsverein unterstützt. Parit. Kl. I—VI. Einj.-Fr.-Ber. Aufn. v. 10. Lebensj. an. Extern. u. Intern. 1910: 181 Sch., davon 38 Int. Schule u. Internat unter einem Dache. 2 Lehrer als Präfekten. Hausordnung des Internats auf christl. Grundlage. P. 800 M. Schg. 120 u. 200 M.

93. **Donauwörth.** Cassianeum, Erziehgsanst. f. Studierende d. K. PG.[1])

Gegr. 1860. Privatanstalt des Dir. Ludw. Auer sen. im ehem. Benedikt.-Kloster Heilig Kreuz. Auf 50—60 Zögl. einger. Leitg.: Ludw. Auer jr. u. 2 Präfekten. Aufn. v. d. 1. Kl. an. Sorgfältige kath.-relig. Internats-Erziehg. mit Handfert.- u. Gartenbaulehre. P. 600 M., Nebenausg. 30 M. Schg. 50 M.

94. ***Bad Dürkheim** (Rheinpfalz). Bärmannsche Realschule.

Gegr. 1875. Lehrpl. d. bayr. 6 kl. R. Einj.-Fr.-Ber. Par. Internat (modern, Saalwirtsch.) mit 2 Gebäuden (Pensionat u. Schule). 1909/10: 248 Sch., davon 119 Int. Leitg.: Direktor Heinrich Bärmann u. Frau, 1 Präfekt. Aufn. v. 10. Lebensj. an. P. u. Schg.: 990 M.

---

[1]) Daneben besteht in gleichen Verhältnissen das Knabeninstitut Heilig Kreuz (Bürgerschule).

95. ***Frankenthal** (Rheinpfalz). Real-Lehrinstitut, verb. mit Pensionat.

Gegr. 1868. Par. Lehrpl. d. bayr. 6 kl. R. Einj.-Fr.-Ber. Von Stadt u. Staat subvent. 1909/10: 225 Sch., davon 95 Pens. Vorst.: Val. Trautmann u. Eug. Wehrle, 7 ord. u. 7 Hilfs-Lehr. P. u. Schg. f. Kl. 1 u. 2: 750, Kl. 3 u. 4: 840, Kl. 5 u. 6: 960 M.

96. **Landau** i. Pfalz. Höh. Handelsschule des Direktor A. Harr.

Gegr. 1896. Von der Stadt subventioniert. Extern. u. Intern. Zwei Abteilgn.: I. Handelsrealschule, bestehend aus Vorbereitgskl. Fachkl. I—III u. Einj.-Klasse; II. Halbjähr. Handelskurse. Aufnahmealter f. d. Vorbereitgskl. das zurückgel. 11. Lebensj. Hauptgebäude, Renaissancebau aus Haardter Gelbsandstein v. 1902, enthält Schulräume, Internat u. Direktorwohnung. Auf 70 Zögl. berechnet. Schlafsäle f. d. jüngeren, Schlafzimmer f. d. älteren Zögl. In einem Nebengebäude v. 1908 Einzelzimmer z. erhöhten Preisen. Pensionat unter persönl. Leitg. d. Dir. u. seiner Frau, dazu 2 Hausdamen. 1910: 186 Sch., davon 56 Pens. P. u. Schg. in den HR.-Kl.: 820, 840, 860, 880 M. jährl., Einj.-Kl. 560 M. halbjährl.; in den Handelskursen: 920 M. jährl. Einzelzimmer 300 M. mehr.

97. ***Marktbreit** a. Main. Privat-Real- u. Handelsschule.

Inh. u. Leit.: F. Köppl, Rektor. Gegr. 1845. Simult. 6 Kl. Lehrpl. d. bayer. R. mit Handelsabt. in IV—VI. Einj.-Fr.-Ber. s. 1879. Intern. u. Ext. Schul- u. Pensionshaus getrennt. Zur Aufsicht auß. d. Lehrern 2 Präfekten. 1910: 134 Sch., davon 103 Int. Aufn. v. 10. Lebensj. an. P. u. Schg. 890, 920, 950 M.

98. ***Marnheim** i. Pfalz. Realanstalt am Donnersberg.

Gegr. 1867. Eigentum des Anstaltsvereins: Schulstiftung, der alle Einnahmen zugute kommen. Militärber. 6 klass. R. mit Familienalumnat Jugendheim. Familienprinzip der Erziehg., verb. mit dem der Selbstregierung, d. h. unter Beirat eines frei gewählten Schüler-Ausschusses. Beamte des Vereins: 2 Anstaltsleiter (Dir. E. u. G. Göbel), 6 Erzieher, 2 Hausdamen. Gemischtkonfess., doch zu $^{9}/_{10}$ evang. 125

Zögl. in 4 Häusern, nach Klassen getrennt. P. u. Schg. 720–840 M.

99. ***Miltenberg** a. Main (Bayern). Höh. Lehr- u. Erziehgsanstalt (mit Schülerheim).

Dir.: C. Kring. Gegr. 1867. Parit. 6 kl. R. mit lat. Nebenkl., verb. m. e. höh. Handelsschule. Einj.-Fr.-Ber. Familienhäuser (z. Z. 4) geleitet vom Direktor, bzw. v. verheir. Lehrern, daneben in jed. Hause 1–2 unverheir. Erzieher. Stubenwirtsch.: 2–4 Zögl. in ein. Zimmer. Neuzeitl. einger. Aufnahme v. 10. Lebensj. an. P. u. Schg. f. VI–IV: 1000, III–U II: 1200 M.

100. **München,** Königinstr. 38. Privat-Lehr- u. Erziehgs.-Institut f. adeliche Gymnasial- u. Realschüler des Dr. J. B. Hornung.

Gegr. 1902 v. Graf Fr. Waldersdorff. Familien-Alumnat f. etwa 15 Zögl. (auch bürgerliche). Kath. Außer d. Leiter ein geistl. Präfekt. Vornehmes Haus am Engl. Garten. Zu den körperl. Übgn. gehören auch Reiten u. Fechten. Während d. Ferien (Juli–Sept.) finden junge Franzosen z. Erlernung des Deutschen Aufnahme. P. 200 M. monatl.

101. **München,** Kaulbachstr. 31. N. Römers Institut.

Inh. u. L.: Nikol. Römer. Gegr. 1888. Vorbereitg. auf alle Mittelschulprüfgn. einschl. Abitur. Kein Klassensystem. Besonderer Wert auf leibl. Ertüchtigg. durch Turn., Spiel u. Sport gelegt. Handfertigkeit. Physik. u. chem. Praktik. Aufn. v. 10. J. ab. 64 Zögl. P. 150 M. monatl. Schg. 90 bis 250 M. monatl., je nach den Bedürfnissen.

102. **München,** Herzog Rudolfstr. 26. Lehr- u. Erziehgs.-Institut Athenaeum des Dir. P. Sauerwein.

Gegr. 1905. Interkonf. Pensionat f. Mittelschül. z. Leitg. u. Beaufsichtigg. ihrer Studien; daneben Vorbereitgsanst. auf sämtl. Schul- u. Milit.-Prüfgn. Sorgfält. Erziehg. unter Mitwirkung d. Hausfrau. Außer d. Direktor Präfekten. Neue, schön einger. Räume. Bis zu 18 Zögl.; Zahl d. Tagesschüler nicht begrenzt. P. u. Nachhilfe-U. 130–200 M. monatl.

103. **München,** Heßstr. 16. Privatinstitut v. Gust. Adolf Stoll.

Gegr. 1903. Parit. Vorbereitg. auf alle Militär- u. Schulprüfgn. Ext. u. Int. Familienpensionat. 1910: 70 Sch., davon 8 Int. Außer d. Leiter ein Präfekt zur Aufsicht u. Nachhilfe. P. 120 M. monatl. Schg. je nach d. Kursus 60—150 M. monatl.

104. **München,** Nymphenburgerstr. 53. Dr. Friedr. Ustrichs Pädagogium (Lehr- u. Erziehungsinstitut).

Gegr. 1887. Teils Pensionat f. Schüler höh. Lehranstalten, teils Pensionat u n d Lehranstalt oder auch bloß Lehranstalt für Privatschüler aller Altersstufen z. Vorbereitg. auf Mittel- u. Oberklassen, auf Einj.-Fr.-, Fähnr.- u. Reifeprüfg. Aufn. v. 8. Lebensj an u. jederzeit. P. f. Zögl. unter 16 J. 600 M. jährl., über 16 J. 90—100 M. monatl., dazu 20 M. jährl. Möbelgeld. Schg. 40—120 M. monatl.

105. ***Nürnberg.** Real- u. Handelslehranstalt Institut Gombrich.

Inh.: M. Gombrich. Gegr. 1873. Parit. 4 Vorkl., 6 Realkl. Lehrplan d. bayer. R. mit Handelsabteilg. Ziel: Reife f. d. 7. Kl. d. OR. Einj.-Fr.-Ber. Extern. u. Intern. Schulleiter: J. Gombrich. Leiter d. Pensionats: J. Seifensieder. 54 Pensionäre. P. 900 M.

106. **Passau,** Obere Donaulände 8. Pensionat Fürst.

Leit.: Jak. Fürst, k. Prof. Gegr. 1888. Kath. Erziehgs.-Institut f. Gymn. u. Realsch. Auf 60 Zögl. einger. Familiäre, streng relig. Erziehg. Saalwirtsch. Außer d. Institutsdirektor 2 Präfekt. Haushalt führen die Schwestern d. Leiters. P. 500 M. u. 20 M. Möbelgeld.

107. **Schondorf** a. Ammersee. Süddeutsches Knaben-Landerziehgs.-heim.

Gründer u. 1. Direktor: Jul. Lohmann. Gegr. 1905 in der Art der Lietzschen LEH., doch ist dem weibl. Element durch Mitbeteiligung der Direktoren- u. Lehrerfrauen an der Erziehung größerer Einfluß eingeräumt. Freier Lehrplan der süddeutsch. Mittelschule (hum. u. real.). 2. Dir. u. Unterrichtsleiter: Georg Rose. 12 Lehrer (6 verh.) z. Z. 7 Kl. 60—70 Sch. Aufn. v. 9. Lebensj. an. Kost halbveget. (nach Lahmann), alkoholfrei. P. 1320—2000 M. je nach Alter u. — für ältere — nach Ansprüchen im Unterricht.

108. ***Würzburg.** Institut Adam.

Inh. u. Leit.: W. Adam. Gegr. 1905. 6 klass. Handelsrealsch. m. Vorsch. Parit. Einj.-Fr.-Ber. Extern. u. Intern.

1910: 245 Sch., davon ? Alumnen. P. 750, 800, 850 M. Schg. 120 u. 150 M.

2. Württemberg.

109. **Calw.** Spöhrersche Höhere Handelsschule (Pensionat).

Dir.: Gust. Weber. Gegr. 1875. Parit. R. u. H. Kl. IV—U II. Realabt. mit Einj.-Ziel, Handelsabt. zur weiteren Ausbildg. junger Kaufleute. IV—OIII Jahreskurse, U II Halbjahrskursus z. Vorber. auf d. Einj.-Fr.-Ex. Sept. 1910 bestanden alle 16 Schüler die Prüfg. Aufn. v. 12. Lebensj. an. Schüler unter 14 J. in d. Fam. d. Dir. 18 Lehrer. Kleine Klassen. Individuelle Behandlung. 1910: 250 Sch., davon 240 im Intern., 4 Häuser mit 105 (Schlaf-)Z., gemeins. Arbeitsäle. P. je nach Klasse 185—300 M. viertelj., bei Tisch 1. Kl. 450 M.

110. **Kirchheim-Teck.** Handelslehranstalt (Internat).

Dir.: Emil Aheimer. Gegr. 1862. Parit. Wissensch. u. kaufmänn. Abteilg. Jene 4 Realkl. IV—I u. Einj.-Fr.-Kurs. Aufnahme v. 12. Lebensj. an. Bis zu 70 Pens. Zellenwirtschaft f. 1—3 Zögl. P. u. Schg. r. 900 M. Ausländerkursus v. 1300 M. an.

111. ***Stuttgart,** Werastr. 22. Institut Rauscher.

Dir. Prof. Widmann. Gegr. 1872. Parit. 6 klass. R. Alte Sprach. u. Handelsfäch. fak. Einj.-Fr.-Ber. s. 1882. 7 ord., 5 außerord. (Fach-)Lehr. Kleine Klassen. Aufn. v. 9. Lebensj. an. Mit d. Schule verb. ein Fam.-Pensionat f. 30 Zögl. Direktor u. Hauptlehrer wohnen im Institut. Gesonderte Schlafräume f. je 2—4 Zögl. P. u. Schg. 1200, 1400, 1600 M.; Halbpensionäre 600—700.

112. **Stuttgart,** Rotenwaldstr. 31. Studienheim Institut Sonnenberg.

Inh. u. Leit.: E. Höfner. Gegr. 1904 vom † Dr. Fr. Kress. Interkonf. (früher: kath.). Zweck des Instituts: 1. Schulpensionat (f. Sch. höh. Lehranst. St.'s), 2. Unterrichtsanst. f. schwache u. zurückgebl. Schül., 3. Vorbereitg. auf bestimmte Schulklass., sowie auf alle Schul- u. milit. Prüfgn. 4. besond. Einj.-Fr.-Kurse, auch f. Leute, die bloß Elementarschulbildg. haben. P. f. Sch. unter 12 J. 180, unter 15 J. 225, über 15 J. 270 M. viertelj. Schg. 120 M. viertelj.

3. Baden.

113. **Schloß Hemsbach** a. d. Bergstr. Erziehungsheim. Höhere Reformsch. f. Knab. u. Mädch.

Leiter: F. Bierau. Gegr. 1910. Koedukation. Interkonf. Konfess. Rel.-Unterr. f. Prot., Kath. u. Jud. Harmon. Ausbildg. v. Körper, Geist u. Gemüt. Wissensch. Unterr. u. prakt. Tätigkeit. Vorbereitg. auf Einj.-Fr.- u. Abit.-Prüfg. (OR, RG, G.). Garten-, Feld- u. Werkstattarbeit. Reformkleidung. Kost gem. u. veget. Alkohol u. Tabak verboten. Aufn. v. Kindergarten an. P. je nach dem Eintrittsalter 300—500 M. viertelj.

114. **Lahr.** Privat-Realschule m. Pensionat.

Direktoren: Arnold u. Brenner. Gegr. 1903. Parit. Lehrplan der 6 klass. R. Ziel: Vorbereitg. z. Einj.-Fr.-Prüfg. an e. v. Grh. Oberschulrat bestimmten staatl. R. Besonders Förderung zurückgebl. Schüler. Aufn. v. 9. Lebensj. an. Familien-Pension bei den Direktoren. P. u. Schg. 1050 bis 1350 M., je nach der Klassenstufe.

115. **Sasbach** b. Achern. Lendersche Lehranstalt.

Begründer u. Inhaber: Prälat Dr. Fr. X. Lender. Gegr. 1872. Kath. Internatschule: PG (VI—OII) u. R (VI—U II). Vorbereit. auf G I u. Einj.-Fr.-Pr. Streng relig. Erziehg. 1910: 424 Int., 46 Ext. Direktor: Dr. Schindler. 21 L. Saalwirtsch. Aufsicht durch Präfekten (Lehrer) u. sog. »Zensoren« (Schüler d. Oberkl.). Ökonomie in eigener Regie. P. zwei Klassen zu 350 u. 250 M. Schg. 100 M.

116. ***Waldkirch i. Br.,** Bad. Schwarzwald. Privat-Realschule (Internat) v. Dr. Plähn.

Gegr. 1864 in Bruchsal durch Tur de Séchelles als »International-Lehrinstitut«, 1891 nach Waldkirch verlegt. Parit. Seit 1874 berecht. R. Kl. VI—U II mit Einj.-Fr.-Ber. Lehrpl. d. Grh. Bad. Realsch., in d. ob. Kl. franz. u. engl. Konvers. 13 L. Aufn. v. 9. Lebensj. an. Intern. f. 100 Zöglinge, dazu etwa 50 Externe. Zögl. unter ständiger Aufsicht der Lehrer.

Körperl. Übgn., Sport, Handfertigkeit. P. u. Schg. 1100 bis 1300 M. Brüder Ermäßigg.

4. Elsafs-Lothringen.

117. **Straßburg.** Dr. Haenles Institut (Polytechn. Institut). Gegr. 1890. Vorbereitg. z. Einj.-Fr.-, Fähnr.- u. Abit.-Prüfg. (Chemieschule). Inh. u. Direktor: Dr. Haenle. Wissenschaftl. Leiter: Dr. Wethly. Aufn. v. 16. Lebensj. ab. 8 Pensionäre. P. u. Schg. f. Einj. 120, f. Abit. 200 M. (f. Chem. 150) pro Tertial.

II. Die Alumnate nach sachlichen Gesichtspunkten geordnet.

A. Öffentliche Anstalten.

a) Internate alten Stils.

1. Protestantische Kloster- und Fürstenschulen und ähnliche Stiftungen.

Aus der Tagesordnung von Schulpforte:

II. Winterordnung.

A. Lektionstage.

<table>
<tr><th>Montag, Dienstag, Donnerstag, Freitag.</th><th>Mittwoch.</th><th>Sonnabend.</th></tr>
<tr><td colspan="3">5^{30} Aufstehen.
6^{15}—6^{45} Arbeitsstunde; dann erstes Frühstück.
6^{55} Morgengebet.</td></tr>
<tr><td colspan="2">7—8 Erste Lektion.
8^{10}—8^{45} Arbeitsstunde (bzw. englische, hebräische Lektionen, Turnen).
8^{45}—9^{15} Zweites Frühstück und schulgartenfrei.
9^{15}—12 Lektionen; nach jeder Lektion 10 Min. Pause.</td><td>7—8^{45} Lektionen (8 bis 8^{10} Pause).
8^{45}—9^{15} Zweites Frühstück und schulgartenfrei.
9^{15}—10 Lektion.
10^{15}—12 Arbeitsstunde (bzw. Zeichnen, Singen).</td></tr>
<tr><td colspan="3">12 Mittagessen.</td></tr>
<tr><td>—2 schulgartenfrei und Turnusspaziergang der Primaner.
2—2^{50} Lektion.
2^{50}—3 Pause.
3—3^{50} Lektion
3^{50} Vesper; dann —5^{10} schulgartenfrei (an d. kürzesten Tagen schulhausfrei).
5^{10}—7 Arbeitsstunde.</td><td colspan="2">—4^{10} schulgartenfrei; —2^{30} Turnusspaziergang der Primaner, 2^{50} Vesper.
4^{10}—6, 6^{15}—7 Arbeitsstunde.</td></tr>
</table>

Montag, Dienstag, Donnerstag, Freitag.	Mittwoch.	Sonnabend.
7 Abendessen; —8 schulhausfrei.		
8—8^{45} Arbeitsstunde (bzw. Lesestunde). 8^{45} Abendgebet.		8 Abendgebet. 8—8^{50} Selbstbeschäftigung.
9 Zubettgehen der Mittleren und Unteren.		
9—9^{50} Arbeitsstunde der Primaner.		9—9^{50} Selbstbeschäftigung der Primaner.

10 Zubettgehen der Primaner.

B. Studientag.

6^{25} Aufstehen, dann Frühstück.
6^{55} Morgengebet.
7^{15}—9 Arbeitsstunde.
9 Zweites Frühstück, —10 schulgartenfrei.
10—12 Arbeitsstunden (10—11 Lektion der Tertianer).

12 Mittagessen.

—4^{10} schulgartenfrei; —2^{30} Turnusspaziergang der Primaner, 2^{50} Vesper.
4^{10}—6, 6^{15}—7 Arbeitsstunde.

7 Abendessen, —8 schulhausfrei.

Von 8 an Lektionstagsordnung ohne Lesestunde.

C. Sonntag.

6^{25} Aufstehen.
7 Morgengebet, dann Frühstück.
—8 schulgartenfrei.
8—8^{45} Selbstbeschäftigung (bzw. Singstunde).
8^{45} Zweites Frühstück.
9 Kirche; nach der Kirche —12 schulgartenfrei.

12 Mittagessen.

—1^{30} schulgartenfrei.
1^{30}—2 Selbstbeschäftigung.

a) Vom 15. November bis 1. Februar: 2—4 freier Spaziergang, 4 Vesper; 4^{15}—5, 5^{15}—6 Selbstbeschäftigung, 6—7 schulhausfrei;
b) in der übrigen Winterzeit: —2^{30} schulgartenfrei, 2^{50} Vesper; —5 freier Spaziergang, 5—6, 6^{15}—7 Selbstbeschäftigung.

7 Abendessen, —8 schulhausfrei.

Von 8 an wie Sonnabends; doch 8^{45} Gebet, wenn der Tanzsaal den Unteren zum Spielen freigegeben ist.

Aus der ›Bekanntmachung über die Aufnahme von Zöglingen‹ in **Meißen** und **Grimma** von 1895, 25. Februar:

§ 18. Bestellung eines Tutors (Verlagslehrers); Obliegenheiten desselben.

Jeder Alumnus und jeder nicht bei einem Lehrer der Anstalt wohnende Extraneer (Stadtextraneer) wird bei seiner Aufnahme der speziellen Fürsorge eines ordentlichen Lehrers, der für ihn innerhalb der Schule Vaterstelle zu vertreten hat, überwiesen.

1. Dieser Lehrer, der Tutor, ist verpflichtet, sich in ein engeres und wahrhaft väterliches Verhältnis zu seinen Pflegebefohlenen zu setzen, durch Belehrungen und Erinnerungen auf Herz und Sinn, auf Sittlichkeit, Fleiß und Ordnungsliebe derselben unmittelbar einzuwirken, bei etwaigen Krankheiten oder sonstigen Zufällen ihnen ratend und helfend zur Seite zu stehen und überall, wo der Zögling sich ratlos oder verlassen fühlen würde, zwischen Eltern und Sohn, wie zwischen Eltern und Schule vermittelnd und verständigend einzutreten, muß aber dafür bei den Eltern und Vormündern seiner Pflegebefohlenen auf volles Vertrauen in allen wichtigen, sie betreffenden Angelegenheiten und auf williges Entgegenkommen auf die von ihm etwa erteilten Winke und Ratschläge rechnen dürfen.
2. Der Tutor erstattet in der Regel am Ende jedes Vierteljahres den Eltern oder deren Stellvertretern Bericht über die sittliche Führung, den Fleiß und die wissenschaftlichen Leistungen seiner Pflegebefohlenen, zu Michaelis und zu Ostern unter Beifügung und beziehentlich unter Hinweis auf die von der Schule erteilte Halbjahrszensur.
3. Der Tutor verwaltet für seine Pflegebefohlenen die Kasse. Zu diesem Zwecke haben ihm die Eltern beziehentlich Vormünder vierteljährlich pränumerando eine mit ihm vorher zu vereinbarende Summe als Vorschuß zu übergeben und diese Vorschüsse regelmäßig abzuführen, widrigenfalls sie zu gewärtigen haben, daß ihnen auf vorgängige Berichterstattung an das Ministerium und auf dessen Anordnung ihre Kinder ohne weiteres werden zurückgeschickt werden. Der Tutor dagegen führt über alle von ihm zu machenden Ausgaben die Rechnung und schickt diese vierteljährlich nebst Belegen den Eltern oder Vormündern zu.
4. Der Tutor sorgt für allen sich etwa als notwendig erweisenden oder gewünschten Privatunterricht seiner Pflegebefohlenen im Einverständnis mit deren Eltern oder Vormündern und vermittelt auch die Zahlungen an die Schulkasse, insoweit letztere nicht von der Kassenstelle der Anstalt unmittelbar von den Verpflichteten eingezogen werden.

Grimma. Fürsten- u. Landesschule. **132.**

Meißen. Fürsten- u. Landesschule St. Afra. **134.**

Pforta. Kgl. Landesschule. **63.**

Ilfeld. Kgl. Klosterschule. **74.**

Roßleben. (Evang.) Klosterschule. **64.**

Donndorf, Prov. Sachsen. Evang. Klosterschule. **58.**
Blaubeuren. Evang.-theol. Seminar. **199.**
Maulbronn. Evang.-theol. Seminar. **200.**
Schönthal. Evang.-theol. Seminar. **201.**
Urach. Evang.-theol. Seminar. **202.**
Berlin-Wilmersdorf. Joachimsthalsches Gymnasium. **44.**
Magdeburg. Alumnat des Pädagogiums z. Kloster U. L. F. **62.**
Putbus. Kgl. Pädagogium. **12.**

2. Alumnate zu kirchlichem Sängerdienst.

Dresden. Alumnat der Kreuzschule. **130.**
Leipzig. Alumnat der Thomasschule. **133.**
Schleusingen. Alumnat am Kgl. Hennebergschen Gymnasium. **66.**
Kitzingen, Unterfranken. Alumnat des Kgl. Progymnasiums. **159.**
Regensburg. Kgl. protest. Alumneum. **177.**
Regensburg. Kgl. Studien- u. Musik-Seminar St. Emmeram u. St. Paul. **178.**
Regensburg. Neues Stift. Studien- u. Musikseminar U. L. F. zur alten Kapelle. **179.**
Regensburg. Studien- u. Musikinstitut der »Dompräbende«. **180.**

Aus der Hausordnung für das Alumneum der Kreuzschule in **Dresden**:

§ 1.

In das Alumneum der Kreuzschule können solche Chorschüler dieses Gymnasiums Aufnahme finden, die sich gut geführt haben und fleißig gewesen sind, sich dem Dienste des Singechors gut gewachsen zeigen und auch geistig für die Lehraufgaben eines Gymnasiums ausreichend begabt erscheinen.

Auch ist vor der Aufnahme durch ein ärztliches Zeugnis nachzuweisen, daß der Leistung des Chordienstes und dem Eintritt in ein Internat keine gesundheitlichen Bedenken entgegenstehen.

§ 3.

Die Alumnen unterstehen der Aufsicht des Inspektors, dem nach seiner Dienstanweisung hausväterliche Gewalt über sie zusteht. Die neu eintretenden Alumnen haben ihm mit Handschlag willige Unterordnung unter die Bestimmungen dieser Hausordnung und seine sonstigen Weisungen zu versprechen. Auch haben sie oder ihre Eltern sich in allen Angelegenheiten vertrauensvoll zunächst an ihn zu wenden.

Die Oberaufsicht über das Alumneum führt der Rektor.

Auch den Hausbeamten, sowie der Schulköchin und der Krankenpflegerin haben die Alumnen mit Achtung zu begegnen und, soweit diese ihnen innerhalb ihres Dienstbereiches Weisungen zu geben haben, diesen nachzukommen.

§ 4.

Die Alumnen werden eingeteilt in:
Obere: die Primaner und Obersekundaner,
Untere: die Schüler von Untersekunda bis Sexta.

§ 5.

Aus der Zahl der Oberen werden nach § 39 der Chorordnung v. J. 1901 die beiden Präfekten ernannt, deren Pflicht es ist, den Inspektor in der Aufrechterhaltung der Ordnung eifrig zu unterstützen, ihn nötigenfalls zu vertreten und ihn von Versäumnissen und Ungehörigkeiten baldigst in Kenntnis zu setzen. Jedem Schlafsaal nebst Waschraum und Kleiderkammer ist ein Präfekt vorgesetzt, der für die Ordnung in diesen Räumen zunächst verantwortlich ist.

Die Präfekten wechseln im Hausdienste wochenweise ab.

Der eine Präfekt (Chorpräfekt) hat nach Gehör des Kantors die Ordnung für den Chordienst aufzustellen und anzuschlagen, sowie die Ordnung für die Benutzung der besonderen Übungsräume für Gesang und Klavierspiel zu bestimmen und deren Einhaltung zu überwachen. Er hat ferner regelmäßig die durch Chordienst am Besuch einzelner Unterrichtsstunden verhinderten Chorschüler in das im Lehrerzimmer ausliegende Chorbuch einzutragen.

Der andere Präfekt (Hauspräfekt) hat nach Gehör des Inspektors zu Beginn jedes Schulhalbjahres die Ordnungen für Arbeitssaal, Speisesaal, Schlafsaal und für den Besuch der Bäder aufzustellen und anzuschlagen. Auch hat er unter Beihilfe eines dazu bestimmten Unteren für die Ordnung und pflegliche Benutzung der Handbibliothek im Arbeitssaale besorgt zu sein.

Der zum Feriendienst bestimmte Präfekt hat vor Beginn der Ferien dem Inspektor ein Verzeichnis der zum Feriendienst angesetzten Alumnen abzugeben. Vor den Sommerferien ist der gesamte Chordienst auch dem Rektor anzuzeigen.

Zeigt sich ein Präfekt seiner Stellung durch Nachlässigkeit im Dienst oder sonst unwürdig, so wird er nach Antrag des Inspektors und Gehör des Kantors vom Rektor durch einen geeigneteren Oberen ersetzt.

§ 6.

Aus der Zahl der Oberen wird auch der Famulus des Rektors ernannt. Dieser hat gegen die hierfür ausgesetzten Vergütungen die Singegelder der Königlichen Herrschaften zu erheben und den Verteilungsplan der Geld- und Bücherlegate bis zum 1. Dezember jedes Jahres nach den hierfür bestehenden Bestimmungen zu entwerfen. Außerdem hat er dem Rektor auf Anordnung zu Bestellungen von Schülern u. dgl. zu Diensten zu stehen. Im Alumneum hat er bei Bedarf die Präfekten zu vertreten.

§ 7.

Außer den Präfekten haben die Oberen die Pflicht, die Unteren zu gutem Betragen, Gehorsam gegen die Hausordnung, Fleiß, Sparsamkeit, Sauberkeit und Ordnung anzuhalten und sie überhaupt nach Kräften zu fördern.

Vor allem sollen sie bemüht sein, den Unteren in jeder Hinsicht ein gutes Beispiel zu geben.

§ 8.

Den Präfekten, und wenn keiner von ihnen zur Stelle ist, den anderen Oberen steht das Recht zu, Untere aus den Klassen VI, V, IV, die sich Ungehörigkeiten oder Nachlässigkeiten zuschulden kommen lassen, mit kleineren Strafen (kleinere schriftliche oder mündliche Pensen, Freiheitsentziehung bis zu einer Stunde) zu belegen. Diese Strafen sind in ein vom Hauspräfekten zu führendes Strafbuch einzutragen, das jeden Sonnabend dem Inspektor und am Schlusse des Halbjahres dem Rektor zur Unterschrift vorzulegen ist.

Glaubt der Untere ungerecht bestraft zu sein, so hat er beim Inspektor sein Recht zu suchen.

Die übrigen Unteren aus den Klassen III b, III a, II b dürfen von Oberen nur mit Genehmigung des Inspektors bestraft werden.

Körperliche Züchtigung ist den Oberen bei strengster Strafe verboten.

§ 9.

Oberen, die durch schlechtes Beispiel, Mißbrauch der Strafgewalt oder durch ihr sonstiges Verhalten groben Anstoß geben, können die den Oberen nach dieser Hausordnung zustehenden Rechte für einzelne Wochen vom Inspektor, für längere Zeit vom Rektor entzogen oder sie können nach § 2 vom Alumneum entlassen werden

§ 10.

In Sachen des Gesang- und Hausdienstes haben die Oberen das Recht, den Unteren Aufträge und Weisungen zu erteilen.

Auch soll den Oberen, wie bisher, gestattet sein, die Unteren zu gewissen Gefälligkeiten (Besorgungen u. dgl.) heranzuziehen, aber mit dem Vorbehalt sofortigen Widerrufs dieser Erlaubnis für einzelne Obere oder für alle, sobald von dieser Erlaubnis lediglich zur Bequemlichkeit der Oberen oder mit unzulässiger Belästigung der Unteren Gebrauch gemacht wird.

Verboten ist jedes Wegschicken der Unteren in persönlichen Angelegenheiten während der Arbeitsstunden und während der Mahlzeiten.

§ 11.

Die acht letzten Unteren haben folgende Pflichten:

a) Die beiden obersten von ihnen haben das Licht im Arbeits- und im Speisesaale anzuzünden und auszulöschen und auf Ordnung im Speisesaal (Brot, Mundtücher, Schneidebretter etc.) zu halten;

b) die sechs letzten haben wochenweise abwechselnd Waschwasser in die Waschbecken im Waschraume zu gießen, das Trinkwasser von der dem Arbeitssaal nächsten Wasserleitung zu holen, den Schlüssel des Speisesaals aus der Küche zu holen und wieder hinzutragen.

c) die vier letzten haben in allen Räumen des Alumneums auf Sauberkeit und Ordnung zu halten und aufzuräumen;

d) die beiden vom Inspektor bestimmten Unteren, die vor den Arbeitsstunden die Kammern abschließen, haben sämtliche Schlafsaalfenster vor der Morgenarbeitsstunde zu öffnen. Für die Ordnung auf den Aborten werden zwei Untere vom Inspektor bestimmt.

§ 12.

Tagesordnung.

a) An Schultagen:

Wecken: im Sommer 5 Uhr, im Winter 6 Uhr.
Frühstück: im Sommer 5^{20} Uhr, im Winter 6^{20} Uhr.
Morgengebet und Arbeitsstunden: i. S. $5^{30}-6^{50}$ Uhr, i. W. $6^{30}-7^{50}$ Uhr.
Unterricht und Singstunden nach dem Stundenplan des Schuljahres.
Mittagessen: Montag, Sonnabend i. S. 12, i. W. 1 Uhr.
» Dienstag, Mittwoch, Freitag i. S. 1, i. W. 2 Uhr,
» Donnerstag S. u. W. um 12 Uhr.
Nachmittagskaffee i. S.: täglich außer Mittwoch und Freitag 3 Uhr.
» i. W.: Montag, Donnerstag, Sonnabend 3 Uhr (an den anderen Tagen abends warme Suppe).
Arbeitsstunde: Montag, Donnerstag (nach Ermessen des Inspektors) 8—9 Uhr,
Dienstag i. S. 2—4½, i. W. 7—9 Uhr,
Mittwoch und Freitag 7—9 Uhr,
Sonnabend 3¼—5 Uhr.
Baden: Mittwoch nachm. 5, Sonnabend nachm. 5½ Uhr je eine Badeabteilung von 8 Alumnen.
Abendessen: Montag, Donnerstag, Sonnabend 7 Uhr,
Mittwoch, Freitag 6½ Uhr,
Dienstag i. S. 7, i. W. 6½ Uhr.
Abendandacht: 9 Uhr, Mittwoch (so oft Abendgottesdienst angesetzt ist) 9¼ Uhr.

b) An Sonntagen:

Aufstehen spätestens 7½, Frühstück 8, Mittagessen 1, Abendessen 7, Abendandacht 9 Uhr.

Aufnahmebedingungen für das Studien- und Musikinstitut der Dompräbende in **Regensburg**:

I. Die Zöglinge der »Dompräbende« in Regensburg können die Kgl. Studienanstalt (hum. Gymn.) besuchen, und teilen sich in »zahlende« und in solche mit teilweisen Freiplätzen. Freiplätze werden nur an Knaben erteilt, welche sich einer Prüfung über Gesangunterricht und Stimme mit Erfolg unterzogen haben, und bei den Verrichtungen des Domchores sofort verwendet werden können.

II. An Effekten hat jeder Zögling mitzubringen:

1. Ein Bett mit vollständigen doppelten Überzügen und Sommerdecke und Matratze.
2. Leibwäsche: wenigstens je 6 Hemden, Unterhosen, Hand- und Sacktücher, und Servietten, sowie 9 Paar Strümpfe oder Socken.
3. Wenigstens 3 Paar Stiefel und 1 Paar ungenagelte Hausschuhe.
4. Eine Hausjacke und die übrigen Kleidungsstücke in hinreichender Anzahl.
5. Haarkamm, Zahnbürste und Seife, Waschschwamm, Kleiderbürste, Löffel und Trinkgeschirr.

Jedes einzelne Stück aller ins Institut gebrachten Gegenstände muß mit den Anfangsbuchstaben des Vor- und Zunamens versehen sein.

Außer Gebet- und Lehrbüchern, die übrigens im Institut angeschafft werden können, darf kein anderes Buch vorgefunden werden, da für unterhaltende und belehrende Lektüre nach Bedarf gesorgt ist.

III. Das ganze Konviktgeld beträgt ohne Rücksicht auf Weihnachts- oder Osterferien jährlich 450 Reichsmark, wovon 150 Mark beim Eintritt, 150 Mark nach den Weihnachtsferien, 150 Mark nach der Ostervakanz voraus zu erlegen sind; ebenso auch die teilweisen Beträge.

Jeder Zögling hat außerdem bei seinem Eintritt für laufende Ausgaben, z. B. Bücher, Schreibmaterialien, Schul- und Instruktionsgeld, Ausbessern der Kleider, Reinigung der Wäsche (wenn letzteres nicht zu Hause geschieht) etc. ein Depositum von wenigstens 30 Reichsmark einzulegen und dasselbe zu erneuern, wenn es erschöpft ist. Alle Zahlungen der Zöglinge werden vom Seminarinspektor besorgt, und jeder hat die außerordentlichen Ausgaben zu notieren, und um Weihnachten, Ostern, sowie am Schlusse des Schuljahres den Eltern vorzulegen. Etwaige Passivreste am Ende des Schuljahres sind noch v o r den Herbstferien zu bereinigen. Für Klavier- und Violinunterricht haben die Zöglinge ein billiges Honorar (Klavier 1 M., Violin 50 Pfg.) zu entrichten. Gesangunterricht wird unentgeltlich erteilt.

IV. Gegen obiges Konviktgeld erhalten die Zöglinge Wohnung, Holz, Licht und Kost. Als Frühstück wird täglich Kaffee mit Semmel verabreicht. Die Mittagskost besteht in Suppe und Rindfleisch mit Gemüse; an Sonn- und Festtagen wird noch eine andere Speise beigegeben.

Nachmittags bekommt jeder Zögling Hausbrot, abends Suppe nebst einer Zuspeise mit Salat. Wenn die Eltern angeben, wie oft sie abends Bier gestatten, so wird dasselbe gegen besondere Zahlung gereicht.

Eßwaren können nur bei außerordentlichen Veranlassungen ins Institut geschickt werden, und ist der Inspektor davon in Kenntnis zu setzen.

Für Bedienung (Stiefelputzen, Aufbetten etc.) wird nichts weiter berechnet.

V. Bei schwerer Erkrankung wird der betr. Zögling sofort ins Domkapitelsche Krankenhaus geschafft, wo ein eigenes Studentenzimmer ist. Als Schüler des Gymnasiums zahlen dorthin auch die Zöglinge der Dompräbende einen jährlichen Beitrag von 40 Pfg. Auf speziellen Wunsch der Eltern kann aber jeder Zögling in der Dompräbende verbleiben und kann jeder andere Arzt beigezogen werden, dessen ortsübliche Taxe (incl. Apotheke) eigens in Rechnung gebracht wird.

Bettnässer werden in das Institut nicht aufgenommen; wenn das Übel erst im Institut entdeckt wird und keine Besserung eintritt, so erfolgt die Entlassung.

VI. Der Austritt eines Zöglings am Schlusse des Schuljahres muß längstens bis 1. Juli, um Ostern oder im Laufe des Schuljahres einen Monat vor dem Austritt angezeigt werden, widrigenfalls an das Institut 36 M. Schadenersatz entrichtet werden müssen.

3. Ritterakademien.

Ritterakademie auf dem Dome zu **Brandenburg a. H.** Tagesordnung für das Sommerhalbjahr 1906.

Zeit	Montag	Dienstag	Donnerstag	Freitag
6	Aufstehen			
6^{30}	Erstes Frühstück			
7-12 bzw. 1	Unterricht			
12^{15}-1	Gesang Abt. I Turnen Abt. II	Englisch I	Englisch II A	Englisch I Turnen Abt. II
1^{15}	Mittagessen			
1^{45}-2^{50}	Freizeit für alle Zöglinge			
3-3^{50}	Englisch II A Schreiben IV III B III A	Turnen Abt. I Gesang Abt. II Konfirmations-unterricht	Turnen Abt. I	Konfirmations-unterricht
3^{50}	Kaffee			
4-5^{15}	Arbeitsstunde			
5^{15}-5^{20}	Pause			
5^{20}-6^{30}	Arbeitsstunde			
6^{35}	Baden und Schwimmen, danach bis 7^{40} Freizeit für Senioren			
7^{50}	Abendessen			
8^{10}-9	Freizeit im Hause			
9-10	Stille Beschäftigung			

Zeit	Mittwoch und Sonnabend
6	Aufstehen
6^{30}	Erstes Frühstück
7-12	Unterricht
12^{10}-1	Baden u. Schwimmen, sonst Freizeit im Hause
1^{15}	Mittagessen
1^{45}-3^{50}	Freizeit f. Senior. und Betraute Spaziergang der Unbetrauten
3^{50}	Kaffee
4-5^{15}	Arbeitsstunde
5^{15}-5^{25}	Pause
5^{25}-6^{30}	Arbeitsstunde
6^{30}-6^{40}	Pause
6^{40}-7^{25}	Arbeitsstunde
7^{35}	Abendessen
8-9	Freizeit im Hause
9-10	Stille Beschäftigg.

Zeit	Sonntag
7^{30}	Aufstehen
8	Erstes Frühstück
8^{10}-9^{30}	Freizeit im Hause und Anziehen
9^{30}-11	Kirche
11^{5}	Taschengeld-auszahlung
11-12^{45}	Freizeit für Sen.
1	Mittagessen, im Anschluß daran Kaffee
1^{30}-2^{45}	Freizeit im Hause
2^{45}-7	Freizeit für Sen. u. Betr., Spaziergang der Unbetr.
7^{20}	Abendessen
8-10	Freizeit im Hause

1. An den Tagen, an denen nicht geschwommen wird, wird (mit Ausnahme des Mittwochs und Sonnabends) die Arbeitsstunde abends bis 6^{45} verlängert.
2. Um 10^{10} müssen sämtliche Zöglinge ausnahmslos zu Bett sein.
3. Billard- und Rauchzimmer sind von 12 Uhr, am Sonntag von 11 Uhr an geöffnet.
5. Senioren und Betraute dürfen das Restaurant von Graf (Hauptstraße) besuchen.
4. Senioren und Betraute dürfen am Sonntag die Konzerte auf Ahlerts Berg besuchen, sobald sie im Freien stattfinden. Ein Verzeichnis der Teilnehmer überreicht der Senior vom Tage dem Herrn Oberlehrer vom Tagesdienst nach dem Mittagessen auf der Inspektion.
6. Wannenbäder: Dienstag, Donnerstag und Freitag von 2—3^{50}.

Brandenburg. Ritterakademie. **48.**
Liegnitz. Ritterakademie. **34.**
Bedburg. Rhein. Ritterakademie. **100.**
Würzburg. Kgl. Adeliges Julianum (kath.). **194.**

4. Waisenhäuser und damit verbundene Alumnate.

Halle a. S. Franckesche Stiftungen: a) Waisenanstalt; b) Pensionsanstalt; c) Pädagogium. **59.**
Königsberg. Kgl. Waisenhaus. **3.**
Züllichau. Kgl. Pädagogium und Waisenhaus. **57.**

Aus dem Prospekte des Pädagogiums in **Züllichau:**

Die Erziehungsanstalt im engeren Sinne.

Die Lage der Anstalt am Ende der südlichen Vorstadt Züllichaus kann nach einer langen Erfahrung als eine sehr gesunde bezeichnet werden. Die Gebäude, welche außer den Räumen für die Schule und deren Sammlungen und außer der Kirche Wohnungen für Lehrer und für Zöglinge enthalten, liegen in und an den zwei großen Gärten und dem geräumigen schattenreichen Hofe (Spiel- und Turnplatz). Die Zöglinge sind sämtlich in dem großen neuen Alumnatsgebäude untergebracht; je 27 bilden eine sog. Inspektion und stehen unter der besonderen Obhut je eines (in der Regel verheirateten) älteren Oberlehrers und eines jüngeren unverheirateten (Adjunkten), die beide in ihrer unmittelbaren Nähe wohnen. Die Anstalt hat für 108 Zöglinge Raum und nimmt Knaben von mindestens 9 Jahren auf.

Der Oberlehrer, dessen besonderer Obhut ein Knabe oder Jüngling anvertraut ist (Inspizient), sorgt für ihn auf Grund der genaueren Kenntnis, welche er sich bald von ihm erwirbt, in allen Beziehungen, beobachtet seine sittliche Führung und seine wissenschaftlichen Arbeiten und bestimmt auch über seine äußeren Bedürfnisse; er sucht an ihm Vaterstelle zu vertreten.

Es ist daher von der größten Wichtigkeit, daß die Eltern, wenn sie der Anstalt einen Zögling übergeben, dem bestimmten zukünftigen Inspizienten des Sohnes oder dem Direktor vertrauensvoll und unumwunden die Beobachtungen mitteilen, welche sie über die sittliche und geistige Entwicklung und die körperliche Beschaffenheit des Knaben bis dahin gemacht haben. Dagegen wird auch der Inspizient seinerseits offen und gewissenhaft, so oft er es für angemessen erachtet, jedenfalls aber bei Übersendung der Vierteljahrszensuren, die Eltern von den Ergebnissen seiner Pflege in Kenntnis setzen.

Da der Erzieher in möglichst weitem Umfange Vaterstelle vertreten soll, unterzieht er sich auch der nicht geringen Mühewaltung, für die äußeren Bedürfnisse seines Pflegebefohlenen zu sorgen. Damit er das Verhalten desselben in allen Beziehungen genau überschauen und beurteilen kann, ist es durchaus notwendig, daß die Eltern ihren Söhnen bares Geld (oder Postfreimarken, Postkarten etc.) nicht in die Hände geben, zum mindesten nicht ohne Vorwissen der Inspizienten, auch dafür sorgen, daß nicht gutmeinende Verwandte oder Freunde es tun. Daß der Knabe mit einigem Gelde haushalten lerne, wird durch Erteilung eines wöchentlichen Taschengeldes, welches nach Verabredung mit den Eltern 25 bis höchstens 50 Pfg. beträgt, hinlänglich vorgesehen; die Primaner erhalten ein Monatsgeld (2—6 M.) mit der Verpflichtung, gewisse näher bestimmte Ausgaben selbst zu bestreiten.

Allgemeine Vorschriften ordnen das häusliche Leben der Zöglinge; sie bezwecken vornehmlich Gewöhnung an eine regelmäßige Lebensordnung und an eine regelmäßig abzuhaltende Arbeitszeit. Zu den häuslichen Arbeiten sind täglich zwei Stunden bestimmt, welche allerdings für die erwachsenen Zöglinge nicht immer ausreichen können. In der guten Jahreszeit bieten der große Hof und ein Garten der Anstalt Raum zum Aufenthalte im Freien und zu mancherlei Spielen. Im Winter werden die abendlichen Freistunden mit Lektüre, mit mechanischen Arbeiten nach Neigung und dem Geschicke der einzelnen und mit angemessenen Spielen ausgefüllt; die jüngeren Zöglinge erhalten auch Handfertigkeitsunterricht.

Die Tagesordnung für die einzelnen Wochentage ist folgende:

1. Sommer-Halbjahr.

A. Für Montag, Dienstag, Donnerstag und Freitag.

1. Vormittag: 5^{50} erstes Läuten, 6^{05} zweites Läuten, 6^{35} Kaffee, 6^{50} und 6^{55} Glockenzeichen zum Beginn des Unterrichts, 7—12 (bzw. 1) Unterricht.
2. Nachmittag: 1^{35} Essen, von da ab bis 3 hoffrei, 3—5 Arbeitsstunde, 5 Kaffee, 5—6^{30} spaziergangfrei (nicht stadtfrei) bzw. Turnen, 6^{30}—7^{30} hoffrei, 7^{30} Abendbrot, 9^{50} Läuten zum Zubettgehen.

B. Für Mittwoch und Sonnabend.

1. Vormittag: Wie A 1.
2. Nachmittag: Bis 5 wie A 2. 5^{30}—7 stadtfrei bzw. Ausflug oder Baden, 7—7^{30} hoffrei, 7^{30} Abendbrot, von da ab wie A 2.

C. Für Sonntag: 6^{50} erstes Läuten, 7^{05} zweites Läuten, 7^{35} Kaffee, 7^{45}—8 Aufräumen, 8—8^{50} Arbeits- (nicht Beschäftigungsstunde), 9 Kirche, nach derselben bis 11 Uhr hoffrei, 11—12^{45} stadtfrei, 12^{50} Essen, vom Essen bis 3 hoffrei, 3 Kaffee, 3—7 spaziergang- und stadtfrei. (Für I und IIa Besuch eines bestimmten Lokals in der Zeit von 5^{30}—7 gestattet.) 7—7^{30} hoffrei, 7^{30} Abendbrot, von da ab wie A 2.

2. Winter-Halbjahr.

A. Für Montag, Dienstag, Donnerstag und Freitag.

1. Vormittag: 6^{50} erstes Läuten, 7^{05} zweites Läuten, 7^{35} Kaffee, 7^{50} und 7^{55} Glockenzeichen zum Beginn des Unterrichts, 8—1 Unterricht.
2. Nachmittag: 1^{45} Essen, bis 3 hoffrei, (zur Zeit der Eisbahn spaziergangfrei), 3—4^{50} Unterricht, 5 Kaffee, 5—6 spaziergangfrei, 6—8 Arbeitsstunde, 8 Abendbrot, 9^{50} Läuten zum Zubettgehen.

B. Für Mittwoch und Sonnabend.

1. Vormittag: Wie A 1.
2. Nachmittag: 1^{35} Essen, bis 3^{50} spaziergangfrei, 3 bis 3^{50} IIb—VI stadtfrei, 3^{50} Kaffee, 4—6 Arbeitsstunde, von da ab bis 7^{30} IIb—VI Baden und Beschäftigung auf den Stuben (Schnitzarbeiten usw.), 6—7^{45} I—IIa stadtfrei, 7^{55} Abendbrot, von da ab wie A 2.

C. Für Sonntag: Bis 7^{45} wie A 1, dann 7^{45}—8 Aufräumen, 8—8^{50} Arbeits- (nicht Beschäftigungsstunde), 9^{30}—11 Kirche, 11—12^{40} stadtfrei, 12^{45} Essen. Vom Essen bis 4 spaziergangfrei, 4 Kaffee, 4—5^{20} stadtfrei, 5^{50} alle Zöglinge auf den Stuben. Nach dem Rundgang des Herrn Tagesinspektors I—IIa bis 7^{30} stadtfrei, (Besuch eines bestimmten Lokales in dieser Zeit gestattet). 7^{35} Abendbrot, von da ab wie A 2.

Die Bezeichnung »stadtfrei« schließt die Bezeichnungen: »spaziergangfrei« und »hoffrei«, die Bezeichnung »spaziergangfrei« die des »hoffrei« in sich.

In den als hoffrei bezeichneten Zeiten halten sich die Zöglinge nach ihrer Wahl auf dem Hofe oder, falls sie den Klassen I und II angehören, während des Sommers in dem Pensionärgarten auf. Allen anderen Zöglingen ist der Aufenthalt oder das Spielen in dem Pensionärgarten untersagt. Auf der Straße und in der Umgebung des Klassengebäudes darf kein Zögling verweilen.

Für die Ferien wird jedesmal eine besondere Ferienordnung erlassen.

Die Einrichtungen für die körperliche Pflege halten den Standpunkt des gebildeten bürgerlichen Standes ein. Die Zöglinge wohnen zu 8 oder 9 auf einem Zimmer; gegenüber an demselben Korridor liegen Schlaf- und Waschsaal für je 27. Zum Frühstück erhalten die Zöglinge Kaffee (mit Milch) oder auf Verlangen nur Milch und eine Semmel, als zweites Frühstück ein großes Butterbrot, zu Mittag entweder Fleischbrühe und ein Gericht (meist Braten) oder Fleisch (gebraten oder gekocht) mit Gemüse und Kartoffeln, vielfach auch Kompott; zur Vesper wird Kaffee (mit Milch) und eine größere Semmel gegeben, zu Abend Suppe nebst Butterbrot, häufig statt der Suppe Hering oder Salat oder Eier und Kartoffeln, im Sommer oft saure Milch, Kaltschale, Kartoffeln u. dgl. Im übrigen ist die Ökonomie stets auf möglichste Abwechselung bedacht. — Die Anstalt gewährt jedem Zögling einen eigenen verschließbaren Schrank für Bücher und Wäsche, einen zweiten für seine Kleider, Stuhl und Bettstelle, auch besonderen Waschplatz (mit Wasserleitung), für mehrere einen gemeinsamen Arbeitstisch. Der Zögling muß ausgestattet sein mit einem vollständigen Bette nebst zwei Überzügen und Decke, für den Winter Federbett — denn die Schlafzimmer werden nur bei strenger Kälte geheizt — einem doppelten Anzug, einer Turnkleidung, die der Gleichmäßigkeit wegen hier zu bestellen ist, doppelter Fußbekleidung, ½ bis 1 Dtz. Hemden resp. ½ Dtz. Vorhemdchen, ½ Dtz. Strümpfen, ½ Dtz. Handtüchern, 1 Dtz. Schnupftüchern, ½ Dtz. Servietten, mit Kämmen, Haar- und Zahnbürsten und einem verschließbaren, mit dem vollen Namen bezeichneten Reisekoffer (Reisekorb). Alle Wäsche muß ein und dasselbe Zeichen tragen. — Der volle Pensionssatz beträgt jährlich 840 (achthundertvierzig) Mark, vierteljährlich im voraus zu entrichten.

Für die Pension gewährt die Anstalt also Wohnung, Heizung, Haus- und Tischgerät, Unterricht, Krankenpflege, vollständige Beköstigung, Beleuchtung, sowie Gelegenheit zum Baden in den eigenen Douche-Vorrichtungen.

Berlin-Gr. Lichterfelde. Kornmessersches Waisenhaus. **47.**

Berlin. Schindlersches Waisenhaus. **42.**

Bunzlau. Kgl. Waisen- und Schulanstalt. **28.**

Potsdam. Zivil-Waisen-Versorgungsanstalt. **53.**

Windsbach (Mfr.). Allg. prot. Pfarrwaisenhaus für Bayern diess. d. Rheins. **193.**

Goldberg i. Schl. Schwabe-Priesemuthsche Waisenstiftung. **33.**

Breslau. Kurfürstl. Orphanotropheum (kath.). **27.**

5. Anstalten der Herrnhuter und Pietisten.

Gnadenfrei. Realschule der Brüdergemeinde. **32.**

Niesky, Ober-Lausitz. Pädagogium der evang. Brüdergemeinde. **37.**

Neuwied. Evang. Alumnat im Knabeninstitut d. Brüdergemeinde. **116.**

Königsfeld i. Baden. Knabenanstalt der evang. Brüder-Unität. **212.**

Korntal b. Stuttgart. Gemeinde-Lateinschule (PG, RPG u. R.) mit Schülerheim. **207.**

Aus dem Prospekt des Pensionats der Bürgergemeine in **Gnadenfrei**:

Tageseinteilung.

Um 6 Uhr im Sommer und Winter: Aufstehen, Waschen auf den Waschsälen.
Um 6½ Uhr Frühstück: Milch und Butterbrot oder Semmel, Sonntags Kaffee und Buttersemmel.
Von 6¾ Uhr bis 7 Uhr 50 Min.: Arbeitsstunde.
Um 7 Uhr 50 Min.: Gemeinschaftliche Morgenandacht in der Aula.
Von 8—9 Uhr: Erste Unterrichtsstunde und 10 Minuten Pause.
Von 9 Uhr bis 9 Uhr 50 Min.: Zweite Unterrichtsstunde.
Von 9 Uhr 50 bis 10 Uhr 10 Min.: Frühstückspause (Butterbrot).
Von 10 Uhr 10 Min. bis 11 Uhr: Dritte Unterrichtsstunde.
Von 11—12 Uhr: 10 Min. Pause und vierte Unterrichtsstunde.
Um 12¼ Uhr Mittagessen: Suppe, Fleisch, Gemüse, meist Braten. Sonntags Nachtisch. Die Mahlzeiten werden von Schülern und Lehrern auf dem geräumigen Speisesaal eingenommen; an der Mittagsmahlzeit nehmen der Direktor und seine Frau teil.
Bis 2 Uhr Freizeit, die zum Spazierengehen oder Spielen benutzt wird.

Von 2 Uhr bis 2 Uhr 50 Min.: Fünfte Unterrichtsstunde.
Von 2 Uhr 50 bis 3 Uhr 10 Min.: Vesperpause (Butterbrot).
Von 3 Uhr 10 Min. bis 4 Uhr: Sechste Unterrichtsstunde.
Von 4—5 Uhr: Turnstunde oder Freizeit (Spazierengehen oder Spielen).
Von 5—6 Uhr: Arbeitsstunde.
Um 6¼ Uhr: Abendessen: Leichte Fleisch- oder Mehlspeisen, oder Suppe und Butterbrot mit Aufschnitt. An den Wochentagen lesen die älteren Schüler abwechselnd ihren Kameraden vor (Reiseberichte, Lebensbeschreibungen usw.).
Bis 8 Uhr Freizeit, die im Sommer zum Spielen oder Spazierengehen benutzt wird.
Von 8—9 Uhr: Arbeitsstunde.
Um ½9 Uhr, im Sommer um ¾9 Uhr gehen die jüngeren Zöglinge zu Bett, um 9 Uhr oder ½10 Uhr die älteren. Die Zöglinge schlafen gemeinsam mit ihren Lehrern auf mehreren großen, luftigen Schlafsälen.

Am Mittwoch nachmittag ist von 2—3 Uhr und von 8—9 Uhr Arbeitsstunde, am Sonnabend nur von 2—3 Uhr. Am Sonnabend abend ist »Vorleseabend«, an dem die Stubenlehrer ihren Schülern vorlesen. Diese Gelegenheit benutzen wir, um unsere Schüler mit guten Werken der klassischen und modernen Litteratur bekannt zu machen.

Am Sonntag ist früh von 7—9 Uhr und abends von 8—9 Uhr Beschäftigungsstunde, in welcher die Zöglinge auch Briefe an die Eltern schreiben sollen. Der Nachmittag wird womöglich zu einem größeren Spaziergang benutzt.

6. Moderne Internatsschulen.

Dresden-Striesen. Freimaurer-Institut. **131.**

Die 240 Internatszöglinge (10—16 Jahre alt, Pensionäre und Freisteller) waschen sich morgens mit kaltem Wasser bis zu den Hüften, tagsüber zwei- bis dreimal die Hände; sie ergehen sich nach dem Anziehen bis zum ersten Frühstück (mit Ausnahme der Zeit für die Musterung) zirka eine Viertelstunde an der frischen Luft auf dem Spielplatz (ungefähr 7000 qm), desgleichen vor Beginn des Unterrichts. Nach der ersten Unterrichtsstunde wird ein Dauerlauf von zwei bis drei Minuten ausgeführt. Die Unterrichts- und Arbeitspausen verbringen die Zöglinge auf dem Spielplatz, die Zimmer werden unterdessen gelüftet, in die während des Unterrichts durch eine Maschine frische Luft getrieben wird. Vormittags wird zweimal, abends dreimal wöchentlich im Sommer stramm exerziert; die Zöglinge stellen eine Kompagnie mit allen Chargen, die Vorstellung erfolgt vor äußerst zahlreichem Publikum vor den großen Ferien. In der sonstigen Freizeit wird möglichst gespielt, und zwar die bekannten Bewegungsspiele Fuß-, Schlag- und Tamburinball, Tennis, Bana, Kriegsspiel, Kegelspiel, Boccia usw. Im Winter, bei Schnee und Kälte, laufen die Zöglinge täglich auf der auf dem Spielplatze gegossenen Eisfläche (1200 qm) Schlittschuh oder rodeln von einem 5 m hohen Gerüst über eine schiefe Ebene und ca. 70 m horizontale Bahn mit ihren kleinen Schlitten; Schneeschlachten, Burgen- und Schneemännerbauen gehören zu den beliebtesten Beschäftigungen.

Mittwochs und Sonntags werden die Zöglinge von den Inspektoren (ehemalige Militärs) in die Umgegend spazieren geführt, jährlich zweimal gehen sie mit ihren Erziehern in die weitere Umgebung, zu Königsgeburtstag und am Sedantag fahren alle Zöglinge mit ihren Lehrern gemeinsam auf einem Extradampfer in die Sächsiche Schweiz, machen zusammen oder in Abteilungen einen Ausflug und fahren wieder zurück. Einmal im Jahre führen die Klassenlehrer ihre Klasse auf eine weitere Tour, und zwar die I. Klasse auf vier Tage nach dem Riesengebirge, die II. Klasse auf vier Tage in das Böhmische Mittelgebirge, die III. Klasse drei Tage in das Erzgebirge und die Klassen IV bis VI einen Tag in die Sächsische Schweiz.

Geturnt wird, wie in allen öffentlichen höheren Schulen, pro Klasse zweimal wöchentlich, möglichst im Freien. Die Turnhalle (242 qm) hat eine Sprengvorrichtung, die einen feinen Wasserregen über den ganzen Raum ermöglicht, der die Staubteilchen mit sich zu Boden nimmt und die Luft reinigt.

In der warmen Jahreszeit wird möglichst täglich in der nahen Elbe gebadet; jeder Zögling muß schwimmen lernen und darf nur nach abgelegter Probe in die freie Elbe; die Badezeit dauert 10—15 Min., der Aufsichtführende des Institutes, der die Zöglinge auch auf dem Hin- und Herwege begleitet, ordnet an, wenn die Zöglinge das Wasser verlassen und sich anziehen müssen. — In der kalten Jahreszeit nehmen die Zöglinge jeden Sonnabend ein Vollbad in dem prächtigen Marmorbassin (42 qm) des Instituts; bevor sie hineingehen, werden sie abgeduscht, seifen sich ab und erhalten eine zweite Brause, nach dem Bade (15 Minuten bei 25°—30° C) gibt es eine dritte Dusche. Jeden Dienstag nehmen alle Zöglinge ein Fußbad. — Außerdem stehen noch zwei Wannenbäder für die Knaben zur Verfügung, welchen die Benutzung des Schwimmbades vom Arzte zeitweilig nicht gestattet werden kann.

Alle vier Wochen werden die Zöglinge vor dem Bad gewogen, bei starker Gewichtsabnahme dem Anstaltsarzte vorgestellt. Dieser ist fixiert und dreimal in der Woche zu bestimmter Zeit im Institut, außerdem jederzeit bei Bedarf zur Verfügung. Die Kranken werden auf der Station (zweite Etage mit isolierter Treppe des einen Lehrerhauses), der eine ständig angestellte gelernte Schwester vorsteht, verpflegt. Die Station, bestehend aus einer allgemeinen und einer Isolier-Abteilung, die beide direkt von der Treppe zugängig sind, enthält 8 Krankenzimmer, die mit 40 Betten belegt werden könnten, dazu Untersuchungs-, Schwester-, Besuchszimmer, Bad, Küche und drei Aborte. Ein geräumiger Balkon in geschützter Lage bietet den Genesenden angenehmen Aufenthalt. In die Isolierabteilung werden Kranke gelegt, die einer Infektionskrankheit verdächtig sind; bestätigt sich der Verdacht, so wird der Patient ins Krankenhaus übergeführt. Hausepidemien sind im Neubau des Instituts nicht aufgetreten; zweimal schleppten aus den Ferien zurückgekehrte Knaben Scharlach ein und steckten mehrere Mitschüler an, die getroffenen Vorsichtsmaßregeln verhüteten aber einen Ansteckungsherd im Institut selbst. Die Annahme der neuen Zöglinge hängt von dem Urteil des Anstaltsarztes ab. — Außerdem werden alle Zöglinge jährlich zweimal vom Anstaltszahnarzt untersucht und müssen sich die Zähne bis zur nächsten Untersuchung in Ordnung bringen lassen.

Alle Zöglinge schlafen in einem Saale (4100 cbm) auf Roßhaarmatratzen in eisernen Bettstellen, je zwei durch Gitter getrennt.

Der Saal ist gut ventiliert und nachts elektrisch erleuchtet; zwei Inspektoren schlafen auf erhöhten Kabinen, von wo sie alles überblicken können. Die ganze Nacht patroulliert im Saale ein eigens dazu angestellter Wächter, den sechs Stechuhren kontrollieren. Die Aborte hier, wie im ganzen Internat bestehen aus Vorraum mit Waschbecken, Marmorwänden mit Wasserspülung und freistehenden Wasserklosetts, deren Türen unten zu ein Viertel durchlochten Blecheinsatz haben, die oben in Kopfhöhe eines Erwachsenen eine kleine Öffnung besitzen, die rückwärts verhangen, doch leicht einen Blick in den Abort ermöglichen. — So scheint nicht nur, sondern ist tatsächlich hierdurch und infolge der im übrigen stetigen Aufsicht durch vier Inspektoren (während der Unterrichtszeit dienstfrei) und einen Lehrer bei den großartig übersichtlichen Räumen irgendeine sexuelle Verirrung oder Pennalismus ausgeschlossen.

Die Zöglinge trinken Wasser in den Korridoren nicht aus gemeinsamem Becher, sondern aus Gläsern, die bei jedem Wasserhahn zahlreich zur Verfügung stehen. In allen Etagen befinden sich Feuerlöschapparate, sämtliche Zwischendecken sind feuersicher, alle Treppenstufen aus Granit.

Freiwillig ist die Beteiligung am Handfertigkeitsunterricht, der in zwei großen Zimmern in Buchbinderei, Tischlerei und Kerbschnitt erteilt wird.

Die Bänke und Wandtafeln (eignes Patent) in den Unterrichtszimmern, die Schreibtische und Stühle im Arbeitsraum, die Größe der Fenster, Gasglühlichtbeleuchtung, äußerste Reinlichkeit der Fußböden sind der Gesundheit möglichst zuträglich eingerichtet.

Die Zöglinge werden vorzüglich beköstigt: Erstes Frühstück: Kaffee (meist Malz) mit einer Semmel (sechs Eckchen), Butter und Zucker; Zweites Frühstück: Gestrichenes Schwarzbrot; Vesper: Gestrichenes Schwarz- oder Weißbrot mit Milch; Abend: Aufschnitt mit Brot, Butter, dazu einfaches Bier, Tee, Milch oder Kakao; Mittag: drei- bis viermal Suppe, fünfmal Braten mit Zuspeise, Kompott, süße Speise, einmal Rindfleisch mit Gemüse und einmal Fisch- oder Mehlspeise usw.

Der Speisezettel unterliegt der Genehmigung des Anstaltsarztes; die Beköstigung wird nicht, wie in vielen Internaten, von einem pro Kopf bezahlten Ökonom besorgt, sondern sie untersteht mehreren Beamten, die kein geldliches Interesse haben, ob das Essen karg oder reichlich, gut oder schlecht ist, die daher den Bestimmungen des Direktors, der auf gute, reichliche aber nicht luxuriöse Kost hält, gern nachkommen.

Die Zöglinge haben je nach dem Alter täglich fünf bis sechs Stunden Unterricht, zwei bis dreieinhalb Stunden Arbeitszeit, sechs bis fünf Stunden Freizeit (Winter eine Stunde weniger) und neun Stunden (Winter zehn bis neun Stunden) Schlaf.

Lichtenhof b. Nürnberg. Kgl. Kreislandwirtschaftsschule und Erziehungsanstalt. **163.**

Pfarrkirchen (Ndb.). Pensionat (städt. Erziehungsinstitut) der Kgl. Landwirtschaftsschule. **175.**

Rufach i. Els. Kais. Landwirtschaftsschule mit Internat. **221.**

b) Gewöhnliche Schulalumnate und Konvikte.

α) Stiftische.

Stettin. Jageteufelsches Kollegium. **13.**
Berlin. Streitsche Kommunität am Berl. Gymn. z. Gr. Kloster. **43.**
Holzminden. Internat des Herzogl. Gymn. **126.**
Posen. v. Szoldrskisches Knabenkonvikt (kath.). **20.**
Münster i. W. Collegium Heerde (kath.). **95.**
Kempen (Rhein). Collegium Thomaeum (kath.). **107.**

β) Staatliche.

Konitz. Gymnasial-Konvikt und -Alumnat. (kath.) **9.**
Glatz. Kgl. (kath.) Konvikt. **29.**
Osnabrück. Kath. Knabenkonvikt beim Gymn. Carolinum. **77.**
Emmerich. Kath. Konvikt am Kgl. Gymnasium. **104.**
Ehingen (Württ.). Kgl. (kath.) Konvikt. **203.**
Rottweil. Kgl. (kath.) Konvikt. **210.**

Die k. bayerischen Studienseminare.

Aus den Statuten des Kgl. Studienseminars in **Amberg**:

§ 1.

Die Zöglinge des Kgl. Studienseminars machen mit ihren Vorständen gleichsam eine Familie aus. Sie sollen zur wahren Religiösität und Sittlichkeit, zu gebildeten, charaktervollen Menschen erzogen werden. . . . .

§ 2.

Allgemeine Tagesordnung. Das Aufstehen findet im Winter um 5¾ Uhr, im Sommer um 5¼ Uhr statt. Zum Waschen und Anziehen ist eine Zeit von 25 Minuten gegeben. Hierauf Morgengebet im Studiersaale, sodann Studierzeit, 7 Uhr Frühstück im Speisesaale, ½8 Uhr heilige Messe, event. Studierzeit, dann Gang zur Schule. 11¼ Uhr bis 12 Uhr Studierzeit, 12 Uhr Mittagtisch, hierauf Freizeit bis ½2 Uhr. Von da ab Studierzeit, dann 5 Minuten vor 2 Uhr Gang zur Schule. 4¼ Uhr Spaziergang. 5¼ Uhr Studierzeit, 6¼ Uhr freie Beschäftigung oder Studierzeit. 7 Uhr Abendtisch, hierauf Freizeit. 8¼ Uhr freie Beschäftigung, 8¾ Uhr Abendgebet und Gang zu Bett. In den Sommermonaten nach dem Abendtische Spaziergang.

An Sonn- und Feiertagen findet das Aufstehen eine halbe Stunde später statt. 8 Uhr Gottesdienst. ½10 bis ½11 Uhr Studierzeit. ¾2 Uhr Gottesdienst, dann freie Beschäftigung. 3 Uhr Spaziergang.

An Mittwochen und Samstagen 2 bis 3 Uhr freie Beschäftigung, 3 Uhr Spaziergang.

§ 3.

Verhalten im Schlafsaale. Auf das zum Aufstehen gegebene Glockenzeichen soll jeder Zögling sofort das Bett verlassen, dieses etwas in Ordnung bringen, sich sauber waschen und kämmen, vor dem Weggehen seine Waschgeräte in Ordnung an den vorgeschriebenen Platz legen.

Die Zöglinge dürfen die Fenster nicht öffnen, da für die Ventilation der Schlafräume anderweitig Sorge getragen wird, auch keine Wäsche und Kleidungsstücke zurücklassen.

Im Schlafsaale muß die größte Sittsamkeit und das tiefste Stillschweigen beobachtet werden. Ebenso auf dem Gange dahin und zurück. Die Türen sollen stets leise geöffnet und geschlossen werden. Wer den Abort besucht, hat der Gesundheit und des Anstandes halber Schuhe, Hosen und Rock anzuziehen. Der für geringere Bedürfnisse bestimmte Nachtschrank darf nur während der Nacht, nicht beim Niederlegen und Aufstehen benützt werden. Möglichste Schamhaftigkeit und größte Reinlichkeit in jeder Beziehung wird allen Zöglingen zur strengsten Pflicht gemacht.

Untertags ist das Betreten der Schlafsäle den Zöglingen verboten...

§ 4.

Verhalten im Studiersaale. Die Studier- und freie Beschäftigungszeit wird jedesmal mit zwei besonderen Glockenzeichen eingeleitet. Beim ersten Zeichen soll jeder Zögling an sein Pult sich begeben und Hefte, Bücher etc. in Ordnung bringen, damit beim zweiten das Studium oder die freie Beschäftigung unverzüglich beginnen kann.

Vor dem Morgengebete ist strenges Stillschweigen geboten; Bücher und Hefte zum Studium sind bereitzulegen; Lesen und Schreiben ist untersagt. Die an das Morgengebet sich anschließende Studierzeit soll zum Memorieren benützt werden, schriftliche Arbeiten dürfen daher nur mit spezieller Erlaubnis des die Aufsicht führenden Präfekten verfertigt werden.

Während der Studierzeit muß größte Ruhe und Stillschweigen herrschen; jede Störung durch Plaudern, Fragen, Umhergehen, starkes Auftreten, Pultöffnen, überhaupt jedes geräuschvolle Verhalten ist zu vermeiden.....

Die für das Studium bestimmte Zeit gewissenhaft zu benützen, ist jedem Zöglinge strengstens geboten....

Während der freien Beschäftigungszeit ist es gestattet, Unterhaltungsschriften zu lesen, zu zeichnen, Briefe und Noten zu schreiben, Stenographie zu üben, nicht aber vom Pulte sich zu entfernen, umherzulaufen, zu sprechen, zu spielen, Geräusch zu machen u. dgl.

Zur Lektüre sollen die Zöglinge nur solcher Bücher sich bedienen, welche zur Bibliothek des Seminars oder des Gymnasiums gehören. Andere Bücher, wenn sie nicht einem der Vorstände vorgezeigt und von diesem gebilligt worden sind, werden weggenommen...

§ 8.

Verhalten bei Tisch. Verköstigung. Die Zöglinge gehen paarweise und unter Stillschweigen zum Frühstück, Mittag- und Abendessen und entfernen sich davon klassenweise.

Das Tischgebet soll langsam und mit Andacht gebetet werden...

Jeder Zögling soll darauf bedacht sein, anständig zu essen und zu trinken, soll Löffel, Messer und Gabel so halten und gebrauchen, wie es der gute Ton erfordert, soll nicht durch Unarten seinen Mitzöglingen lästig fallen oder Ekel erregen u. dgl.

Die Speisen zu verwechseln, zu vertauschen, anderen mitzuteilen oder die für andere bestimmten Speisen sich anzueignen, ist verboten.

Beim Verabreichen das Beste für sich herauszusuchen ist unanständig.

Das mutwillige oder boshafte Verderben von Speisen (Brot) würde entsprechende Strafe, unter Umständen sogar Entlassung aus dem Seminar zur Folge haben.

Das Tischzeug halte jeder reinlich, wechsle die Serviette alle Sonntage und wenn nötig auch unter der Woche.

Bei Tisch soll nur mit dem nächsten Nachbar und nicht zu laut gesprochen werden. Miteinander zu streiten, über den Tisch hinüber zu schreien und so den Tischgenossen lästig zu fallen, ist in hohem Grade unanständig und für die mitspeisenden Seminarvorstände geradezu verletzend. Unartige Zöglinge werden vom Tisch weggewiesen.

Das Tischgerät mutwillig zu verderben, verrät gemeinen Sinn und zieht neben der Strafe auch noch Schadenersatz nach sich. Der Zögling hüte sich auch, aus Gedankenlosigkeit etwas zu beschädigen, z. B. das Tischtuch zu durchschneiden.

Da für gute und reichliche Kost gesorgt wird, so ist es strengstens verboten, von auswärts, selbst von Angehörigen sich Eßwaren: Fleisch, Würste, Gebackenes, Zuckerwaren u. a. schicken zu lassen. . . .

Zöglingen, die von ihren Eltern oder deren Stellvertretern die Erlaubnis und die Mittel erhalten, ist es gestattet, zum Abendtisch Bier zu trinken und zwar für die Zöglinge der fünf unteren Klassen $\frac{1}{4}$, für die übrigen $\frac{1}{2}$ Liter. Außerdem ist an Sonn- und Feiertagen den Zöglingen der 6. bis 9. Klasse nach der Rückkehr vom Spaziergange resp. um $\frac{3}{4}$5 Uhr $\frac{1}{2}$ Liter Bier im Speisesaal zu trinken gestattet. (Am Fastnachtsdienstag, an Josephi, am Pfingstsonntage und am Namenstage des Direktors erhalten die Zöglinge Freibier und zwar die Zöglinge der vier oberen Klassen $\frac{1}{2}$ Liter, die der fünf unteren Klassen $\frac{1}{4}$ Liter.)

Außer der Tischzeit und der vorgenannten Trinkzeit ist das Betreten des Speisesaales den Zöglingen untersagt.

§ 9.

G o t t e s d i e n s t. Jeder Zögling hat dem täglichen Morgen- und Abendgebete an seinem Platze stehend in geziemender Haltung und mit hingebender Andacht beizuwohnen, um sein Tagewerk mit Gott zu beginnen und mit Gott zu beschließen.

Ebenso haben alle Zöglinge dem Gottesdienste in der Kirche mit einem der Heiligkeit des Ortes entsprechenden Anstande, in andächtiger Sammlung und aufrichtigem, vom Herzen kommenden Gebete beizuwohnen, um Gottes Segen zum Gedeihen ihrer Studien zu erbitten.

Jeder Zögling soll mit einem Gebetbuche versehen sein. Beschäftigung mit profanen Büchern, Schwätzen, Umschauen, gedankenloses Hinstarren, hochmütige Haltung u. dgl. sind dem Gotteshause und dem Gottesdienste zuwider und um so mehr ärgernisgebend, wenn man bei Studierenden solches wahrnimmt.

Viermal des Jahres gehen die Zöglinge zum Empfange des heiligen Bußsakramentes.

§ 10.

Freizeit. In der Zeit der Erholung und freien Bewegung sollen die Zöglinge bei Frohsinn und Munterkeit ganz besonders auf sich achtgeben, daß sie Anstand und gute Sitte bewahren.

Vor allem im Studiersaale soll jeder ein ruhiges, sittsames Verhalten beobachten. Unartige Stellungen, Schreien, Lärmen, Poltern, ungestümes Umherlaufen, Balgen, Singen, Pfeifen, rohe und unanständige Spiele, überhaupt jeglicher Unfug, sind absolut verboten.

Kartenspiele sind im Seminare untersagt.

Die Benutzung des Billards ist nur den Zöglingen der drei oberen Klassen und zwar unter gewissen Bedingungen gestattet. Unverträgliche, streitsüchtige Zöglinge können von gemeinsamen Spielen durch die Seminarvorstände ausgeschlossen werden, bis sie ihre Fehler ablegen.

Bei Besuch des Gartens ist es verboten, die angebauten Beete zu betreten, Blumen abzupflücken, Gewächse abzureißen, ausgelassene oder gefährliche Spiele zu treiben.

An den gemeinschaftlichen Spaziergängen hat jeder Zögling teilzunehmen. Wer ohne Erlaubnis oder ohne genügende Entschuldigung zurückbleibt oder eigenmächtig sich entfernt, hat Strafe zu gewärtigen.

Die Zöglinge müssen in geschlossener Reihe je zwei miteinander gehen. Stadtstudenten dürfen ohne Erlaubnis beim Spaziergange an die Seminaristen sich nicht anschließen. Allzulautes Sprechen auf den Wegen in der Nähe der Stadt ist zu vermeiden. Hineinlaufen in die Wiesen und Saatfelder, Beschädigung fremden Eigentums u. dgl. kennzeichnet sich als Ungezogenheit und Rohheit.

Allen Zöglingen wird nachdrücklich eingeschärft, auf den Spaziergängen durch Hutabnehmen, Ausweichen, anständige Haltung den begegnenden Standespersonen, ganz besonders den Lehrern des Gymnasiums, die schuldige Achtung zu bezeigen.

§ 17.

Strafen. Die Disziplinarstrafen sind folgende:

a) Verweis,
b) Strafarbeiten,
c) Pultarrest,
d) Bier-Karenz,
e) Verweisung aus dem Studiersaale mit Selbstmeldung beim Direktor,
f) Direktorats-Verweis,
g) Androhung der Entlassung,
h) Entlassung.

Fortgesetzter Unfleiß, fortdauernder Ungehorsam, Widersetzlichkeit und Beleidigung gegen die Vorgesetzten, hartnäckiges Lügen, Diebstahl, boshafte Beschädigung fremden Eigentums, Verführung,

Unsittlichkeit u. dgl. werden zu den großen Vergehen gerechnet und haben unnachsichtlich die Entlassung aus der Anstalt zur Folge.

Bei Zöglingen mit Freistellen, welche nicht vorrücken dürfen, wird eine strenge Prüfung ihrer ferneren Würdigkeit zum Genusse des Freiplatzes am Schlusse des Studienjahres vorgenommen.

Jenen Zöglingen, welche stets Fleiß und gutes Betragen an den Tag legen, können nicht nur im Seminar, sondern, wenn sie nach längerem Aufenthalte daselbst als Zöglinge mit Ehren absolviert haben, auch noch an der Universität besondere Unterstützungen in Form von Seminarstipendien zuteil werden.

Amberg (Ofr.). Kgl. Studien-Seminar. **141.**
Ansbach (Mfr.). Kgl. protest. Alumneum. **142.**
Aschaffenburg (Ufr.). Kgl. Studien-Seminar. **143.**
Augsburg (Schw.). Kollegium bei St. Anna (prot.). **144.**
Augsburg (Schw.). Kgl. Studien-Seminar St. Joseph. **145.**
Bamberg (Ofr.). Freih. v. Aufseesches Studien-Seminar. **147.**
Burghausen (Obb.). Kgl. Studien-Seminar. (parit.) **150.**
Landshut (Ndb.). Kgl. Erziehungsinstitut f. Studierende. **161.**
München. Kgl. Erziehungsinstitut Albertinum **166.**
Neuburg a. D. (Schw.). Kgl. Studien-Seminar. **168.**

γ) Städtische.

Andernach. Städt. Alumnat (kath.). **99.**
Brühl b. Köln. Städt. Alumnat (kath.). **103.**
Malmedy (Rheinpr.). Städt. Alumnat (kath.). **111.**
Ballenstedt a. Harz. Städt. Pädagogium Wolterstorff. **125.**
Dinkelsbühl (Mfr.). Städt. Pensionat. **152.**
Freising (Obb.). Städt. Erziehungsinstitut **156.**
Günzburg a. D. Städt. Erziehungsinstitut. **157.**

Aus der Hausordnung des städt. Erziehungsinstituts in **Günzburg**:

I. Verhalten der Zöglinge beim Eintritt in die Anstalt.

§ 1.

Jeder in das Institut aufgenommene oder nach Ablauf der Ferien in dasselbe zurückkehrende Zögling hat zur festgesetzten Zeit im Institute sich einzufinden und dem Direktor und dem Präfekten sich vorzustellen.

§ 2.

Eine gleiche Vorstellung hat von Seite der Zöglinge bei Antritt der Ferien zu erfolgen.

§ 3.

Zöglinge, welche zur festgesetzten Zeit im Institute nicht erscheinen, haben durch ein Zeugnis nachzuweisen, daß sie durch Krankheit oder sonstige entschuldbare Ursachen am rechtzeitigen Eintreffen gehindert waren.

II. Allgemeine Tagesordnung.

§ 4.

a) In den Wintermonaten — Oktober bis einschließlich März — haben die Zöglinge um 6 Uhr, im Sommer um 5 ½ Uhr morgens aufzustehen. An den Sonn- und Feiertagen wird um ½ Stunde später aufgestanden.

b) Zwanzig Minuten später findet in einem Studiensaale die Morgenandacht der Zöglinge statt, an welche sich die Morgenstudierzeit unmittelbar anschließt.

c) Um 7¼ Uhr wird das Frühstück genommen; hernach wird Vorbereitung zum Gang in die Schule getroffen.

d) Von 8—10 Uhr bzw. 11 oder 12 Uhr besuchen die Zöglinge den Unterricht am humanistischen Gymnasium.

e) Nach Beendigung des Unterrichts um 10 Uhr wird ¼stündige, um 11 Uhr eine ½stündige Erholung gewährt, worauf die Vorbereitung auf den nachmittägigen Unterricht stattzufinden hat.

f) Um 12¼ Uhr wird das Mittagessen eingenommen.

g) Nach beendigtem Mittagessen — das ist von 1¼ Uhr an bis 1¾ Uhr — dürfen die Zöglinge sich frei beschäftigen; einzelnen wird auf ihre Bitte gestattet, auch während dieser Zeit auf den Schulunterricht bezügliche Arbeiten zu fertigen; um ¾2 Uhr ordnen die Zöglinge ihre Schulsachen, um rechtzeitig den Nachmittagsunterricht am Gymnasium zu besuchen.

h) Von 4 Uhr 15 Min. bis 5 Uhr ist Erholungszeit, dieselbe kann auch mit Beschränkung auf 4 Uhr 45 Min. nach Gutdünken des Direktors zu einem Spaziergange verwendet werden; von 5—7 Uhr Studierzeit.

i) Um 7 Uhr findet der Abendtisch statt.

k) Nach letzterem ist bis 8 Uhr Erholungszeit, die Zeit von 8—9 Uhr ist für jene Zöglinge, welche ihre Pflichtarbeiten beendet haben, für stille Beschäftigung bestimmt.

l) Die Tagesordnung erleidet für jene Zöglinge, welche an einem fakultativen Unterrichte teilnehmen, die hierdurch bedingte Änderung.

m) Um 9 Uhr abends wird nach gemeinsamem Nachtgebete zu Bett gegangen.

n) An den schulfreien Nachmittagen dauert nach dem Mittagessen die Erholungszeit bis 2 Uhr, worauf Studierzeit bis 3 Uhr, dann wieder Erholungszeit bis 5 Uhr folgt, welche regelmäßig ganz oder größtenteils zu einem Spaziergange verwendet wird.

§ 5.

Die Tagesordnung an den Sonn- und Feiertagen, welche vorzüglich zur Erholung benützt werden sollen, wird nach Maßgabe der jeweiligen Witterung und Jahreszeit durch den Direktor festgesetzt.

§ 6.

Die einzelnen Abschnitte der Tages-Ordnung werden durch ein Glockenzeichen kundgegeben.

Auf die durch die Glocke gegebene Weisung hat sich jeder Zögling dahin zu begeben, wohin er gerufen wird. Verspätetes Erscheinen verpflichtet zur Entschuldigung beim aufsichtführenden Präfekten.

§ 7.

Ohne Erlaubnis des Direktors und darauffolgende Anzeige beim Präfekten darf kein Zögling von der vorgeschriebenen Tagesordnung abweichen.

Abweichungen von letzterer, welche durch eine besondere außerordentliche Anordnung von Seite des Gymnasialrektors veranlaßt werden, sind dem Direktor und dem aufsichtführenden Präfekten sofort mitzuteilen.

§ 8.

Zum Morgen- und Abendgebet hat jeder Zögling pünktlich zu erscheinen.

§ 9.

Wer vom Besuche des Gottesdienstes oder einer anderen religiösen Verrichtung aus wichtigen Gründen entbunden zu werden wünscht, hat sich an den Direktor zu wenden. usw.

Ingolstadt (Obb.) Städt. Pensionat. **158.**
Landsberg a. Lech (Obb.). Städt. Realschulpensionat. **160.**
Landshut (Ndb.). Städt. Erziehungsinstitut. **162.**
Neuburg a. D. Städt. Realschulpensionat. **169.**
Rosenheim (Obb.). Städt. Erziehungsinstitut f. Gymn.-Schüler. **181.**
Rosenheim. Städt. Realschulpensionat. **182.**
Rothenburg o. d. T. (Mfr.). Städt. Erziehungsinstitut. **183.**
Traunstein (Obb.). Städt. Erziehungsinstitut. **189.**
Wasserburg a. Inn (Obb.). Städt. Realschul-Pensionat. **190.**
Weilheim a. Ammer (Obb.). Städt. Realschulpensionat. **192.**
Heilbronn (Württ.). Pensionat (städt. Schülerheim). **206.**
Oberehnheim i. Els. Städt. Pensionat (kath.). **220.**

δ) Kirchlich-bischöfliche Knabenseminarien und Gymnasien.

1. Preußen.

Braunsberg. Bischöfl.-Ermländ. Konvikt. **1.**
Rössel. Convictorium Philippinum. Bischöfl. Knabenkonvikt. **5.**
Pelplin. Bischöfl. Progymnasium (Collegium Marianum). *7.*
Culm. Bischöfl. Konvikt (Collegium Albertinum). **6.**
Neustadt i. W.-Pr. Bischöfl. Konvikt (Collegium Leoninum). **10.**

Haus- und Tagesordnung für das Collegium Leoninum zu **Neustadt**, W. Pr.

§ 1.

Die Tagesordnung ist folgende:

5 Uhr (im Winter 5½ Uhr) Aufstehen (an Sonn- und Festtagen eine halbe Stunde später).

5½ Uhr gemeinschaftliches Morgengebet.

5¾ Uhr Studium.

7 Uhr Frühstück, dann freie Zeit (Erholung). An Sonn- und Festtagen soll die freie Zeit möglichst für religiöse Übungen oder für die Lesung geistlicher Bücher verwendet werden.

7¼ Uhr Teilnahme an der hl. Messe bzw. am Gymnasial-Gottesdienst.

8—1 Uhr Unterricht im Gymnasium. Fällt eine Unterrichtsstunde im Gymnasium aus, so müssen die Zöglinge während dieser Zeit zu Hause studieren und dürfen nicht ausgehen.

1¼ Uhr Mittagessen, zu welchem, wie auch zum Studium jeder pünktlich zu erscheinen hat. Das Tischgebet wird von den Zöglingen der oberen Klassen (einschl. Obertertia) der Reihe nach vorgebetet. Ebenso warten die Konviktoristen nach einer bestimmten Reihenfolge, ohne Rücksicht auf die Gymnasialklasse, welcher sie angehören, zu Tische auf.

1¾—3 Uhr Erholung, insbesondere im Hausgarten und auf dem mit einzelnen Turngeräten zu versehenden geräumigen Hofraum oder in zwei geeigneten Zimmern des Hauses, möglichst unter Trennung der Schüler der oberen Gymnasialklassen von denen der unteren. An freien Nachmittagen größerer Spaziergang zu je zweien, dann freie Beschäftigung.

3—4 Uhr Unterricht im Gymnasium.

4 Uhr Vesperbrot-Erholung.

5—7 Uhr Studium.

7 Uhr Abendessen - Erholung, wofür sich musikalische und Gesangsübungen besonders empfehlen.

8—9 Uhr an den Abenden nach schulfreien Nachmittagen gemeinschaftliche unterhaltende und belehrende Lektüre, an den übrigen Tagen freie Beschäftigung, nötigenfalls auch Studium.

9 Uhr gemeinschaftliches Abendgebet und Gewissenserforschung. Das Gebet für die Wohltäter: Retribuere dignare soll keinen Abend unterlassen und auch sonst den Zöglingen angelegentlich empfohlen und von diesen gern und andächtig verrichtet werden. Nach dem Abendgebet Nachtruhe. Falls die Unterrichtsstunden im Gymnasium von der obigen Tagesordnung abweichen, muß diese letztere durch den Präfekten sachgemäß geändert werden.

§ 2.

Außerhalb der Erholungszeit muß im Konvikt Ruhe herrschen, und darf niemand fremde Zimmer oder die Schlafzimmer betreten.

§ 3.

Besuche dürfen nur mit besonderer Erlaubnis des Präfekten und nur in dem dazu bestimmten Zimmer angenommen werden.

§ 4.

Kein Zögling darf Speisen oder geistige Getränke in die Anstalt bringen oder bringen lassen; auch nicht solche aus dem Speisezimmer mitnehmen. Für Obst kann Ausnahme gestattet werden.

§ 5.

Die Konviktoristen dürfen die für das Haus- und Dienstpersonal bestimmten Räume nicht betreten, auch sich mit dem Dienstpersonal in keine Gespräche einlassen. Bestellungen an die Dienstboten sind durch den Vorsteher des Kollegiums zu machen.

§ 6.

Für jeden besonderen Ausgang ist unter Angabe der Gründe die Erlaubnis des Präfekten nachzusuchen. Der Besuch von Wirtshäusern in oder außer der Stadt ist ebenso wie das Tabakrauchen und Kartenspiel den Zöglingen verboten.

§ 7.

Vor der Abreise in die Ferien haben die Zöglinge sich beim Präfekten zu verabschieden und nach der Rückkehr sich zu melden.

Pelplin, den 20. Februar 1903.

Der Bischof von Kulm.
gez. Augustinus.

Gnesen. Erzbisch. Knaben-Konvikt. **15.**

Posen. Erzbisch. Knaben-Konvikt. **19.**

Ostrowo. Erzbisch. Knaben-Konvikt. **18.**

Beuthen. Fürstbisch. Knaben-Konvikt. **25.**

Breslau. Fürstbisch. Knaben-Konvikt. **26.**

Gleiwitz. Fürstbisch. Knaben-Konvikt. **30.**

Glogau. Fürstbisch. Knaben-Konvikt. **31.**

Neisse. Fürstbisch. Knaben-Seminar. **36.**

Heiligenstadt. Bischöfl. Knaben-Seminar (Seminarium Bonifatianum). **60.**

Hildesheim. Bischöfl. Gymnasium und Konvikt. **73.**

Meppen. Bischöfl. Gymnasial-Konvikt (Collegium Josephinum). **75.**

Fulda. Bischöfl. Konvikt. **80.**

Hadamar. Bischöfl. Konvikt (Collegium Bernardinum). **81.**

Montabaur. Bischöfl. Konvikt. **83.**

Paderborn. Bischöfl. Gymnasial-Alumnat (Seminarium Liborianum). **96.**

Münster i. W. Bischöfl. Konvikt (Collegium Ludgerianum). **94.**

Gaesdonck b. Goch. Collegium Augustinianum. *52*.
Münstereifel. Collegium Josephinum. Erzbisch. Konvikt. **113.**
Neunkirchen (Bez. Köln). Höhere Knabenschule mit St. Antonius-Konvikt. **114.**
Neuß. Marianum. Erzbisch. Konvikt. **115.**
Opladen (Rhld.). Erzbisch. Lehranstalt. Aloysianum. **117.**
Prüm. Bischöfl. Konvikt. **118.**
Rheinbach b. Bonn. Collegium Hermannianum. Erzbisch. Konvikt. **119.**
Sigmaringen. Erzbisch. Knabenseminar St. Fidelishaus. **120.**
Trier. Bischöfl. Konvikt. **123.**

2. Hessen.

Bensheim (Diöz. Mainz). Bischöfl. Knabenkonvikt. **136.**
Dieburg (Diöz. Mainz). Bischöfl. Konvikt. **137.**
Mainz. Bischöfl. Knabenkonvikt. **140.**
Mainz. St. Marienschule. **139.**

Hausordnung des Bischöflichen Knabenkonviktes der **Diözese Mainz.**

§ 1. Die Zöglinge des Konviktes sollen mit allem Ernste darnach streben, sich wahre Tugend und tüchtige Kenntnisse zu erwerben, um so die notwendigen Grundlagen für ihr späteres Berufsleben zu legen.

§ 2. Zu diesem Zwecke werden sie die von dem Hochwürdigsten Herrn Bischofe festgesetzte Hausordnung genau beobachten, alle durch dieselbe vorgeschriebenen Übungen gewissenhaft verrichten und die zum Studium bestimmte Zeit eifrig benützen.

§ 3. Zur Zeit des Studiums, in den Schlafsälen, sowie an allen Orten, welche nicht zur Unterhaltung und Erholung bestimmt sind, sind, ist Stillschweigen zu beobachten.

§ 4. Jedem Zöglinge wird im Studier- und Schlafsaal, sowie im Eßzimmer ein bestimmter Platz angewiesen, der ohne Erlaubnis nicht vertauscht werden darf.

§ 5. Die Zöglinge haben sich stets in den für die einzelnen Verrichtungen bestimmten Räumen aufzuhalten. Der Schlafsaal darf während des Tages von ihnen nicht ohne besondere Erlaubnis betreten werden. Ebenso ist der Aufenthalt in den Fremden- sowie in den Krankenzimmern von der Erlaubnis der Vorgesetzten abhängig. Das Betreten der für die Dienstboten bestimmten Räumlichkeiten ist verboten.

§ 6. Alle Zöglinge nehmen an den gemeinsamen Erholungen und Spaziergängen teil. Sonstige Ausgänge derselben bedürfen besonderer Erlaubnis.

§ 7. Besuche von außen dürfen nicht ohne Erlaubnis und in der Regel nur in der dazu bestimmten Zeit angenommen werden.

§ 8. Rauchen, Kartenspielen, sowie Einführung von Eßwaren und geistigen Getränken ist verboten, ebenso Taschengeld.

§ 9. Außer den Schulbüchern dürfen die Zöglinge nur solche Bücher haben, welche ihnen von dem Vorsteher gegeben oder gestattet sind. Die aus der Hausbibliothek entliehenen Bücher müssen schonend behandelt werden. Für etwaigen Privatunterricht wird von Seiten des Vorstehers unter Verständigung mit den betreffenden Lehrern des Gymnasiums Sorge getragen werden.

§ 10. Der briefliche Verkehr der Zöglinge geht durch die Hand des Vorstehers und wird — mit Ausnahme der Korrespondenz mit den Eltern — von demselben überwacht.

§ 11. Es ist den Zöglingen untersagt, ohne Genehmigung des Vorstehers ihre eigenen Sachen auszuleihen oder fremde zu benützen.

§ 12. Die Zöglinge sollen in allen Stücken sich der größten Ordnung und Reinlichkeit befleißigen.

§ 13. Auf dem Wege zum Gymnasium und nach Hause dürfen die Zöglinge nirgendswo sich aufhalten; ebenso haben sie bei Ausfall von Unterrichtsstunden sich direkt in das Konvikt zu begeben.

§ 14. Ihren Vorgesetzten werden die Zöglinge Gehorsam, Ehrerbietung und Aufrichtigkeit entgegenbringen, unter sich ein friedfertiges Benehmen beobachten und gegen das Dienstpersonal höflich und bescheiden sein.

§ 15. Außer dieser Hausordnung sind die Zöglinge des Konviktes der Schulordnung und den Disziplinargesetzen des Gymnasiums unterworfen und werden sich bestreben, sich auch in dem Gymnasium durch gutes Betragen, Aufmerksamkeit und Fleiß auszuzeichnen.

3. Bayern.

Bamberg (Ofr.). Erzbisch. Knabenseminar (Ottonianum). **148.**

Burghausen (Obb.). Bischöfl. Knabenseminar. **149.**

Dillingen a. D. Bischöfl. Knabenseminar. **151.**

Eichstätt (Mfr.). Bischöfl. Knabenseminar. **153.**

Freising (Obb.). Erzbisch. Knabenseminar. **155.**

Metten (Ndb.). Bischöfl. Knabenseminar. **164.**

Passau (Ndb.). Bischöfl. Knabenseminar. **173.**

Passau. Bischöfl. Dr. Pellsches Institut für Studierende. **174.**

Regensburg (Opf.). Bischöfl. Knabenseminar. **176.**

Scheyern b. Pfaffenhofen a. Ilm. Erzbisch. Erziehungs- und Studienanstalt im Benediktinerstift. **185.**

Speyer. Bischöfl. Konvikt (Knabenseminar). **187.**

Straubing (Ndb.). Bischöfl. Knabenseminar. **188.**

Würzburg. Bischöfl. Knabenseminar (Chilianeum). **195.**

Würzburg. Bischöfl. Studienseminar (Ferdinandeum). **196.**

4. Württemberg.

Mergentheim. Bischöfl. Knabenseminar Mariahilf. **208.**
Rottenburg a. Neckar. Bischöfl. Knabenseminar Martinihaus. **209.**

5. Baden.

Freiburg. Erzbisch. Gymnasialkonvikt. **211.**
Konstanz. Erzbisch. Gymnasialkonvikt St. Conradihaus. **213.**
Rastatt. Erzbisch. Konvikt. **214.**
Tauberbischofsheim. Erzbisch. Gymnasialkonvikt. **215.**

6. Elsaß-Lothringen.

Colmar. Bischöfl. Konvikt. **217.**
Straßburg. Bischöfl. Konvikt an St. Stephan. **222.**
Bitsch i. Lothr. Bischöfl. Institut St. Augustin. **216.**
Metz. Domschule St. Arnulf. **218.**
Montigny b. Metz. Knabenseminar (Bischöfl. Gymnasium). **219.**
Zillisheim i. Els. Bischöfl. Gymnasium mit Internat. **223.**

ε) Anstalten von Ordenskongregationen.

Augsburg (Schw.). Ludwigsinstitut der Benediktiner. **146.**
Ettal (Obb.). Lehr- und Erziehungsanstalt im Benediktinerkloster. **154.**
Metten b. Deggendorf (Ndb.). Erziehungsinstitut im Benediktinerstifte. **165.**
Münnerstadt (Ufr.). Studienseminar der Patres aus d. Augustinerorden. **167.**
Schäftlarn (Obb.). Erziehungsinstitut für Studierende im Benediktinerstift. **184.**

ζ) Private und Vereinsgründungen.

Attendorn. Collegium Bernardinum. Konvikt für kath. Gymn. **88.**
Brilon. Kath. Gymn.-Alumnat »Petrinum«. **89.**
Dorsten i. W. Gymnasial-Alumnat. Collegium Carolinum (kath.). **90.**
Warburg. Collegium Marianum (kath. Gymnasial-Konvikt). **97.**
Werl. Aloisianum. Konvikt für kath. Gymn. **98.**

Boppard. Alumnat St. Michael für kath. Gymn. **102.**
Oberlahnstein. Collegium Carolinum (kath.). **84.**
Sterkrade (Rhld.). Kath. Realgymnasial-Konvikt. **121.**
Wipperfürth s. Neunkirchen. St. Antonius-Konvikt für kath. Gymn. **114.**
Vechta (Oldenb.). St. Stanislaus- und St. Antonius-Konvikt für kath. Gymn. **129.**
Ehingen (Württ.). Collegium St. Josephi. Pensionat für kath. Gymn. **204.**
Ellwangen (Württ.). Borromäum. Pensionat für kath. Gymn. und Realsch. **205.**

β) Private Schulpensionate.

Lippstadt. Kath. Knabenpensionat an der Rektoratschule. **93.**
Bergheim a. Erft. Städt. höhere Schule und Pensionat. **101.**
Kerpen b. Köln. Pensionat des Rektors Brodmann. **108.**
Jena. Institut Pfeiffer für Schüler der Städt. OR. **135.**
Donauwörth. Cassianeum, Erziehungsanstalt für Studierende d. k. PG. *93.*
München. Privat-Lehr- und Erziehungsinstitut v. Dr. J. B. Hornung. *100.*
Passau. Pensionat Fürst. *106.*
Schweinfurt (Ufr.) Schülerpensionat Schelbert. **186.**
Wunsiedel (Ofr.) Knabenpensionat u. Erholungsheim f. Schüler von Dr. Hederich. **197.**
Koburg. J. Taubalds Knaben-Erziehungsinstitut. *76.*

c) Sogen. Familienalumnate (Schülerheime) und Internate neuen Stils.

α) Stiftische.

Braunsberg. Seeligersche Erziehungsanstalt. 2.

Die Sedlnitzkyschen Stiftungen der Inneren Mission in:
Berlin-Dahlem. Paulinum. **46.**
Posen. Posener Paulinum. **21.**
Danzig-Langfuhr. Danziger Paulinum. **8.**

Danzig-Langfuhr. v. Conradische Schulanstalten. **7.**

β) Staatliche.

Treptow a. R. Bugenhagen-Alumnat. **14.**
Berlin-Dahlem. Schülerheim-Kolonie des Arndt-Gymn. **45.**

γ) Provinzialvereinsgründungen.

Rheinischer Alumnatsverein.

Moers. Martinstift zu Fild bei M. **112.**
Lennep. Bergisches Alumnat. **110.**
Trarbach. Evang. Alumnat »Lutherhaus«. **122.**

Das Martinstift zu **Fild bei Moers**:

Das mit dem Kgl. Gymnasium Adolfinum zu Moers[1]) verbundene evangelische Alumnat Martinstift, gegründet im Jahre 1885, ist Eigentum des Rheinischen Alumnatvereins. Es liegt vor den Toren der alten Stadt mitten im Grünen, umgeben von großen Gärten mit Spiel- und Turnplätzen.

Nach der Absicht der Gründer soll es eine Pflege- und Erziehungsstätte sein, in der evangelische Schüler des Gymnasiums unter Leitung eines akademisch gebildeten Vorstehers ein von christlicher Hausordnung geregeltes Familienleben führen, das ihnen nach Möglichkeit das Elternhaus ersetzt, sie zu Ordnung, Pünktlichkeit, fleißigem Arbeiten und guter Sitte anleitet und auch schwächer begabte Schüler tunlichst fördert.

Die Oberaufsicht führt ein aus sieben Herren bestehendes Kuratorium, dessen Vorsitzender der Direktor des Gymnasiums ist. Dem Vorsteher stehen mehrere jüngere, akademisch gebildete Herren, Kandidaten der Theologie oder Philologie, als Assistenten zur Seite.

Die Zöglinge fertigen ihre Schularbeiten unter Aufsicht an, sie nehmen alle Mahlzeiten zusammen mit der Familie des Inspektors ein und schlafen in zwei geräumigen Sälen unter der Aufsicht der Assistenten.

Aufnahmebedingungen.

1. Aufgenommen werden nur evangelische Schüler des Gymnasiums zu Moers; bei den aufzunehmenden wird besonders auf ein gutes Zeugnis im Betragen geachtet. Gesuche um Aufnahme sind an den Direktor des Gymnasiums zu richten. Anfragen beantwortet auch der Alumnatsvorsteher.

Die Aufnahme in das Gymnasium ist besonders bei dem Direktor nachzusuchen.

2. Das jährliche Pensionsgeld beträgt 900 M. Pfarrern, Lehrern und Beamten kann mit Rücksicht auf die Vermögensverhältnisse eine Ermäßigung dieses Satzes bewilligt werden; vorzugsweise sollen dabei die Bewohner der Rheinprovinz berücksichtigt werden. Anträge auf Ermäßigung sind unter Darlegung der Verhältnisse an den Direktor

[1]) Humanistisches Gymnasium mit realgymnasialem Ersatzunterricht bis Untersekunda.

zu richten. Über die Höhe der Ermäßigung entscheidet das Kuratorium; satzungsgemäß muß mindestens immer die Hälfte aller Zöglinge den vollen Betrag (900 M.) zahlen.

3. Der Austritt aus dem Stift muß vorher dem Vorsteher angemeldet werden, und zwar der zum Herbst bis zum 1. Juli, der zu Weihnachten bis zum 20. November und der zu Ostern bis zum 1. Februar. Ist der Austritt nicht rechtzeitig angemeldet, so ist die Hälfte der nächsten Pensionszahlung dem Stifte verfallen.

4. Ausschluß aus dem Stift wird gegen einen Zögling verhängt, der sich der Hausordnung nicht fügt oder einen schädlichen Einfluß auf seine Kameraden ausübt.

5. Eine Zurückzahlung des Pensionsgeldes (z. B. bei Austritt oder Ausschluß) findet nicht statt. Ermäßigung des Satzes (Nr. 2) kann wieder entzogen werden, wenn der betreffende Zögling durch schlechtes Betragen oder fortgesetzten Unfleiß sich wiederholten Tadel zuzieht.

6. Die Zahlung des Pensionsgeldes findet in drei Raten im voraus statt. Für das erste Tertial — von Ostern bis Herbst — werden $^4/_{10}$, für das zweite Tertial — Herbst bis Weihnachten — und für das letzte —Neujahr bis Ostern — je $^3/_{10}$ des Pensionsgeldes entrichtet. Die Zahlung für das erste Tertial muß bis zum 3. Mai, die für das zweite bis zum 3. Oktober und die für das letzte Tertial bis zum 15. Januar an den Vorsteher des Stifts geleistet werden.

Der ersten Pensionszahlung für einen neu aufgenommenen Zögling muß ein Vorschuß in Höhe von 70—100 M. beigefügt werden, der für jedes folgende Tertial wieder zu ergänzen ist. Von diesem Vorschuß werden die Auslagen für Bücher, Taschengeld, Reisegeld, Wäsche usw. bestritten. Das Schulgeld — 130 M. für das Jahr — ist noch besonders zu entrichten.

7. Jeder Zögling hat außer Kleidung, Leibwäsche und Schuhwerk mitzubringen: 6 Servietten mit Ring, 6 Handtücher, 6 Betttücher, 3 weiße Kissenbezüge (nicht weniger als 62 cm lang und 72 cm breit), einen roten Plumeaubezug (nicht unter 105 cm lang und breit), wollene Schlafdecken oder eine Steppdecke. Die Betten werden vom Stift gestellt. Für den Winter kann auch ein langes Deckbett mit rotem Überzug mitgebracht werden. Außerdem muß jeder die nötigen Toilettesachen in einem Kasten besitzen.

8. Sämtliche Kleidungsstücke, Wäsche, Schuhwerk usw. des Zöglings müssen als Erkennungszeichen mit einer Nummer versehen sein, welche vom Stift angegeben wird, sobald die Aufnahme gesichert ist. Das Bettzeug des Zöglings wird vom Stift gewaschen, wofür jährlich 10 M. berechnet werden; die Leibwäsche kann gegen mäßige Vergütung auch in Moers gewaschen werden.

9. Taschengeld erhalten die Zöglinge nach Vereinbarung mit den Eltern nur durch den Alumnatsvorsteher. Von Hause darf den Zöglingen kein Geld geschickt werden; auch sollen sie, wenn sie aus den Ferien wiederkommen, nicht mehr als das nötige Reisegeld erhalten. Kuchen und Näschereien dürfen nur mit Genehmigung des Vorstehers an die Zöglinge gelangen.

10. Ohne Bewilligung des Vorstehers dürfen die Zöglinge keine Ausgaben über ihr Taschengeld hinaus machen; Waren auf Rechnung zu entnehmen, ist ihnen nur durch einen vom Vorsteher verabfolgten Bestellzettel erlaubt.

11. In den großen Ferien müssen alle Zöglinge das Stift verlassen. Wer ausnahmsweise in den anderen Ferien im Stift bleibt, zahlt für die Woche 20 M. Kostgeld.

12. Über die Zahlungen an das Stift und über die Ausgaben der Zöglinge erhalten die Eltern am Schlusse jedes Tertials eine genaue Rechnung, der Belege jedoch nur auf besonderen Wunsch beigegeben werden.

Moers, den 15. Oktober 1908.

Das Kuratorium des Martinstifts.

Schleswig-Holsteinischer Alumnatsverein.

Plön. Evang. Alumnat. **67.**

Ratzeburg. Evang. Alumnat. **68.**

δ) Die Loccumer und Pfarrvereins-Gründungen.

1. Prov. Brandenburg.

Frankfurt a. O. Evang. Schülerheim. **49.**

Luckau. Evang. Schülerheim. **51.**

2. Prov. Sachsen.

Salzwedel. Evang. Schülerheim. **65.**

3. Prov. Hannover.

Goslar und Hann.-**Münden.** Erziehungshäuser des Klosters Loccum. **71.**

Hausordnung für die Alumnate in **Goslar** und **Hann.-Münden** (Kloster Loccum):

1. Die Zeit des Aufstehens ist im Sommerhalbjahr 6 Uhr, im Winterhalbjahr 7 Uhr. Änderungen mit Rücksicht auf die Schulordnung des betreffenden Gymnasiums kann der Deputierte des Konvents nach Verständigung mit der Hausdame genehmigen.

2. Im Sommer um 6½, im Winter um 7½ Uhr wird eine gemeinsame Morgenandacht vom Inspektor gehalten. An diese schließt sich das Frühstück unmittelbar an.

3. Die Zeit zwischen der Morgenschule und dem Mittagessen dient, soweit der einzelne nicht derselben noch zur Arbeit bedarf, zur Erholung.

4. Das Mittagessen ist, wo die Schulzeit nicht ein anderes erfordert, um 12½ Uhr. Vor Tisch wird ein Gebet gesprochen.

5. Um 4½ Uhr wird Kaffee getrunken.

6. Die Zeit vom Schluß der Schule bis 5½ bzw. 6 Uhr dient der Erholung.

7. Von 5½ bzw. 6 bis 8 Uhr ist Arbeitszeit. Während dieser Zeit dürfen Besuche nicht empfangen werden.

8. Um 8 Uhr Abendessen, an welches sich die Abendandacht unmittelbar anschließt.

9. Nach dem Abendessen wird, wo es erforderlich ist, noch eine Stunde gearbeitet, passende Lektüre getrieben oder Schachspiel o. dgl. Spiele. Die Abendunterhaltung soll tunlichst in den zur Pflege der Geselligkeit bestimmten Räumen stattfinden. Jedes Kartenspiel ist verboten.

10. Bis 10 Uhr gehen die Zöglinge zu Bett. Mit Bewilligung des Inspektors können die älteren noch höchstens bis 11 Uhr, sofern die Aufgaben der Schule es nötig machen, arbeiten. Über 11 Uhr aufzubleiben, ist in jedem Falle untersagt.

11. Ohne Erlaubnis des Inspektors darf kein Zögling ausgehen. Den Primanern und Obersekundanern ist gestattet, die Zeit, welche der Erholung bestimmt ist, zu Besuchen außer dem Hause zu verwenden.

12. Bei weiteren Spaziergängen, welche von dem Inspektor mit den Zöglingen unternommen werden, können die Arbeits- und Essenszeiten — letztere nach Verständigung mit der Hausdame — entsprechend verlegt werden.

13. Am Sonntage wird in der Regel nicht gearbeitet. Die Zöglinge besuchen den Hauptgottesdienst, die unkonfirmierten auch die nachmittägige Kinderlehre.

14. Den Sonntag Nachmittag und Abend außer der Anstalt, etwa bei Verwandten, zuzubringen, bedarf der Erlaubnis des Inspektors.

15. Der Stiftungstag des Klosters Loccum wird jährlich im Alumnat festlich begangen.

16. Auf jeder Stube bestimmt der Inspektor einen der älteren Zöglinge zum Stubenältesten, der auf die Innehaltung der Ordnung zu achten und deren Übertretung dem Inspektor anzuzeigen hat. Die Zöglinge erhalten seitens der Inspektoren und der Hausdamen dieselbe Anrede (Sie oder Du), welche in der Klasse des Gymnasiums, der sie angehören, üblich ist.

17. Das Rauchen im Alumnat selbst ist den Zöglingen verboten, kann jedoch den Abiturienten auf dem Abiturientenzimmer und den Primanern und Obersekundanern im Garten vom Inspektor gestattet werden.

18. Die Zöglinge sollen außer einem mäßigen, von den Eltern durch den Inspektor ihnen zu gebenden Taschengelde, kein Geld führen. Das Taschengeld soll für die Zöglinge, welche die Quarta besuchen 25 Pf., die Tertia 50 Pf., die Untersekunda 75 Pf., die Sekunda und Prima 1 M. wöchentlich nicht überschreiten.

Über die Verwendung des Taschengeldes haben sie dem Inspektor monatlich auf Erfordern Rechenschaft abzulegen. Aus disziplinaren Gründen kann das Taschengeld vom Inspektor zeitweise vorenthalten werden.

Für sonstige Ausgaben der Zöglinge gelten die Aufnahmebedingungen 12 und 13.

Goslar. Schülerheim des Hannov. Pfarrvereins. **70.**

4. Prov. Hessen-Nassau.

Eschwege. Schülerheim. **79.**
Hersfeld. Schülerheim. **82.**
Weilburg. Pädagogium Paulinum. **87.**

5. Rheinprovinz.

Kreuznach. Evang. Schüler-Alumnat des Rhein. Pfarrervereins. **109.**

6. Mecklenburg.

Güstrow i. Meckl. Familien-Alumnat. **128.**

7. Rheinpfalz.

Neustadt a. d. H. Evang. Studienheim. **170.**
Zweibrücken. Evang. Studienheim d. pfälz. prot. Pfarrvereins. **198.**

ε) Ortsvereinsgründungen.

Gütersloh (Westf.). Evang. Gymnasial-Alumnat. **91.**
Höxter (Westf.). Alumnat des evang. König-Wilhelms-Gymn. **92.**

Aus dem Prospekt der Erziehungshäuser in **Höxter:**

Tages- und Hausordnung für die Schüler:

a) Tagesordnung: Im Sommer wird um 6 Uhr zum Aufstehen, um ½7 Uhr zum Kaffeetrinken geläutet. Von 7—11 (12) Uhr besuchen die Alumnen die Schule, um 9 Uhr gehen sie zum Frühstück nach Hause. Von 11 (12) Uhr an ist arbeitsfreie Zeit, in die Schulzeit fallende Freistunden sind jedoch nicht zum Spazierengehen zu benutzen. Um 12 Uhr wird gemeinschaftlich das Mittagsmahl eingenommen. Von 2 Uhr an ist Schule, um 4 Uhr wird Kaffee getrunken, bis 6 Uhr ist arbeitsfreie Zeit. Von 6—½8 Uhr ist Arbeitsstunde, dann wird zu Nacht gegessen. Das Tischgebet und die Danksagung wird vom Inspektor gesprochen. An das Abendessen schließt sich die vom Inspektor gehaltene gemeinsame Andacht. Nach der Andacht gehen die kleineren Schüler zu Bett oder auf das Familienzimmer, die Sekundaner dürfen bis 10 Uhr, die Primaner mit besonderer Erlaubnis des Inspektors bis 11 Uhr aufbleiben, um zu arbeiten.

Im Winter verschiebt sich die Tagesordnung des Vormittags um eine Stunde vorwärts, da die Schule um 8 Uhr beginnt.

Die Kirche wird gemeinsam besucht. Ohne Erlaubnis des Inspektors darf keiner den Gottesdienst versäumen. Die Zeit vorher dürfen die Schüler Briefe schreiben oder sich sonst nützlich beschäftigen. Die Zeit nachher ist frei; nachmittags wird am Sonntag in der Regel ein gemeinsamer Spaziergang gemacht.

An den freien Mittwoch- und Samstag-Nachmittagen wird um 3 Uhr Kaffee getrunken.

Die Arbeitsstunden sind ausschließlich zu wissenschaftlichen Arbeiten zu benutzen; Beschäftigungen, die nur der Unterhaltung dienen, werden in dieser Zeit nicht geduldet, ebensowenig dürfen die Alumnen nach Beginn der Arbeitszeit das Haus verlassen, auch ein fremdes Zimmer nicht besuchen ohne Erlaubnis des Inspektors. Während der Arbeitszeit haben die Stubenoberen auf Ruhe zu halten; Störungen haben sie dem Inspektor anzuzeigen.

Die schul- und arbeitsfreie Zeit dürfen die Schüler zu Spaziergängen ins Freie, zum Spielen, Musizieren usw. benutzen. Kartenspiele und Spiele um Geld sind nicht erlaubt. Außer den Büchern der Schüler- und der Alumnatsbibliothek werden Bücher zum Lesen nur mit Erlaubnis des Inspektors gestattet.

Es darf in der Weser nur in der öffentlichen Badeanstalt gebadet werden, und es haben die Eltern dazu ihre Erlaubnis zu geben. Im Winter baden die Alumnen in dem Warmbad des Alumnats.

Jede Abweichung von dieser Tagesordnung bedarf der Genehmigung des Direktors.

b) Hausordnung: Dem Inspektor haben die Alumnen unweigerlich zu folgen, ihm allein steht außer dem Direktor das Recht der Bestrafung zu. Die von dem Inspektor auf die einzelnen Zimmer verteilten Alumnen bilden eine Stubengenossenschaft, an deren Spitze ein Stubenoberer steht, der seine Stubengenossen durch Beispiel, Belehrung und Erinnerung zu genauer Pflichterfüllung, besonders zur Beobachtung der Tages- und Hausordnung anzuhalten hat. Er ist verantwortlich für jede Ordnungswidrigkeit, die Stubengenossen haben ihm zu folgen; wo nötig, ruft er die Hilfe, bei Streitigkeiten die Entscheidung seines Inspektors an.

Für jede Sachbeschädigung im Hause haftet der Täter bzw. die Stubengenossenschaft.

Wird ein Alumne krank, so hat er sofort der Hausmutter und dem Inspektor Anzeige zu machen und darf sich nur mit Erlaubnis zu Bett legen. Sonst ist tagsüber der Aufenthalt auf den Schlafzimmern untersagt, ebenfalls Unruhe des Abends beim Zubettegehen. Wer abends zuletzt das Wohnzimmer verläßt, hat die Fenster zu schließen und die Lampe auszulöschen. Alle Türen, besonders die zu den Aborten, sind sorgfältig zu schließen, nicht zuzuschlagen; ein Zimmer abzuschließen, ist jedoch unbedingt verboten.

Die Zimmer der Alumnen werden von den Dienstboten nur beim Reinigen und Feueranmachen betreten, fremde Schüler haben nur mit Erlaubnis des Inspektors Zutritt.

Niemand darf verschlossene Sachen anderer öffnen oder Gefundenes behalten.

Beim Eintritt übergibt der Alumne der Hausmutter ein von den Eltern oder deren Stellvertretern angefertigtes Verzeichnis der mitgebrachten Sachen, das jährlich zu erneuern ist; Revisionen nimmt die Hausmutter nach Bedürfnis vor. Wird die Wäsche in der Stadt besorgt, geschieht es unter Kontrolle der Hausmutter.

Mit Licht muß vorsichtig umgegangen werden. Waffen, Pulver usw. dürfen nicht im Besitze der Alumnen sein. Zusammenkünfte der Alumnen zu Beratungen dürfen nur mit besonderer Erlaubnis stattfinden.

Zu Reisen muß, bevor die Genehmigung des Direktors eingeholt wird, die Erlaubnis des Inspektors nachgesucht werden. Der Zurückgekehrte hat sich bei ihm zu melden und überschüssiges Reisegeld abzuliefern.

Höxter, im Februar 1907.

Das Kuratorium

I. A. Hartmann, Gymnasialdirektor.

Gartz a. d. O. (Pomm.) Familien-Alumnat. **11.**

Oettingen a. Ries. Johannes-Pensionat. (Prot.) **172.**

Nördlingen (Schw.). Schülerpensionat. **171.**

Weiden (Opf.). Protest. Alumneum. **191.**

Rastenburg (Ostpreuß.). Evang. Schülerheim. **4.**

Kempen (Pos.) Gymnasial-Pensionat. **16.**

Krotoschin (Pos.) Gymnasial-Alumnat. **17.**

1. Zweck und Aufgabe des Gymnasial-Alumnates.

Das Gymnasial-Alumnat macht es sich zur Aufgabe, den auswärtigen Schülern des hiesigen Kgl. Wilhelms-Gymnasiums die Pflege und Erziehung des Elternhauses soweit als möglich zu ersetzen, sie durch gesunde Wohnung, reichliche, kräftige Kost und angemessene Leibespflege in jugendlicher Frische zu erhalten und die Ziele der Schule durch sachkundige Beaufsichtigung und Förderung der häuslichen Schularbeiten und durch die Pflege eines Geistes der Gottesfurcht, der Liebe zu König und Vaterland und der treuen gewissenhaften Pflichterfüllung sowie des Sinnes für Ordnung, Pünktlichkeit und gute Sitte zu fördern und endlich in Erholung und Spiel durch gegenseitige Erziehung gesellige Tugenden zu wecken.

2. Leitung des Alumnates.

Die Leitung des Gymnasial-Alumnates ist einem verheirateten Oberlehrer übertragen, dem ein wissenschaftlicher Hilfslehrer des Gymnasiums zur Seite steht. Die Gattin des Oberlehrers hat es übernommen, die Wirtschaft zu beaufsichtigen und bei der Erziehung der Zöglinge mitzuwirken. Im engen Anschluß an die Familie des Leiters bilden so die Zöglinge eine große Familie, in der deutsche Zucht und Sitte, gesunde Freiheit und heilsame Ordnung walten. Jeder Zögling hat liebevolle Fürsorge für sein leibliches und seelisches Wohl, herzliche Teilnahme an seinen Freuden und Leiden zu erwarten. Zur Förderung des familienhaften Zusammenlebens steht ein schönes, großes Familienzimmer zur Verfügung.

Das Alumnat befindet sich in einer 1904 erbauten Villa, die in gesunder, freier Lage in größter Nähe des Gymnasiums liegt und im Jahre 1910 durch einen Anbau bedeutend erweitert ist. Sie enthält 28 geräumige, gesunde Zimmer, die, abgesehen von der Familie des Alumnatsleiters, zur Aufnahme von 20 Zöglingen ausreichen. Zu der Villa gehört ein großer Garten, in dem sich die Schüler betätigen können. Für Turnen, Spiel und sonstige Gelegenheit zu körperlicher Bewegung im Freien ist reichlich gesorgt (Tennisplatz!). Zu Spaziergängen bieten die ausgedehnten Waldungen Krotoschins beste Gelegenheit. Für die Pfingstferien sind größere gemeinsame Reisen ins Gebirge oder an die See geplant.

Im Winter kann im Hause gebadet werden (3 Badezimmer!), im Sommer in der neuerbauten städtischen Badeanstalt. Die Mahlzeiten werden gemeinsam in der Familie des Alumnatsleiters eingenommen. Die Beköstigung ist einfach, aber reichlich, gut und nahrhaft, wie sie eine gedeihliche Entwicklung des angespannt tätigen jugendlichen Menschen verlangt. Sie besteht aus dem ersten Frühstück, zweiten Frühstück, Mittagessen, Nachmittagskaffee und Abendbrot. — Sendung von Eßwaren ist nur ausnahmsweise (zum Geburtstage) gestattet.

Nicht unerwähnt mag bleiben, daß in Krankheitsfällen liebevolle Pflege im Krankenzimmer des Alumnats gewährt wird. Für Fälle schwerer oder ansteckender Krankheiten, in denen der Arzt eine Anstaltspflege für nötig hält oder anordnet, steht das neue, vortrefflich eingerichtete Krankenhaus der Stadt Krotoschin zur Verfügung.

Hausordnung.

1. Von jedem Zöglinge des Gymnasial-Alumnats wird erwartet, daß er durch ein anständiges und wohlgesittetes Betragen innerhalb und außerhalb des Alumnats der Anstalt stets Ehre zu machen bemüht ist.

2. Die Zöglinge sollen sich eines verträglichen, geselligen und freundschaftlichen Zusammenlebens befleißigen und in kameradschaftlicher Weise miteinander verkehren.

3. Die Stubenältesten dienen den jüngeren Mitschülern zum Vorbild und werden bemüht sein, diese durch ruhige und freundliche Zurechtweisung an Ordnung zu gewöhnen, für die sie auf ihren Stuben verantwortlich sind. Die jüngeren Schüler werden daher allen auf Ordnung und Sauberkeit bezüglichen Weisungen des Stubenältesten willig Folge leisten und alles vermeiden, was zu Tadel Anlaß geben könnte. Sie haben das Recht, über wirklich oder vermeintlich erlittenes Unrecht bei dem Alumnatsleiter Beschwerde zu führen.

4. Jeder Zögling ist für die Sauberkeit seines Körpers, seiner Kleidung, Bücher usw. selbst verantwortlich und muß die verschließbaren Behälter stets unter Verschluß halten.

5. Das Betreten fremder Stuben ist ohne besondere Erlaubnis nicht gestattet. Zum Verkehr untereinander steht das große Familienzimmer zur Verfügung.

6. Feuergefährliche Gegenstände und Waffen irgendwelcher Art dürfen nicht in das Alumnat gebracht werden. Das Anzünden und Auslöschen der Lampen ist Sache der Stubenältesten und muß mit größter Vorsicht geschehen.

7. Für Beschädigung des Inventars haftet zunächst der zeitweilige Besitzer, sodann die betr. Stubengenossen. Von Mängeln der zum Gebrauch überwiesenen Gegenstände ist sofort Anzeige zu machen.

8. Zu bestimmter Stunde wird aufgestanden und zu Bett gegangen. Früheres Aufstehen oder längeres Aufbleiben bedarf besonderer Erlaubnis. Den Zöglingen wird die größte Pünktlichkeit zur Pflicht gemacht.

9. Das Zubereiten von Speisen und Getränken auf den Stuben ist nicht gestattet. Das Mitnehmen von Geschirr aus dem Eßzimmer oder das Zurückbehalten desselben auf den Zimmern ist ebenfalls streng verboten.

10. Die angesetzten Arbeitsstunden sind pünktlich innezuhalten und ungeteilt zu wissenschaftlichen Arbeiten zu benutzen, und zwar zunächst zur sorgfältigen Erledigung der für die einzelnen Lehrfächer aufgegebenen häuslichen Arbeiten; die etwa übrige Zeit ist Wiederholungen zu widmen. Während dieser Zeit ist jede Störung durch lautes Sprechen oder gar Lärmen zu vermeiden. Beschäftigungen, die nur der Unterhaltung dienen, werden nicht geduldet. Auch Besuche sind in diesen Stunden nicht gestattet.

11. Die arbeitsfreie Zeit zwischen dem Mittagessen und dem Nachmittagskaffee wird zu Spaziergängen und Beschäftigungen im Freien verwandt, sobald es das Wetter zuläßt. Die freie Zeit nach dem Abendessen ist gemeinsamen Spielen und der Unterhaltung gewidmet für die Schüler, die ihre Schularbeiten erledigt haben. Auch mit Kerb-, Schnitz-, Laubsäge- und Brennarbeiten, Tischler- und Buchbinderarbeiten kann diese Zeit ausgefüllt werden.

12. Die Ferien bringen die Zöglinge außerhalb der Anstalt zu. Nur ausnahmsweise kann in den kürzeren Ferien die Erlaubnis zum Bleiben im Gymnasial-Alumnat erteilt werden. In diesem Falle ist aber eine besondere Vergütung von 2 M. pro Tag zu entrichten.

13. Die Schüler werden angehalten, wöchentlich einmal einen Brief an die Angehörigen zu schreiben.

14. Dadurch, daß die Eltern eines Zöglings oder deren Stellvertreter ihn dem Gymnasial-Alumnat übergeben, erkennen sie die vorstehende Hausordnung als verbindlich an.

Rawitsch (Pos.). Gymnasial-Pensionat. **22.**

Pleß (Schles.) Alumnat der »Fürstenschule«. **39.**

Reichenbach (Schles.). Evang. Familien-Alumnat. **40.**

Striegau (Schles.). Familien-Alumnat des Realgymnasiums. **41.**

Wittstock (Brandenb.). Evang. Familien-Alumnat. **55.**

Gummersbach (Rheinprov.). Evang. Familien-Alumnat, G. m. b. H. **106.**

Doberan (Mecklenb.). Familien-Alumnat. **127.**

Laubach (Oberhessen). Evang. Alumnat. **138.**

ζ) Kommunale.

Ohlau (Schles.). Gymnasial-Alumnat in Baumgarten b. O. **38.**

Rinteln (Hess.-Nass.). Alumnat für auswärt. Schüler d. Kgl. G. **86.**

Schwerin a. Warthe (Pos.). Städt. Schülerpensionat »Landshoffstiftung«. **24.**

Lüben (Schles.) Städt. Familien-Alumnat. **35.**

Jüterbog (Brandenb.). Städt. Schülerheim. **50.**

Strausberg (Brandenb.). Städt. Familien-Alumnat. **54.**
Langensalza (Prov. Sachs.). Städt. Familien-Alumnat. **61.**
Bad Ems (Hess.-Nass.). Familien-Alumnat. **78.**
Eupen (Rheinprov.). Städt. Knaben-Pensionat. **105.**

γ) Private in Verbindung mit öffentlichen Schulen.

Rogasen (Posen). Evang. Schüler-Pensionat des Prof. Masuch. **23.**
Neuruppin (Brandenb.). Teichmüllers Schülerpension. **52.**
Zehlendorf-Berlin. Alumnat im Mathilde Zimmer-Haus. **56.**
Duderstadt (Hann.) Evang. Schüler-Alumnat des Pastors Grashoff. **69.**
Hameln (Hann.) Familien-Pensionat des Superint. em. Flashar. **72.**
Oberlahnstein (Hess.-Nass.). Evang. Familien-Alumnat des Rektors Pflugmacher. **85.**

B. Privatschul-Alumnate.

I. Erziehungsschulen.

1. Für normalveranlagte Knaben.

***Dresden-Striesen.** Freimaurer-Institut. **121.**
Schloß **Bischofstein** (Bez. Erfurt). Erziehungsschule des Dr. Gust. Marseille. *21.*
Schnepfenthal (Thür.). Lehr- und Erziehungsanstalt. *86.*

Lehr- und Erziehungsanstalt Schnepfenthal.

Die Tageseinteilung ist folgende:

Um 6 Uhr: Aufstehen.
Bis 7 Uhr: Waschen, Morgenandacht, Frühstück.
Zwischen 7 und 11 Uhr: die wichtigsten Lehrstunden, in der Regel nicht mehr als drei hintereinander; nach jeder Lehrstunde 10 Minuten Pause, die im Freien zugebracht wird; nach 10 Uhr 15 Minuten Frühstückspause.
Von 11 bis 12 Uhr: Bewegung im Freien.
Von 12 bis 12½ Uhr: Beschäftigung in den Zimmern der Lehrer.

Im Winter verschiebt sich die Tagesordnung am Vormittag um eine halbe Stunde.

Von 12½ bis 1¼ Uhr: Mittagessen.
Von 1¼ bis 2 Uhr: Spaziergang in Abteilungen.
Von 2 bis 4 Uhr: die leichteren Lehrstunden.
Von 4 bis 5 Uhr: Bewegung im Freien.

Von 5 bis 5¼ Uhr: Vesperbrot.
Von ½6 bis 8 Uhr: Arbeitsstunde (um 6 eine Pause von 10 Minuten).
Von 8 bis 8½ Uhr: Abendessen, kurze Andacht.
Von 8½ bis 9½ Uhr: Ruhige Beschäftigung im Speisesaal.
Um 9½ Uhr: Schlafengehen. Die jüngsten Zöglinge gehen um 9 Uhr zu Bett.

Das Mittag- und Abendessen nehmen die Zöglinge gemeinsam mit dem Direktor und seiner Familie ein. Bei den übrigen Mahlzeiten, die sämtlich im Speisesaal stattfinden, ist der Direktor oder dessen Vertreter anwesend. Am Sonntagvormittag wird im Betsaal der Anstalt Gottesdienst gehalten, am Nachmittag ein längerer Spaziergang gemacht.

Zur Erfrischung von alt und jung, und um den Bedürfnissen der kindlichen Lebensfreude zu genügen, werden bei gegebener Gelegenheit gemeinsame kleinere und größere Feste gefeiert oder musikalische Aufführungen veranstaltet, und es werden halb- und ganztägige Ausflüge in die Berge unternommen.

***Keilhau** (Thür.). Erziehungsanstalt. *83.*

***Gumperda** (Thür.). Schaffnersche Lehr- und Erziehungsanstalt. *78.*

***Jena.** Stoysche Erziehungsanstalt. *80.*

***Ostrau** b. Filehne. Pädagogium Beheim-Schwarzbach. *4.*

***Spandau.** Pädagogium des Evang. Johannesstifts. *20.*

***Godesberg a. Rh.** Evang. Pädagogium. *54.*

Herchen a. Sieg. Evang. Pädagogium. *55.*

Föhr-Südstrand. Dr. Gmelins Nordsee-Pädagogium. *56.*

***Seesen a. Harz.** Jakobsonschule. *61.*

***Wolfenbüttel.** Samsonschule. *62.*

Ilsenburg-Haubinda-Schloß Bieberstein. Dr. Lietz' Deutsche Land-Erziehungsheime. *23.*

Schondorf a. Ammersee. Süddeutsches Knaben-Landerziehungsheim. *107.*

Aus dem Prospekte des Landerziehungsheims **Schondorf**:

Körperpflege:

Die erste Voraussetzung des Gedeihens der Jugend ist sorgfältige Körperpflege, welche Gesundheit, Frische und Kraft verleiht. »Mens sana in corpore sano« liest man zwar in allen Prospekten, wo aber sind die Vorbedingungen dazu besser gegeben als auf dem Lande? Ausreichender Schlaf, kräftige gemischte und reizlose Kost wird unseren frisch aussehenden Knaben täglich geboten. Wir beziehen die meisten Nahrungsmittel selbst in erster Qualität aus unserer Landwirtschaft und bewahren Vorräte im Eiskeller und gesunden Lokalen auf. Früh morgens gibt es Nährkakao mit selbstgebackenem Kuchenbrot, zum zweiten Frühstück Butterbrot oder Obst mit Brot und frische Milch. Mittagtisch Fleischspeise mit Zukost, vorher Suppe oder nachher Compot, um ½5 Uhr Milch mit etwas Tee und

Kuchen oder Butterbrot, abends meist vegetarische Kost: Eierspeisen, Käse, Mehlspeisen. Nur alkoholfreie Getränke. Den Knaben wird bis zur völligen Sättigung gereicht und hier keine üble Sparsamkeit geduldet, aber auch keine Unmäßigkeiten oder Wettessen. Auch wird ihnen Zeit gelassen, nicht gehetzt.

Nur im Winter wird ein Federbett gestattet, sonst bieten warme Wolldecken und Eisenbettstellen mit Holzeinlage ein behagliches, aber nicht weichliches Lager. Mäßige Abhärtung ist bei der männlichen Jugend dringend notwendig, hierzu bedienen wir uns der kleidsamen und hygienischen oberbayerischen Gebirgstracht mit Lederhosen (vgl. Verzeichnis der mitzubringenden Sachen), welche außerdem den großen Vorzug der Unverwüstlichkeit und der einfachen Behandlung hat und den Knaben freie Bewegung ohne ängstliche Rücksicht gestattet. Im Winter wird dieselbe durch Unterjacken, Sweater und Kniestrümpfe ergänzt.

Badeeinrichtungen für Wannen- und Brausebäder sind selbstverständlich vorhanden. Unser Hausarzt, der auf telephonischen Anruf in 20 Minuten hier sein kann, steht dem Hause als ständiger Gast nahe, nimmt an dem Anstaltsleben persönlichen Anteil, untersucht jeden neuaufgenommenen Schüler und sieht alle 3—4 Wochen nach dem Gesundheitsstande der Kinder. Er hält dazwischen einen Vortrag über Körperbau, Körperpflege, Nahrungs- und Genußmittel, Mäßigkeit und sexuelle Bewahrung, indem er ungezwungen beim Lampenschein die Knaben um sich versammelt und mit seiner Gabe, anschaulich zu sprechen den Kindern für das ganze Leben wichtige Dienste leistet. Für die regelmäßige Untersuchung und Pflege bei einfachen Erkrankungen erhält der Hausarzt 10 M. beim Eintritt eines Knaben und je am Anfang des Schuljahres; für schwerere Fälle und ansteckende Erkrankungen stehen wir mit dem Diakonissenhaus Augsburg in Verbindung, wohin wir durch direkten Bahnverkehr gelangen. Eine unserer Hausdamen ist für Krankenpflege ausgebildet und ein hygienisch intaktes Krankenzimmer steht zur Verfügung. . . .

Mit Rücksicht auf diese Körperpflege ist der folgende Tageslauf bestimmt: Das Aufstehen erfolgt nach Altersstufen verschieden im Winter von 6—6 Uhr 45, zur Sommerszeit eine Stunde früher. Der Unterricht beginnt dann um ¾8 Uhr bezw. ¾7 Uhr und dauert bis 1 Uhr oder 12 Uhr. Zwischen jeder Unterrichtsstunde ist mindestens eine Pause von 15 Min., zum zweiten Frühstück ist eine kleine halbe Stunde freigegeben, wo sich die Jugend im Speisezimmer versammelt, damit auch Zimmerwechsel eintritt. In den Pausen wird bei jedem Wetter ein Dauerlauf oder doch Aufenthalt im Freien angeordnet. Im Sommer wird bei geeignetem Gegenstand auch im Freien unterrichtet, aber nur solange die Aufmerksamkeit nicht leidet. Bei der geringsten Störung wird das Schullokal aufgesucht. Religionsstunde hielt ich öfter im Kahn auf dem spiegelnden See und besprach dort Jesu Reden und Taten am See Genezareth. Um 1 Uhr oder 12 Uhr wird zu Mittag gegessen mit Ruhe und Muße in ½—¾ Stunden und sodann, als geistiges Dessert, etwas vorgelesen, z. B. wichtige Zeitungsnachrichten, Poesie, insbesondere neue Balladen, Sprichwörter nach Sinn und Entstehung, etwa 10 Minuten. Dann ist bis 2½ Uhr frei. Hierauf beginnen die körperlichen Arbeiten, um ½5 Uhr ist Vesperzeit und von 5—7 Studierzeit. Die unselbständigen Schüler, welche noch keine Proben richtiger Zeiteinteilung gegeben haben oder es an gewissenhafter Vorbereitung fehlen lassen, arbeiten in einem größeren Klassenzimmer unter Aufsicht; die schwächeren, welche in irgendeinem Fache Lücken haben, gehen in die Privatzimmer derjenigen Lehrer, in deren Unterrichtsfach es ihnen fehlt. Die Selbständigen dürfen arbeiten wo sie wollen, außer in den abgesperrten Schlafräumen. So bilden sich Gruppen, die Massen werden verteilt und wird der selbständige Charakter dieser Tätigkeit gewahrt, was beim Zusammenpferchen in den Studiersälen der Internate nicht möglich ist. Auch sind gerade nervöse und zerstreute Kinder nach meiner Erfahrung in solcher Umgebung zur Gedankensammlung erst recht unfähig. Um 7¼ Uhr wird das Abendbrot eingenommen und an schönen Sommerabenden sodann im Freien gespielt, eine Mondscheinfahrt auf dem See oder ein Waldspaziergang unternommen, oder, wie meist im Winter, gute Musik vorgetragen oder ein schönes Buch vorgelesen. Dazwischen dürfen die Schüler selbst lesen. Kurz, der Abend gehört der Kunst und gemeinsamer Lektüre. Die kleineren Schüler gehen ca. 9 Uhr, die größeren spätestens 10 Uhr zu Bett, nachdem kurz vorher ein kurzes Gebetswort, frei aus dem Herzen und jeder Konfession zugänglich, gesprochen wurde. Dieser Tageslauf wird von dem größeren Rahmen der Jahreseinteilung bestimmt.

Wickersdorf b. Saalfeld. Freie Schulgemeinde. *87.*

Holzminden. Landschulheim Am Solling. *60.*

Oberhambach b. Heppenheim. Odenwaldschule. *89.*

Schloß Hemsbach a. d. Bergstr. (Baden). Erziehungsheim für Knaben und Mädchen. *113.*

2. Für körperlich und seelisch schwächliche Knaben.

***Hamburg-Hamm-Horn.** Paulinum, Knaben-Pensionat des Rauh. Hauses. *66.*

Jena. Trüpers Erziehungsheim und Jugendsanatorium Sophienhöhe. *82.*

Roda S.-A., b. Jena. Erstes deutsches Walderziehungsheim von H. Landmann und Frau. *85.*

Hohenlychen b. Templin (Brandenb.) Pannwitz-Freiluft-Schule. *17.*

II. Unterrichtsanstalten.

A. Das öffentliche Schulwesen ergänzende.

1. Vollständige Schulsysteme.

a) Internatschulen.

***Falkenberg** i. Mark. Viktoria-Institut. *13.*

Lähn a. Riesengeb. Pädagogium des Prof. Dr. Schimpf. *8.*

***Frankfurt a. M.** Hasselsches Institut. *39.*

***Friedrichsdorf** b. Homburg v. d. Höhe. Institut Garnier. *41.*

***St. Goarshausen a. Rh.** Institut Hofmann. *42.*

***Oberkassel** b. Bonn. Institut Kalkuhl. *58.*

***Marktbreit a. M.** Privat-Real- und Handelsschule. *97.*

***Miltenberg a. M.** Höhere Lehr- und Erziehungsanstalt. *99.*

***Marnheim** (Pf.). Realanstalt am Donnersberg. *98.*

Kirchheim-Teck (Württ.). Aheimers Handelslehranstalt. *110.*

Calw (Württ.). Spöhrersche höhere Handelsschule. *109.*

***Waldkirch i. Br.** Dr. Plähns Privat-Realschule. *116.*

Schapen, Kr. Lingen in Hann. Hübertsche kath. Lehr- und Erziehungsanstalt. *37.*

***Paderborn.** H. Reismanns Institut (kath.). *45.*

***Telgte** (Westf.). Knickenbergsches Institut (kath.). *47.*

***Coblenz-Moselweis.** Kath. Unterrichts- und Erziehungsanstalt Kemperhof. *49.*

Die Tagesordnung für die Zöglinge hiesiger Anstalt ist folgende:

6¼ Uhr Aufstehen auf den Ruf einer Glocke.
6¾ Uhr Morgengebet und Meßandacht.
7¼ Uhr Kaffee, sodann Aufenthalt auf dem Spielhof bis 8 Uhr.
8—12, 2—4 Uhr Unterricht.
Mittwochs fällt der Unterricht am Nachmittag aus. Zwischen den Unterrichtsstunden ist eine Pause von 10 Minuten; zwischen der 2. und 3. Stunde ist eine Frühstückspause von 20 Min. (Jeder Zögling erhält ein Butterbrot).
12—12½ Uhr Mittagessen.
4—4½ Uhr Kaffee.
7½—8 Uhr Abendessen.
In der freien Zeit 12½—2, 4½—5¼, 8—8¾ (bzw. 9) Uhr belustigt sich die Jugend auf dem Spielhof, bei schlechter Witterung in der geräumigen Spielhalle. Für die Schüler der beiden oberen Klassen ist auch ein Tennisplatz und eine Kegelbahn vorhanden.
5¼—7½ Uhr ist Silentium in den Silentiumssälen unter Aufsicht der Lehrer.
9 Uhr nach einem kurzen gemeinsamen Abendgebet in der Kapelle gehen die Zöglinge zu Bett.
An Sonn- und Feiertagen machen die Schüler unter Führung der Lehrer Ausflüge in die Umgebung.
Mittwochs von 2—4 nehmen die Zöglinge Zellenbäder in der Anstalt (25 Zellen), im Sommer häufiger Flußbäder in der unmittelbar an der Anstalt vorbeifließenden Mosel. Die hierzu vorhandene Badeanstalt ist Eigentum des Instituts.

Sasbach b. Achern (Baden). Lendersche Lehranstalt (kath.). *115.*

b) Tagesschulen

α) mit größerem Alumnat.

Harburg (Elbe). Dr. Kramers Real- und Handelsschule. *35.*
***Lauterberg a. Harz.** Ahnsche Realschule. *36.*
***Blankenburg a. Harz.** Rhotertsche Realschule mit Alumnat. *59.*
***Sachsa** (Südharz). Dr. Härtels Pädagogium. *28.*
***Pyrmont.** Pädagogium. *65.*
***Nürnberg.** Institut Gombrich. *105.*
***Würzburg.** Institut Adam. *108.*
***Frankenthal** (Pf.). Real-Lehrinstitut. *95.*
***Bad Dürkheim** (Pf.). Bärmannsche Realschule. *94.*
Landau (Pf.). Höhere Handelsschule. *96.*

β) mit gewöhnlichem Schulpensionat.

***Wiesbaden.** Fabersche Lehr- und Erziehungsanstalt. *44.*
***Dresden.** Müller-Gelineks Realschule. *71.*
***Dresden.** Böhme-Koldeweys Privat-Realschule. *69.*
***Dresden.** Größelsche Realschule. *68.*
Dresden. Mochmann-Grudesche Lehr- und Erziehungsanstalt. *70.*
***Leipzig.** Teichmann-Dr. Rothsche Privatschule. *72.*
***Leipzig.** Barthsche Erziehungsschule. *73.*
***Gera.** Amthorsche höhere Handels-Lehranstalt. *77.*
***Offenbach.** Goetheschule. *90.*
***Augsburg.** Allgem. Handelslehranstalt von Gust. Hoffmann. *92.*
***Stuttgart.** Institut Rauscher. *111.*
Lahr i. Baden. Privat-Realschule von Arnold u. Brenner. *114.*

2. Unvollständige Privatschulen mit gewöhnlichem Schulpensionat.

Katscher (Ober-Schles). Dr. Krohns Pädagogium (jüd.). *7.*
Bernau i. Mark. Pädagogium. *12.*
Rheinsberg i. Mark. Pädagogium. *19.*
Osterburg i. Altm. Pädagogium. *26.*
Roßla a. Harz. Pädagogium. *27.*
Bad Liebenstein, S.-M. Pädagogium. *84.*
Freren, Bez. Osnabrück. Höhere Lehranstalt und Knaben-Pensionat. *31.*

Bad Kösen. Pädagogium. *24.*
Hilden, Kr. Düsseldorf. Höhere Privatknabenschule und Pensionat. *57.*
Godesberg a. Rh. Collegium Hubertinum (kath.). *53.*

B. Das öffentliche Schulwesen unterstützende Privatanstalten.

1. Institute für zurückgebliebene und rascher zu fördernde Schüler.

Lankwitz b. Berlin. Pädagogium des Dr. Friedr. Bark. *18.*
Kellinghusen (Holst.) Erziehungs-Institut von C. Schulze und Frau. *29.*
Melsungen, Bez. Kassel. Vilmars Institut. *43.*
Spielwigge b. Lüdenscheid (Westf.). Dr. Rentrops Lehr- und Erziehungs-Institut. *46.*
Brohl a. Rh. Kath. Knabenpensionat »Schloß Brohleck«. *48.*
Ilmenau. Institut Boltz. *79.*
Waren a. Müritzsee. Pädagogium. *63.*
Bad Meinberg b. Detmold. Privat-Lehrinstitut. *64.*
Burgstädt i. Sa. Institut Erdmann. *67.*
Echzell-Forsthaus (Wetterau). Knaben-Institut Lucius. *88.*
Reichelsheim i. Odenwald. Familienpensionat Reichenberg. *91.*
Stuttgart. Studienheim Institut Sonnenberg. *112.*

2. Vorbereitungsanstalten für Mittel- und Oberklassen, auch Abitur.; dazu besonders auf Einjährig-Freiwilligen- und andere militärische Prüfungen.

Berlin. Pädagogium des Westens (Steinmeyer). *9.*
Danzig. Dr. Rosensteinsche Vorbildungs-Anstalt. *2.*
Breslau. Dr. J. Wolffs Vorbereitungsanstalt. *5.*
Hirschberg (Schles.). Buttersche Vorbereitungsanstalt. *6.*
Halle a. S. Dr. Harangs höhere Lehranstalt. *22.*
Kiel. Kieler Privatschule. Vereinigte Schmidt-Tiedemannsche Lehranstalten. *30.*
Hannover. Gildemeisters Institut. *32.*
Hannover. Dr. Hilperts Institut. *33.*
Hannover. v. Hippelsche höhere Lehranstalt. *34.*

Frankfurt a. M. Pädagogium Carolinum von G. Weidemann. *40.*
Köln. Brauns Knaben-Pensionat. *50.*
Leipzig. Dr. H. Schusters Institut. *74.*
Schandau. Lessing-Institut. *75.*
München. N. Römers Institut. *101.*
München. P. Sauerweins Athenaeum. *102.*
München. Privat-Institut von Gust. Adolf Stoll. *103.*
München. Pädagogium Dr. Friedr. Ustrich. *104.*
Straßburg (Els.). Dr. Haenles Institut. *117.*

Militär-Vorbereitungs-Anstalten.

Berlin. Militär-Vorbereitungsanstalt von Dr. P. Ulich. *10.*
Berlin. Vorm. Fischersche Vorbereitungsanstalt. *11.*
Gr. Lichterfelde. Hempels Militär-Vorbereitungsanstalt. *15.*
Gr. Lichterfelde. Bendlersche Militär-Vorbereitungsanstalt. *16.*
Frankfurt a. O. Hankowsche Militär-Vorbereitungsanstalt und höhere Knabenschule. *14.*
Bromberg. Militär-Vorbildungsanstalt (vorm. Major Geislersches Institut). *3.*
Magdeburg. Dr. Schraders Militär-Vorbereitungsanstalt. *25.*
Kassel-Wilhelmshöhe. v. Hartungsche Militär-Vorbildungsanstalt und Wenderholdsche höhere Privat-Knabenschule. *38.*
Köln. Militär-Vorbereitungsanstalt Schmitz. *51.*

BERLIN W., Bülowstraße 4.

STARK'S Vorbereitungs-Anstalt

(24)

Einjährig.-, Priman.-, Abitur.-

Vorbereitung in Gymnasial- u. Realklassen, auch DAMEN.

Mit und ohne Pension. — Vorzügliche Empfehlungen. Ausgezeichnete Erfolge.

Prospekte frei.

BERLIN W., Bülowstraße 4.

Stark's Höhere Knabenschule

mit Vorschule, Sexta, Quinta, Quarta, Tertia.

Oster- und Herbstklassen. (25)

Mit und ohne Pension. Kleine Abteilungen.

Prospekte durch die Direktion.

Erstes deutsches Walderziehungsheim

mit Waldschule : : Roda (Sa.-Alt.) bei Jena in Thüringen

für indiv. Unterr. u. indiv. Erziehg. nerv., schwächl., schwer erziehb. u. schwer lernend., aber nicht schwachsinn. Knaben. — Wohn- u. Schulhaus dicht am Walde; elektr. Licht, Zentralheizung, alle Bäder im Hause, großer Schulgarten; Spielplätze im und am Walde, Fluß-, Luft- und Sonnenbäder, Sommer- und Wintersport.

Lehrziele: 1. Elementarbildung, besonders für jüngere Kinder.
2. Mittelschulbildung mit besonderer Berücksichtigung eines späteren Berufs.
(26) 3. Vorbereitung für Gymnasium, Realgymnasium und Realschule bis zu den oberen Klassen.

Psychiat. Beirat in Roda-Jena Prospekte u. Referenzen. H. Landmann.

www.ingramcontent.com/pod-product-compliance
Lightning Source LLC
LaVergne TN
LVHW042240300926
849161LV00003B/416
* 9 7 8 3 4 8 6 7 4 0 3 2 5 *